# 任务群思想下

# 小学语文单元整体设计与课堂实施

（上册）

小学语文“教学评一体化”研究项目组　编著

苏州大学出版社
Soochow University Press

**图书在版编目(CIP)数据**

任务群思想下小学语文单元整体设计与课堂实施.上册/小学语文“教学评一体化”研究项目组编著. --苏州:苏州大学出版社,2023.5(2023.10重印)
ISBN 978-7-5672-4404-7

Ⅰ.①任… Ⅱ.①小… Ⅲ.①小学语文课—课堂教学—教学研究 Ⅳ.①G623.202

中国国家版本馆 CIP 数据核字(2023)第 087782 号

书　　名:任务群思想下小学语文单元整体设计与课堂实施(上册)
编 著 者:小学语文“教学评一体化”研究项目组
责任编辑:沈　琴
助理编辑:刘琛瑶　任雨萌
装帧设计:刘　俊
出版发行:苏州大学出版社(Soochow University Press)
社　　址:苏州市十梓街 1 号　邮编:215006
印　　装:苏州市深广印刷有限公司
网　　址:www.sudapress.com
邮　　箱:sdcbs@suda.edu.cn
邮购热线:0512-67480030
销售热线:0512-67481020
开　　本:787 mm×1 092 mm　1/16　印张:14.5　字数:336 千
版　　次:2023 年 5 月第 1 版
印　　次:2023 年 10 月第 2 次印刷
书　　号:ISBN 978-7-5672-4404-7
定　　价:58.00 元

# 小学语文“教学评一体化”研究项目组
# 成员名单

惠　兰　李　琴　顾秋红　吴　彧　曹　磊

梅　艳　薛　晟　周静怡　张　丽　殷业凤

宋婷婷　李月虹　钱敏月　梅佳祺　王静璧

王　琪　朱　嫣　徐　珺　王赛洁　王　飞

# 序

## 充满实践智慧的创造

《义务教育语文课程标准(2022年版)》(以下简称“新课标”)以学习任务群重组课程内容、重构教学单元、重建语文课堂,为发展学生的核心素养,落实学科育人的任务,提供了良好的基础。苏州市姑苏区语文教学团队对语文学习任务群进行了扎实的研究,取得了创新性成果。这本《任务群思想下小学语文单元整体设计与课堂实施(上册)》既具有理论的色彩,又充满实践的智慧,正是团队研究成果的集中体现。

我有幸参加了姑苏区语文教学团队的研修,深深地为他们改革的热情、严谨的态度、高效的组织、求实创新的精神所感动。他们对语文课程改革方向有着清醒的认识和准确的把握,长期以来,做了很多有益的探索。新课标一颁布,他们就敏锐地发现核心素养、学习任务群是把新课标落实到语文课堂的关键。他们决定在区内挑选优秀语文教师,组建一个骨干团队,先行一步学习研究,根据新课标,抓住关键问题,结合姑苏实际,探究出可以操作的实践模型和可以参照的案例,以便在区域内全面推进。他们立即行动,组建研修团队,聘请指导专家,明确研修目标,制订周密的研修计划,根据学习任务群和学段特点合理组织研修小组,紧张有序、扎扎实实地推进研修工作。

研修不是坐而论道,而是在做中学。整个团队围绕学习任务群视域下的单元整体教学设计,根据理论学习、问题分析、框架设计、课堂实验、反复研讨、完善案例、课堂验证的流程进行研修。研修是不断学习、研究、设计、实践、反思、提炼、升华的过程,也是理论和实践持续互动的过程。

研修又是一个充满创造的过程。研修团队根据新课标中“语言文字积累与梳理”“实用性阅读与交流”“文学阅读与创意表达”“思辨性阅读与表达”“整本书阅读”“跨学科学习”六个学习任务群,分学段进行。内容选择以现行教材的单元为基础,依据新课标的思想设计教学方案,以切实改变教与学的方式为重点,聚焦学生核心素养的发展。单元设计统一建模,建构了“设计依据”“主题内容与目标”“学习情境与任务框架”“活动设计与教学提示”“资源支持与技术支持”“过程评价与单元测评”的模型。这个模型兼有科学性和操作性,有利于教学一线的课堂实施,有利于大面积推广。

研修是一个区域行动，由区教师发展中心组织，全区每一所学校都有教师参与。研修是学习新课标的过程，是培训骨干教师的过程，是设计教学方案的过程，也是落实新课标、改革课堂教学的过程。在研修过程中，全区语文课堂呈现出生动喜人的局面。我们从“实践分享”可以看到他们积极的行动，看到他们行动中的喜悦、体会和反思，看到姑苏语文人的精神风貌，看到姑苏学子美好的语文生活。

团队研修的成果正式出版，标志着姑苏区小学语文教学改革进入了一个新的阶段。我们完全有理由相信，姑苏区的小学语文一定会呈现出欣欣向荣的景象，进入一个新境界，也一定会产生广泛而积极的影响，引领小学语文教学的发展。

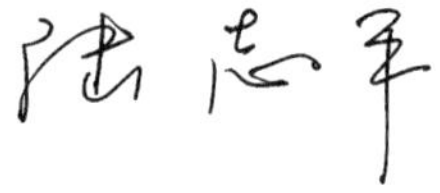

2023 年 4 月

# 目 录

# 第一章 “语言文字积累与梳理”学习任务群

本学习任务群旨在引导学生在语文实践活动中,积累语言材料和语言经验,形成良好语感;通过观察、分析、整理,发现汉字的构字组词特点,掌握语言文字运用规范,感受汉字的文化内涵,奠定语文基础。

——摘自《义务教育语文课程标准(2022 年版)》

## 第一节 教学案例

**“语言文字积累与梳理”学习任务群(二年级)**

## 案例一 大自然中的文字博物馆

### 第一部分 单元设计

**一、设计依据**

《义务教育语文课程标准(2022 年版)》中“语言文字积累与梳理”学习任务群第一学段提出:认识有关人的身体与行为、天地四方、自然万物等方面的常用字;先认先写基本字,学习部首检字法,尝试发现汉字的一些规律,初步学习分类整理课内外认识的字;在生活中主动识字,发展独立识字能力。统编版语文低年级教材每一册中都设置了识字单元,旨在引导学生在不同的语境中识字学词。二年级的学生已有一定的识字写字能力,但是在发现汉字规律、初步分类整理汉字上还有困难。“大自然中的文字博物馆”学习任务群,旨在引导学生在语言文字的实践活动中,发现文字博物馆里的奥秘,发现形声字形旁表义、声旁表音的特点,并能运用多种方法,学习独立识字,将学到的汉字初步进行整理分类,在生活中实践运用,感受语言文字的无穷乐趣。

## 二、主题内容与目标

### （一）单元主题

大自然中的文字博物馆。

### （二）学习内容

1. 文本阅读:《树之歌》《十二月花名歌》《十二月蔬菜歌》《拍手歌》《田家四季歌》《场景歌》、语文园地二中的《日积月累》。

2. 学习部首查字法,巩固音序查字法。

3. 学生的已有经验:积累的与大自然有关的汉字、词语、古诗、名句等。

### （三）学习目标

1. 能运用多种方法,学习独立认识有关自然万物的常用字,学会用部首查字法查字典。

2. 能通过观察,初步体会汉字的结构特点,归类写字,书写规范、端正、整洁。

3. 能通过为植物做名牌、为动植物做专项小报等方法,初步将学到的汉字进行整理分类,表达自己对大自然的认知。

4. 能通过诵读比赛,自主积累与大自然有关的成语、格言、儿歌等,感受大自然的美丽,表达对大自然的热爱。

## 三、学习情境与任务框架

### （一）学习情境

大自然与我们息息相关,大自然中的文字像一座天然的博物馆,正等待孩子们研究探索。走进大自然,做一块块大自然的“名牌”,认识自然界中的事物,结合自己的语言积累,给“名牌”分类,认识并书写更多与大自然有关的汉字;发现文字博物馆里的奥秘,在植物馆、动物馆和四季馆中,发现形声字形旁表义、声旁表音的特点,并能运用多种方法,学习独立识字;开展大自然文字的研学之旅,用自己的个性诵读表达对大自然的热爱,将学到的汉字初步进行整理分类,挂名牌、做小报,在生活中实践运用,在生活中继续识字,在大自然中体会语言文字的博大精深,感受语言文字的无穷乐趣。

### （二）任务框架

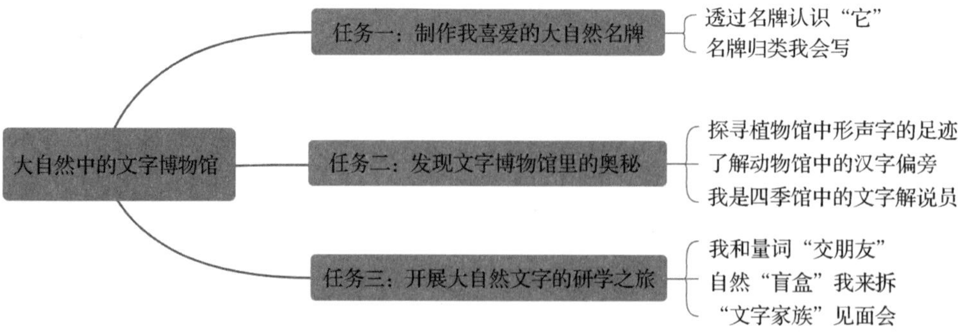

## 四、活动设计与教学提示

### （一）学习活动与课时安排(表1-1)

**表1-1 “大自然中的文字博物馆”学习活动与课时安排表**

| 单元任务 | 学习活动 | 学习内容 | 课时安排 |
|---|---|---|---|
| 大自然中的文字博物馆 | 任务一:制作我喜爱的大自然名牌 | 1. 透过名牌认识“它”。开展“制作我喜爱的大自然名牌”活动,可以是我最喜欢的动物、植物、季节等,课堂进行名牌展示和认读,并说一说我喜欢它的原因。名牌中不认识的生字用部首查字法查字典。<br>2. 名牌归类我会写。将学生做的大自然事物的名牌进行分类,说说自己这样分类的原因,在分类的基础上再次认读,集中识字写字。 | 1 |
| | 任务二:发现文字博物馆里的奥秘 | 1. 探寻植物馆中形声字的足迹。阅读《树之歌》《十二月花名歌》等文章,初步了解文章中树、花、蔬菜的基本特点。利用部首归类识字法,认识木字旁的字。通过观察笔画位置,写好左右结构的生字。<br>2. 了解动物馆中的汉字偏旁,知道“隹、鸟”偏旁表义。阅读《拍手歌》,本文生字多与动物名称有关,引导学生通过归类识记的方法识字。通过观察动物图片和名称,发现很多鸟的名称里有“隹、鸟”,引入“隹”的甲骨文,了解“隹”的原义。<br>3. 我是四季馆中的文字解说员。阅读《田家四季歌》,图文结合,了解田家四季农事,积累农事活动的词语,运用已学的识字方法,自主学习识字,感受劳动带来的快乐。 | 4 |
| | 任务三:开展大自然文字的研学之旅 | 1. 我和量词“交朋友”。阅读《场景歌》,初步感受自然场景展示的美丽景色,了解不同事物数量词的不同表达。用数量词表达大自然中的其他事物,仿照课文,创编属于自己的场景歌。<br>2. 自然“盲盒”我来拆。将本单元与大自然有关的课文、名言、成语等做成盲盒,以拆盲盒形式引导学生将对大自然的热爱通过个性诵读展示出来,可以有感情地朗读课文《场景歌》《拍手歌》《十二月花名歌》,也可以有感情地背诵《树之歌》《田家四季歌》,还可以诵读展示自己积累的名言警句。通过小组诵读比赛,推选代表参加班级诵读赛,并结合教师评价、学生评价、自我评价选出诵读大赛优秀学生。<br>3.“文字家族”见面会。分小组对自己喜欢的大自然事物继续探究实践,可以通过观察小区、校园里的树木花草,给它们挂上亲手制作的名牌;可以为喜欢的动植物绘制专项小报,图文结合,继续探究木字旁、鸟字旁、隹字旁等偏旁不同的表义功能,尝试认识新的植物、动物名称,在生活中主动识字;还可以找到自己拍的风景照,配上一小段“场景歌”。实践过程中遇到不认识或不理解的字,继续用上音序查字法、部首查字法来解决。 | 3 |

续表

| 单元任务 | 学习活动 | 学习内容 | 课时安排 |
|---|---|---|---|
| 单元测评 | 在大自然中的文字博物馆里做游戏 | 1. 词海拾贝——字词关：认识本单元生字词。<br>2. 书声琅琅——朗读关：正确、流利、有感情地朗读课文。<br>3. 腹有诗书——积累关：熟练背诵《树之歌》《田家四季歌》。<br>4. 盲人摸象——梳理关：积累并梳理木字旁、隹字旁、鸟字旁的字。 | 1 |

（二）设计说明与实施要点

“大自然中的文字博物馆”这一任务群，旨在让学生在真实的大自然情境中，能运用多种方法，学习独立认识有关自然万物的常用字；能通过观察，初步体会汉字的结构特点；能通过诵读比赛，自主积累与大自然有关的成语、格言、儿歌等，感受大自然的美丽，表达对大自然的热爱。

“语言文字积累与梳理”学习任务群引导学生在语文实践活动中，积累语言材料和语言经验，形成良好的语感；通过观察、分析、整理，发现汉字的构字组词特点，掌握语言文字运用规范，感受汉字的文化内涵，奠定了语文基础。为此，我们基于大自然的情境，结合本识字单元的课文篇目，设计学习活动。任务一“制作我喜爱的大自然名牌”，是对大自然文字的初步认知，通过“透过名牌认识‘它’”和“名牌归类我会写”两个活动，带领学生认读并归类识字写字，名牌中不认识的生字用部首查字法查字典。任务二“发现文字博物馆里的奥秘”，这个任务带领学生走进文本阅读，在植物馆、动物馆和四季馆中，发现形声字形旁表义、声旁表音的特点。任务三“开展大自然文字的研学之旅”，这个任务基于任务一和二，引导学生进一步在生活中探索大自然中的文字，在实践过程中遇到不认识或不理解的字时，继续用上音序查字法、部首查字法来解决。

本任务群三个任务之间呈现螺旋递进的关系，遵循学生学习逻辑和生活逻辑的统一。三个任务将学习内容与学生的真实生活紧密相连，重在引导学生能运用多种方法，学习独立识字，能通过观察，初步体会汉字的结构特点，归类写字，书写规范、端正、整洁。在大自然的研学活动中，分小组对自己喜欢的大自然事物继续探究实践，可以通过观察小区、校园里的树木花草，给它们挂上亲手制作的名牌；可以为喜欢的动植物绘制专项小报，图文结合，继续探究木字旁、鸟字旁、隹字旁等偏旁不同的表义功能，尝试认识新的植物动物名称，在生活中主动识字；还可以找到自己拍的风景照，配上一小段“场景歌”。实践过程中遇到不认识的字，继续用上音序查字法、部首查字法来解决。研学之旅的探究成果也将在单元测评中引导学生交流讨论。

## 五、资源支持与技术支持

（一）学习资源

1. 文本资源：《树之歌》《十二月花名歌》《拍手歌》《田家四季歌》《场景歌》《语文园地二》。

2. 网络资源:拓展阅读文本《十二月蔬菜歌》、动物图片、儿歌《幸福拍手歌》等。

(二) 工具技术

1. 评价量表。

2. 设计过程评价以及单元测评的分级质量标准。

## 六、过程评价与单元测评(表1-2)

表1-2 "大自然中的文字博物馆"过程评价与单元测评表

| 评价 | 内容 | 基本标准 |
|---|---|---|
| 过程评价 | 任务一:制作我喜爱的大自然名牌 | 1. 能根据自己的兴趣爱好制作大自然名牌;能在制作名牌的活动中学习部首查字法。<br>2. 能初步给名牌分类,对大自然有整体认识。<br>3. 能在做名牌和读名牌活动中识字写字,书写时能注意间架结构,把字写端正、写美观。 |
| | 任务二:发现文字博物馆里的奥秘 | 1. 能够在真实的学习情境中,认识与木字旁有关的生字和新词至少20个,认识与隹字旁、鸟字旁有关的生字和新词至少10个,积累诵读儿歌,丰富发展语料积累,培养自主积累的好习惯。<br>2. 能通过积累认读和归类梳理,发现形声字规律,发现隹字旁、鸟字旁形旁表义的作用,并能在生活中实践运用。<br>3. 能积极思考参与小组合作讨论,大胆发表自己的看法。能运用已学方法,自主交流识字方法,培养热爱汉字的情感。 |
| | 任务三:开展大自然文字的研学之旅 | 1. 能够在真实的学习情境中,积累量词至少20个,积累诵读儿歌,通过积累认读,了解数量词的不同用法,并能在生活情境中恰当运用数量词。<br>2. 能有感情地朗读课文《场景歌》《拍手歌》《十二月花名歌》,有感情地背诵《树之歌》《田家四季歌》,有感情地诵读展示自己积累的名言警句,将自己对大自然的热爱通过个性诵读展示出来。<br>3. 能小组合作对自己喜欢的大自然事物继续探究实践,初步学习分类课内外认识的字,实践过程中遇到不认识或不理解的字,继续用上音序查字法、部首查字法来解决。 |
| 单元测评 | 在大自然中的文字博物馆里做游戏 | 1. 能通过游戏测评,回顾本单元字词与课文。<br>2. 能自主梳理木字旁、隹字旁、鸟字旁、草字头的字,知道偏旁的表义特点,并能拓展运用。 |

# 第二部分　课堂实践

## 任务一　制作我喜爱的大自然名牌（一课时）

### 第一课时　制作我喜爱的大自然名牌

**一、学习目标**

1. 通过制作大自然名牌，学习部首查字法。

2. 初步给“名牌”分类，对大自然有整体认识，激发学生热爱大自然。

3. 在做名牌和读名牌活动中识字写字，书写时注意间架结构，把字写端正、写美观。

**二、教学过程**

（一）透过名牌认识它

1. 做一做：制作我最喜欢的大自然的“名牌”，学习用部首查字法查不认识的字，巩固音序查字法。

2. 说一说：用自己的话说一说为什么喜欢它。

（二）名牌归类我会写

1. 分一分：给这些大自然的名牌进行分类，并说说为什么这样分类（动物、植物、季节……）。

2. 读一读：名牌分类后，再次认读。

3. 写一写：相机识字写字，认一认单元中的二会字，写一写课后四会字。

**【教学实施要点】**

1. 制作大自然的名牌，重在激发学生热爱大自然的情感，可用多种方法引导学生制作名牌，课前布置思考，课上小组讨论制作等等，激发学生兴趣，提高学习积极性。

2. 部首查字法的教学正好放在认读名牌时实施，一方面巩固音序查字法，另一方面，遇到不认识的字，引出部首查字法的教学。

## 任务二　发现文字博物馆里的奥秘（四课时）

### 第一课时　探寻植物馆中形声字的足迹

**一、学习目标**

1. 能够在真实的学习情境中，认识与木字旁有关的生字和新词至少 20 个，积累诵读与树木有关的儿歌，丰富发展语料积累，培养自主积累的好习惯。

2. 通过积累认读和归类梳理，发现形声字规律，并能在生活中实践运用。

3. 能在汉字植物馆情境中，通过和生字捉迷藏、为树木挂名牌、写好植物名牌等方式，在讲述、书写、评价中，感受汉字的形声字特点，培养热爱汉字的情感。

## 二、教学过程

（一）记一记树木名字

1. 说一说，认一认。

交流：我制作的名牌是__________，我在__________发现了它。

2. 读一读，找一找。

（1）自读课文，圈出课文一共写了几种树。

（2）观察生字，发现形声字规律。

3. 读一读，记一记。

（1）读树木词语。

（2）读儿歌。

（二）理一理树木名牌

1. 找一找，挂一挂。

（1）我给树木挂名牌

指名给杨树、榕树、梧桐树挂名牌，说说为什么这么挂。

小组合作给枫树、松柏、木棉、桦树、银杏、水杉、金桂挂名牌，说说为什么这么挂。

2. 读一读，记一记。

（1）读好儿歌。

（2）借助填空背诵儿歌：______高，______壮，__________像手掌……

3. 猜一猜，说一说。

（1）自读《树之歌》，小组合作猜猜，它们是什么树？

榆树高，樱树美，
樟树四季披绿装。
石榴开花红似火，
梅树冬季斗冰霜。

（2）感兴趣的小朋友课后可再去找一找，给树木们编一首小儿歌。

（三）写一写树木名牌

1. 看一看，说一说。

学写生字：枫、杉、杨、松。关注写字要点：一看宽窄，二看高低，三看关键笔画。

2. 写一写，挂一挂。

（1）选择自己喜欢的树木，写一写它的名牌，把汉字书写端正。

（2）投屏交流，学生评价。

（3）将写得漂亮的树木名牌挂到黑板上。

**【教学实施要点】**

1.《树之歌》朗朗上口，学生可借助拼音自主阅读，把儿歌读通顺。充分发挥课文插图作用，联系学生生活实际，通过小组合作，找一找、连一连、看一看、读一读，给树木挂名牌，将汉字的音形义结合，激发学生学习兴趣。

2. 归纳分类木字旁的字，引导学生在观察比较中发现，在发现中进一步归纳，找到本课生字的形声字形旁相同的特点，为接下来的部首归类识字做好铺垫。

## 第二课时　了解动物馆中的汉字偏旁

### 一、学习目标

1. 能够在真实的学习情境中，认识与隹字旁、鸟字旁有关的生字和新词至少 10 个，积累诵读与动物有关的儿歌，丰富发展语料积累，培养自主积累的好习惯。

2. 通过积累认读和归类梳理，发现形声字规律，并能在生活中实践运用。

3. 能在汉字动物馆情境中，通过圈画动物名字、发现动物名字秘密、写好动物名字等方式，在讲述、书写、评价中，感受汉字偏旁表义的特点，培养热爱汉字的情感。

### 二、教学过程

（一）动物乐园大集合

1. 欣赏儿歌《幸福拍手歌》。

2. 初读儿歌《幸福拍手歌》，整体感知，发现每一句结构相同、节奏相同，第二至七小节都有动物名称。

3. 圈一圈课文中的动物名称，读好动物名字。

（二）动物名字有秘密

1. 我帮动物找到家：将孔雀、锦鸡、雄鹰、雁群动物名称与图片连一连，随文识字“雀、锦、雄、鹰、雁”。

2. 运用部首查字法，查“雀”“鹰”“雁”，出示“隹”的象形文字，发现很多与鸟有关的字都包含“隹”。

3. 出示课后习题二，发现很多与鸟有关的常用字也包含鸟字旁。小组交流讨论，还有哪些动物名字里有隹字旁、鸟字旁。

4. 动物名字我来猜：小组合作看字形，猜一猜这是什么动物（海鸥、鹧鸪、鸬鹚、雏鹰、大雕）。

5. 小组合作认识猛虎、黄鹂、百灵、熊猫，并说说它们有什么特点，随文识字“丛、深、猛、灵、休”。

6. 玩拍手歌游戏，练读儿歌。

（三）动物名字我来写

1. 学写生字：朋、友、熊、猫。

2. 理一理自己写的动物名牌，写好鸟字旁的字，如“鸡、鹅、鹏”等。

**【教学实施要点】**

在细读课文的识字教学环节，重点引导学生借助课文插图，观察字形，发现很多鸟的名称里有“隹、鸟”，知道“隹、鸟”偏旁表义，并能借助偏旁推测字义，提高部首归类识字的能力，激发学生对汉字的探究兴趣。

### 第三课时　我是四季馆中的文字解说员（一）

**一、学习目标**

1. 学习《田家四季歌》，认识“季、蝴”等10个生字，会写“季、农、事、戴”4个生字。

2. 正确朗读课文，学习一、二小节。

3. 运用已学识字方法，自主学习生字。

**二、教学过程**

（一）进入四季馆情境，学习《田家四季歌》

1. 结合插图，进入情境，游览四季馆。

2. 初读《田家四季歌》，解读课题。

（二）学习体验田家的春季与夏季

1. 找一找：春天的田家有哪些事物？夏天的田家又是什么样子的？

2. 说一说：我是小小文字解说员，我是怎么记住“蝴蝶”“麦苗”“桑”“农”“戴”这些生字词的？

3. 背一背：生字回文。朗读背诵一、二小节。

4. 写一写：把生字书写正确、美观。

**【教学实施要点】**

1. 从课题入手，激发学生学习兴趣。聚焦认知难点“田家”，唤起阅读期待。

2. 我是小小解说员，要找准学生学习的起点，充分调动学生已有的生活经验和阅读经验，自主认读生字，记忆字形。

### 第四课时　我是四季馆中的文字解说员（二）

**一、学习目标**

1. 学习《田家四季歌》，认识“谷、粒”等5个生字，读准多音字“场、了”，会写“吹、肥、忙、归、辛、苦”6个生字。

2. 正确朗读课文，学习三、四小节。

3. 运用已学识字方法，自主学习生字。

4. 体会诗歌韵味，朗读课文，背诵课文。

**二、教学过程**

（一）体验田家秋季特点，具体语境中辨析多音字

1. 在四季馆情境中，复习生字词。

2. 找一找：秋季的田家有怎样的风光？

3. 多音字辨析，图片理解“稻上场”。

4. 随文识字写字:“辛”“苦”。

(二)体验田家冬季特点,感受喜悦之情

1. 说一说:农民伯伯冬天在做什么?

2. 想一想:表示喜悦心情的ABB式词语还有哪些?

3. 读一读:自由练读,注意停顿,读出感情。

4. 归类书写生字:“吹”“肥”“忙”“归”。

5. 背一背:圈出每行最后一字,发现共同点。再读全文,突出韵味,尝试背诵。

**【教学实施要点】**

1. 多音字的辨析要在具体的语境中进行,指名让学生先读,学生多数会忽略文中的标调,习惯性地把“场”读作第三声,相机纠正,使学生记忆深刻。

2. 汉字归类指导有助于学生在观察比较中发现共性与个性,激发学习兴趣,提高学习效率。

### 任务三 开展大自然文字的研学之旅(三课时)

#### 第一课时 我和量词“交朋友”

**一、学习目标**

1. 能够在真实的学习情境中,积累至少20个量词,积累诵读儿歌,丰富发展语料积累,培养自主积累的好习惯。

2. 通过积累认读,了解数量词的不同用法,并能在生活情境中恰当运用数量词。

3. 能够留心观察周围事物,仿照课文,尝试用数量词表达熟悉的事物。

**二、教学过程**

(一)自然场景变变变

1. 结合插图,进入情境,理解“场景”。

2. 初读《场景歌》,关注自然场景:海边、乡野、公园。

(二)发现不一样的“一”

1. 说一说:海边我看到了什么?乡村我看到了什么?郊外我看到了哪些事物?画出来。

2. 连一连:数量词和名词分开,打乱顺序,连线搭配,体会数量词的准确运用。

3. 读一读:自由练读、男女生合作读,感受数量词的准确运用,感受场景的美丽。

4. 写一写:随文学写生字。

(三)我和量词交朋友

1. 想一想:齐读前三个小节,观察比较,发现相同点(每小节都有四种景物、每一种景物前都有数量词、每一节都分别描绘了一处场景)。

2. 总结方法:我们描述一个地方时,可以抓住那里的一些景物,加上恰当的数量词,就会变成一段有趣的儿歌。

2. 说一说:仿照课文来说说,这张风景照上有什么? 创作场景歌。

【教学实施要点】

1. 通过前三小节的朗读和观察比较,引导学生找到本课语言的表达规律。不但为后面的第四小节学习做好铺垫,而且引导学生通过自主发现习得观察与表达的方法,使学习过程更有趣味性和挑战性。

2. 学以致用环节,给学生提供身边的场景图片,运用本课学到的方法即兴创作,使语言训练生活化、情境化。

### 第二课时 自然“盲盒”我来拆

#### 一、学习目标

以拆盲盒形式,引导学生有感情地朗读课文《场景歌》《拍手歌》《十二月花名歌》,有感情地背诵《树之歌》《田家四季歌》,有感情地诵读并展示自己积累的名言警句,将自己对大自然的热爱通过个性诵读展示出来。

#### 二、教学过程

1. 做一做:小组合作,制作盲盒。

2. 比一比:小组合作,拆出盲盒后进行组内诵读大赛。

3. 评一评:每小组派代表上台进行个性诵读终极赛,同学、教师、学生自己分别评分(表 1-3),选出诵读大赛优秀学生。

**表 1-3 诵读大赛评价量表**

| 评价项目 | 评价要点 |
|---|---|
| 语言表达(50 分) | 1. 诵读者语言规范,吐字清晰,声音洪亮、圆润。(20 分) |
| | 2. 诵读准确、流畅、自然。(15 分) |
| | 3. 语言技巧处理得当,语速恰当,语气、语调、音量、节奏张弛符合思想感情的起伏变化,能熟练表达所诵读的内容。(15 分) |
| 形象风度(20 分) | 诵读者精神饱满,能较好地运用姿态、动作、手势、表情,表达对内容的理解。 |
| 综合印象(30 分) | 诵读者端庄大方,举止自然得体,有风度。 |

【教学实施要点】

1. 盲盒内容包含有感情地朗读、背诵本单元课文篇目、《树之歌》课后诵读积累内容,以及自己课后积累到的关于大自然的名言警句、儿歌、短小的古诗等。

2. 诵读大赛评分以生生互评、教师评价、学生自评综合结果为主。

## 第三课时 “文字家族”见面会

### 一、学习目标

1. 自主学习《十二月花名歌》《十二月蔬菜歌》,正确、流利、有感情地朗读儿歌。

2. 梳理儿歌中的花名和蔬菜名,说说自己的发现。

3. 分小组对自己喜欢的大自然事物继续探究实践,初步学习分类课内外认识的字,实践过程中遇到不认识的字,继续用上音序查字法、部首查字法来解决。

### 二、教学过程

1. 读一读:自主阅读《十二月花名歌》《十二月蔬菜歌》,读正确、读流利。

2. 说一说:圈出儿歌中的花名和蔬菜名,说说自己的发现。

3. 理一理:草字头的字还有哪些? 回顾本单元已学知识,说说木字旁、鸟字旁、隹字旁的字都和什么有关。

4. 组一组:大自然博物馆里,你最感兴趣的是哪一方面? 按自己的兴趣选择自由组队,继续探究大自然。

5. 做一做:小组合作探究,选大自然中自己喜欢的一个方面进行探究实践,做成植物名牌、动物小报、场景儿歌等。

6. 说一说:我们小组的探究成果有哪些。

【教学实施要点】

分小组对自己喜欢的大自然事物继续探究实践,可以通过观察小区、校园里的树木花草,给它们挂上亲手制作的名牌;可以为喜欢的动植物绘制专项小报,图文结合,继续探究木字旁、鸟字旁、隹字旁、草字头等偏旁不同的表义功能;尝试认识新的植物、动物名称,在生活中主动识字;还可以找到自己拍的风景照,配上一小段“场景歌”。实践过程中遇到不认识或不理解的字,继续用上音序查字法、部首查字法来解决。

## 单元测评(一课时) 在大自然中的文字博物馆里做游戏

### 一、学习目标

1. 通过无纸笔游戏测评,回顾本单元字词与课文。

2. 复习木字旁、隹字旁、鸟字旁的字,梳理归纳偏旁的表义特点,并能拓展运用。

### 二、教学过程

1. 词海拾贝——字词关:将考查内容分序号 1、2、3、4 写在地球大转盘背面,学生通过转动大转盘抽取转盘背面的相应卡片。卡片上有本单元需要会认的 8 个生字词。“词海拾贝”等级评价量表见表 1-4。

**表 1-4 “词海拾贝”等级评价量表**

| 评价内容 | 评价等级 | 评价标准 |
| --- | --- | --- |
| 认识本单元的生字词 | 三星 | 相应时间内正确认读 8 个生字或词语。 |
| | 二星 | 相应时间内正确认读 7 个生字或词语。 |
| | 一星 | 相应时间内正确认读 7 个以下生字或词语。 |

2. 书声琅琅——朗读关：将课文编号贴在不同颜色星星造型的卡片背后，学生任选两张星星卡片，找出分别代表本单元哪一课、哪一段，正确、流利、有感情地朗读出来。“书声琅琅”等级评价量表见表 1-5。

**表 1-5 “书声琅琅”等级评价量表**

| 评价内容 | 评价等级 | 评价标准 |
| --- | --- | --- |
| 正确、流利、有感情地朗读课文 | 三星 | 能用普通话正确、流利、有感情地朗读课文。语调自然，声音响亮，如带上适当的动作更佳。 |
| | 二星 | 能用普通话正确、流利地朗读课文。 |
| | 一星 | 能用普通话正确朗读课文。 |

3. 腹有诗书——积累关：将本单元要求背诵的课文分别编号做成书签，抽签决定相关背诵篇目。“腹有诗书”等级评价量表见表 1-6。

**表 1-6 “腹有诗书”等级评价量表**

| 评价内容 | 评价等级 | 评价标准 |
| --- | --- | --- |
| 《树之歌》《田家四季歌》 | 三星 | 背诵正确流利，吐字清晰，停顿恰当，声音响亮，有适当的语气和表情。 |
| | 二星 | 背诵正确流利，声音响亮。 |
| | 一星 | 背诵不太流利，但能正确背诵出来。 |

4. 盲人摸象——梳理关：蒙上眼睛，摸取三张偏旁字牌，说出这三个偏旁表示的意义，给每个偏旁举例，说出三个带有该偏旁的字，梳理归纳形旁的表义特点。“盲人摸象”等级评价量表见表 1-7。

**表 1-7 “盲人摸象”等级评价量表**

| 评价内容 | 评价等级 | 评价标准 |
| --- | --- | --- |
| 木字旁<br>隹字旁<br>鸟字旁<br>草字头 | 三星 | 能准确说出三个偏旁的含义，能分别说出三个带有这些偏旁的字。 |
| | 二星 | 能大致说出三个偏旁的含义，能分别说出带有这些偏旁的字，但每个偏旁没说满三个。 |
| | 一星 | 不知道偏旁的含义，只能说出个别带有偏旁的字。 |

**【教学实施要点】**

本课时设计为无纸笔测评，在游戏中梳理回顾本单元知识，关注单元生字、词语、课文等基础内容，同时重点梳理本单元形旁表义的字，引导学生交流并积累，在生活中实践运用，感受语言文字的无穷乐趣。

（设计：苏州市金阊新城实验小学校　顾秋红）

# 案例二　闻“香”采“蜜”

## 第一部分　单元设计

### 一、设计依据

《义务教育语文课程标准(2022 年版)》中“语言文字积累与梳理”学习任务群第二学段提出:诵读、积累成语典故、中华文化名言、短小的古诗词和新鲜词语、精彩句段等,丰富自己的语汇,分类整理、交流,初步认识中华优秀传统文化蕴含的思想;在语言积累和运用的过程中,体会同义词、反义词等词语的作用,发现、感受语言的表现力和创造力。统编版语文教材中,三年级伊始便着眼引导学生关注有“新鲜感”的词语,着眼指导学生运用多种方法理解难懂的词语,可见,三年级是学生进行新鲜词语自主积累的关键时期。因此,本任务单元旨在引导学生在积累与梳理的实践中丰富语汇,发现、感受语言的表现力,提升语感。

### 二、主题内容与目标

（一）单元主题

闻“香”采“蜜”。

（二）学习内容

1. 重点阅读:《花的学校》《铺满金色巴掌的水泥道》《秋天的雨》《富饶的西沙群岛》《美丽的小兴安岭》《大自然的声音》《读不完的大书》。

2. 拓展阅读:已学过的和大自然有关的课文;课外阅读中读到的描写大自然的篇章。

（三）学习目标

1. 能够在大自然情境中,积累有新鲜感的词语,丰富语汇,并进行分类整理。

2. 能够在积累中运用多种方法理解陌生词语的意思,在归类中初步了解同类词句的多种表达,感受语言的表现力和创造力。

3. 能够通过有层次的活动,表达自己对文本中精彩词句的认识,并进行语言运用。

4. 能够在装帧设计展示“采蜜”成果的过程中,做到书写规范整洁,养成积累有新鲜感的词语的好习惯。

### 三、学习情境与任务框架

（一）学习情境

在自然的美文美景中,藏着一朵朵新鲜的“花”,它们有的是我们第一次见到的词语,有的则是在新情境中有了新含义的词语,散发着独特的文字香味。化身“小蜜蜂”,循着香味到书本中找一找,主动采集带有新鲜感的词语之花,品一品新鲜感的来源;用自己喜欢的方式给这些词语分类,酿出属于自己的文字之“蜜”;带着自己的收获,回到大自然中,实地感受,记录最美的自然之景。

(二)任务框架

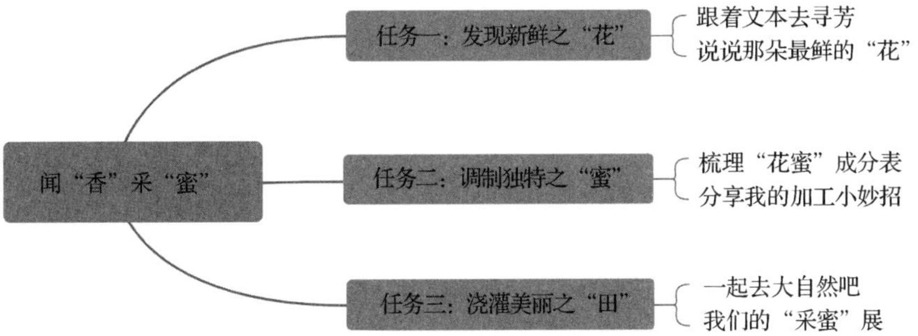


## 四、活动设计与教学提示

(一)学习活动与课时安排(表1-8)

**表1-8 “闻‘香’采‘蜜’”学习活动与课时安排表**

| 单元任务 | 学习活动 | 学习内容 | 课时安排 |
| --- | --- | --- | --- |
| 闻“香”采“蜜” | 任务一:发现新鲜之“花” | 1. 跟着文本去寻芳。结合文本(一到三年级描写自然的文本和课外阅读),通过实地走访或翻阅图册,找一找有新鲜感的词语,品一品新鲜感的来源。<br>2. 说说那朵最新鲜的“花”。交流自己积累到的最喜欢的词,说说感到新鲜的原因,丰富对“新鲜感”的理解。 | 1 |
| | 任务二:调制独特之“蜜” | 1. 梳理“花蜜”成分表。珍视阅读体验,用自己喜欢的方式对积累的词语进行分类。<br>2. 分享我的加工小妙招。说一说自己是如何进行归类的,在过程中融入对词语的理解。 | 1 |
| | 任务三:浇灌美丽之“田” | 1. 一起去大自然吧。带着自己的“采蜜”合集,来到大自然中,再次走一走看一看,用上一类或几类词语,说说看到的美景。拍下一张美景照片,用积累的词语写下一段美景感言,完善“采蜜”收获。<br>2. 我们班的“采蜜”展。开展班级大自然“采蜜”成果展览。 | 1 |
| 单元测评 | 这儿真美 | 通过“采蜜”展的互相学习,能有序地介绍一处美丽的风景,并在班级进行大胆交流,根据评价表了解自己在任务中的成长。 | 1 |

(二)设计说明与实施要点

本单元任务是在立足学生核心素养发展的前提下设计而成的,旨在引导学生在真实的自然情境及描写大自然的文本中充分发挥主人翁意识,主动阅读积累,对有新鲜感的词语进行梳理运用，在学习过程中打好语用基础，实现思维发展。

三年级上册第一、二单元的语文要素分别是“阅读时，关注有新鲜感的词语和句子”“运用多种方法理解难懂的词语”，两者在语言文字积累与梳理的背景下一脉相承，但学生在积累的过程中较散、杂，影响了词句的有效运用。特别是到第六单元习作《这儿真美》时，学生对自然观察的缺乏、词语的匮乏问题就显现出来。对三年级上册全部文本进行梳理后，我们可以找到《花的学校》《铺满金色巴掌的水泥道》《秋天的雨》《富饶的西沙群岛》《美丽的小兴安岭》《大自然的声音》《读不完的大书》等多篇描写自然景致的文本，可以进行词语的生动积累，从而提炼出“闻‘香’采‘蜜’”单元任务。学生在第一单元学习时便启动本任务单元学习，到学期中后进行专题梳理，至第六单元习作前进行单元测评，体现了本任务群的双栖性，也更利于在一定积累的基础上进行语言运用。

本单元设计了三个循序渐进的学习任务：任务一“发现新鲜之‘花’”，这是一个词语积累的过程。活动一“跟着文本去寻芳”鼓励学生阅读与大自然有关的美文，找一找有新鲜感的词语，品一品新鲜感的来源，丰富对“新鲜感”的理解。本活动跨度较长，需留给学生充分的阅读积累时间。活动二“说说那朵最鲜的‘花’”则由学生交流展示，让学生对“新鲜感”有不同的认识。任务二“调制独特之‘蜜’”，是一个梳理过程。活动一“梳理‘花蜜’成分表”引导学生用自己喜欢的方式分类梳理积累的词语，如按照词性、词义、形式区分，或按照季节、自然场景进行区分等。活动二“分享我的加工小妙招”即梳理与交流，品味语言背后体现的同类事物多种表达的妙处，提升学生思维能力；任务三“浇灌美丽之‘田’”，是一个语言运用的过程。活动一“一起去大自然吧”鼓励学生再次走回自然中，在真实情境中感受、运用语言文字的丰富内涵，获得今后积累其他类别词语的一般方法。活动二“我们班的‘采蜜’展”是一个单元的整体回顾，既是对学生成果的集中展示与评价，又为学生书写《这儿真美》、写好美景日记等提供了丰富的语料。

三个任务层层深入，与学生生活观察密切相连。在整个积累与梳理过程中，教师应给予学生明确的积累目标、足够的资源支持，做好实施过程的监控，同时应注意对学生积累梳理的内容给予充分的尊重，珍视学生的个人阅读体验。实施时要对各类展示进行有效评价，激发学生观察大自然、热爱大自然的情感，让学生喜爱用语言表达大自然的乐趣，在语言运用的各项实践中获得核心素养的全面发展。

## 五、资源支持和技术支持

### （一）学习资源

1. 统编版语文教材三年级上册描写自然的文本：包括《花的学校》《铺满金色巴掌的水泥道》《秋天的雨》《富饶的西沙群岛》《美丽的小兴安岭》《大自然的声音》《读不完的大书》等。

2. 课外书籍中描写自然的文本：包括已学过的和大自然有关的课文，课外阅读中读到的描写大自然的篇章。

3. 纪录片：《自然的力量》《花季中国》《航拍中国》等。

（二）工具技术

1. 学习任务单。

2. 过程评价及单元测评表。

## 六、过程评价与单元测评（表 1-9）

表 1-9 “闻‘香’采‘蜜’”任务评价量表

| 评价 | 内容 | 基本标准 |
|---|---|---|
| 过程评价 | 任务一：发现新鲜之“花” | 1. 能够在大自然的情境中，结合教材和课外文本等，积累一定数量的有新鲜感的词语。<br>2. 能够感知词语新鲜感的来源，较清晰准确地说出自己的感受和想法。<br>3. 乐于用口头方式与同学交流，有表达的信心且善于倾听。<br>4. 能规范、端正、整洁地记录积累的新鲜词语。 |
| | 任务二：调制独特之“蜜” | 1. 用自己喜欢的方式梳理积累的词语，有清晰的分类逻辑。<br>2. 能够在积累中运用多种方法理解陌生词语的意思，在归类中初步了解同类词句的多种表达，感受语言的表现力和创造力。<br>3. 能够装帧设计自己的“采蜜”成果，有一定设计美感。 |
| | 任务三：浇灌美丽之“田” | 1. 积累新鲜词语的形式多样，有创意。<br>2. 成果美观，对同学有学习参照的意义。<br>3. 能够运用积累的词语进行情境运用，有理解美、发现美的能力。<br>4. 能够丰富自己的积累收获，不断完善积累所得。 |
| 单元测评 | 这儿真美 | 1. 对描绘大自然的词语有一定的积累。<br>2. 能用上积累的词语修改自己的写景美文。 |

# 第二部分 课堂实践

## 任务一 发现新鲜之“花”（一课时）

### 第一课时 发现新鲜之“花”

## 一、学习目标

1. 在大自然的情境中，结合教材和课外文本等，积累一定数量有新鲜感的词语。

2. 乐于用口头方式与同学交流，较清晰准确地说出自己对词语的新鲜感。

## 二、教学过程

（一）我爱大自然

1. 课前提供纪录片如《自然的力量》《花季中国》《航拍中国》等，和同学一起完成学习单（表 1-10）。

表 1-10 “我爱大自然”记录表

| | |
|---|---|
| 我收看的纪录片 | |
| 我看到的最美自然景色（附图片） | |
| 我可以用这些词语来描述 | |
| 同学补充了这些词语 | |
| 我可以用一句话说一说 | |

2. 师生交流，发现用词对表达大自然之美的妙处。

（二）作者也爱大自然

1. 师生共读《铺满金色巴掌的水泥道》。

2. 回顾第一单元学习，引出学习情境。找一找本课中最有新鲜感的词语，记录在学习单上（表 1-11）。

表 1-11 “课本中的大自然”记录表（一）

| | |
|---|---|
| 我阅读的文本 | 《铺满金色巴掌的水泥道》 |
| 我发现的新鲜词语 | |
| 新鲜感的来源 | 1.<br>2.<br>3. |

3. 交流积累与梳理情况，感悟词语新鲜感的来源。

（1）通过“熨帖、凌乱”等词语理解陌生词语。

（2）通过“亮晶晶、湿漉漉、闪闪发光”等词语感知叠词妙用。

（3）通过“‘一角’蓝天”感知新语境下熟悉词语的新用法。

（三）跟着文本去寻芳

分组学习，从教材的自然文本中自主积累有新鲜感的词语，记录在学习单上（表 1-12）。

表 1-12 “课本中的大自然”记录表（二）

| | |
|---|---|
| 我们组阅读的文本 | |
| 我发现的新鲜词语 | |
| 按新鲜感来源分类 | |

1. 自选《花的学校》《秋天的雨》《富饶的西沙群岛》《美丽的小兴安岭》《大自然的声音》《读不完的大书》等书本文本进行梳理。

2. 小组成员学着老师的方法讨论，根据新鲜感来源的不同给词语分类。

（四）那朵最新鲜的“花”

1. 小组讨论积累的词语中最具妙用的一个，强化对新鲜感的认识。

2. 组间交流最有新鲜感的词语，互动造句，强化对该词语新鲜感的理解。

3. 发放鲜花卡片，将交流后认为最新鲜的词语工整记录并贴到黑板上，完善学习单“新鲜之花大集合”。

（五）制作我的“寻芳图”

1. 课后阅读课外描写大自然的文本，继续收看和大自然有关的图册、纪录片等，继续积累自然文本中有新鲜感的词语。

2. 制作我的“寻芳图”（纸张大小为A4尺寸，张数不限），用自己喜欢的方式把积累的词语记录下来，越多越好。

**【教学实施要点】**

1. 在与学生第一次共读文本时，要有意识地引导学生关注何为新鲜感，让学生充分积累陌生词语和在语境中有了其他含义的熟悉词语等。

2. 学生交流过程中，要注意引导学生通过多种方法自主理解词语；同时鼓励学生大胆表达自己的想法，知道新鲜感是个人的独特体验，未必千篇一律。

3. 在交流最新鲜之“花”时，引导学生从一个新鲜词语出发，联想一类新鲜词语。如学生觉得最新鲜的是“‘一角’天空”，想一想，生活中还有什么量词的新鲜用法？又如学生觉得最新鲜的是“湿漉漉”，想一想，还有哪些我们曾经不太了解的叠词？等等。

4. 要给予学生作业延展的自由，但对学生在课本中积累的词语要进行课前了解，方便开展下一课时的教学。

### 任务二　调制新鲜之“蜜”（一课时）

## 第一课时　调制新鲜之“蜜”

### 一、学习目标

1. 在积累中运用多种方法理解陌生词语的意思。

2. 用自己喜欢的方式梳理积累的词语，有清晰的分类逻辑，在归类中感受语言的表现力和创造力。

3. 装帧设计自己的“采蜜”成果，有一定设计美感。

### 二、教学过程

（一）我的“寻芳图”

1. 指名展示“我的‘寻芳图’”。指出交流注意点。

（1）能说出自己阅读的文本来源。

（2）能正确朗读积累的词语。

（3）能解答同学的提问，做小老师教给同学新鲜的词语。

2. 评一评最佳“小蜜蜂”。指出评价要点。

（1）广泛阅读关于大自然的文本。

（2）积累的新鲜词语数量较多，且都已理解。

（二）梳理“花蜜”成分表

1. 选取最佳“小蜜蜂”作业，集体梳理“花蜜成分”。

（1）回忆一下，我们曾经在书本上对词语进行过怎样的分类？

教师课件出示语文园地中关于分类的相关内容（图 1-1）：

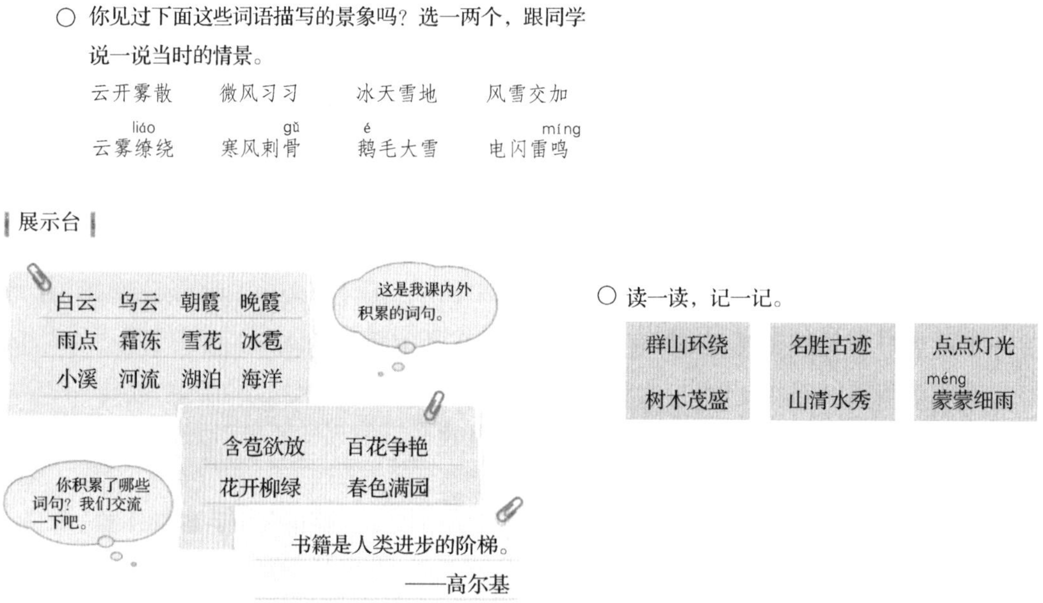


**图 1-1**

（2）学生交流，引导明确。

可以按照字数分类：如二字词、四字词；

可以按照结构分类：如 ABB、ABAB、ABAC；

可以按照描写对象分类：如写春季的、写山水的、写天气的；

可以按照新鲜感的来源分类：如熟词新用、新词积累；

也可以按照自己想到的各种方式分类。

（3）出示最佳“小蜜蜂”的“寻芳图”，共同梳理。

小组讨论，组员代表交流。教师用思维导图在黑板上呈现不同的梳理逻辑。

2. 各人用喜欢的方式为自己的“寻芳图”进行梳理分类。

学生准备好 A4 纸一张，模仿老师的思维导图绘制自己的“花蜜”成分表。

（三）分享我的加工小妙招

1. 交流展示自己梳理的“花蜜”成分表。

2. 学生评价，注意评价要点。

（1）是否说清分类方式。

（2）分类方式是否便于快速提取。

3. 根据交流所学，完善个人“花蜜”成分表。

（1）完善自己的梳理结果。

（2）根据梳理结果导图，在小组内进行“新鲜之花”的补充。

**【教学实施要点】**

1. 鼓励学生大胆进行分类，再次强调重视个人的独特阅读体验，在学生自主梳理及小组交流时，教师要参与其中，梳理出学生不同的分类逻辑。如按照天气、颜色、动植物分类；按照陌生感、美感、富有人性感等阅读体验分类；按照触觉、听觉、嗅觉等五感进行分类；按照词语形式分类等。时间允许的情况下，可在课前进行分类梳理，备课时从学生的不同分类出发预设教学，设计情境语段，从学生的问题或成果展现出发，进行梳理基础上的恰当运用。

2. 学生交流时要注意评价，引导学生关注不同情境中同一词语的不同含义，让学生感受语言的表现力和创造力。

3. 梳理后，词语积累的范围由个人拓展到小组，也可在班级展示过程中提醒学生不断积累，将自己的分类进行整理，方便后续使用调取。

### 任务三 浇灌美丽之“田”（一课时）

#### 第一课时 浇灌美丽之“田”

**一、学习目标**

1. 运用积累的词语在大自然情境中运用，尝试理解美、发现美。

2. 丰富自己的积累收获，不断完善积累所得。

3. 掌握积累词语的一般方法，举一反三。

**二、教学过程**

（一）一起去大自然吧（课前活动）

1. 课前整合自己的大自然“采蜜”素材，制作精美的“采蜜”手册（前两课积累内容）。

2. 带上手册到大自然中走一走看一看，拍下最喜欢的美景图片，检索自己采集的词语进行表达，用 A4 纸制作“这儿真美”美景图文卡。

（二）我们班的“采蜜”展

1. 集体布展。

2. 互动评价。

（1）下发观展评价卡（表 1-13）及“小蜜蜂”贴纸。

表 1-13　观展评价表

| 我评价的“采蜜”手册：(　　　)同学的(　　　　　　) | | |
|---|---|---|
| 内容 | 评价标准 | 评价(1 星~5 星) |
| 美观度 | 能将自己的“新鲜之花学习单”“寻芳图”“‘花蜜’成分表”“‘这儿真美’美景图文卡”整合在一起，形成手册，排版、装饰美观大方，书写工整美观。 | |
| 实用度 | 能被有效使用，方便在美景中迅速检索有效词语，进行场景描述。美景图文卡对新鲜词语进行了有效使用。 | |
| 推广度 | 具有一定推广度，在大自然文本以外的内容框架中也有适用性，可复制。 | |

（2）挑选最感兴趣的五个手册送出评价卡。

（3）给有价值的“采蜜”手册贴上小蜜蜂贴纸。

3. 观展后继续完善自己的积累成果。

（三）下一个目标

1. 议一议，除了大自然的文本可以“采蜜”，我们还可以在哪里“采蜜”呢？

2. 说一说自己最怕写的内容和最想写的内容，想一想下一步“采蜜”积累的方向。

**【教学实施要点】**

1. 鼓励学生用自己喜欢的方式在大自然中进行积累运用。可以是拍下一张照片，用积累的一类词语写一段话；也可以是通过一份经过梳理的词语，反向寻找大自然中相宜的景色；还可以和爸爸妈妈、同学一起活动，共同去发现。

2. 本课时体现本任务群的双栖性，在第六单元学习后择机展开，前置于“这儿真美”习作课前，方便学生在“围绕一个意思写好一段话”的基础上，让自己的文字变得更加优美，也让实践拥有载体。

3. 课内时段主要进行采蜜展的评分与交流。一方面，要让学生评选出心中最好的“采蜜”成果，要鼓励学生发现他人的“采蜜”成果好在哪里，今后可以怎样运用；另一方面，引导学生继续分类别进行积累，突破大自然的局限，走向真正的文海。

### 单元测评（一课时）　这儿真美

#### 一、学习目标

1. 进行《这儿真美》习作练习。

2. 运用“采蜜”成果，互相修改习作。

3. 根据单元测评表进行自评与互评。

#### 二、教学过程

1. 运用前期梳理的“采蜜”成果，结合“这儿真美”美景图文卡，有序描写美景。

（1）交流习作框架。

总起，选定要写的地方；分写，确定要写的方面或顺序；总结。

(2) 结合学生美景图文卡及苏州树山村照片,出示例文框架。

例文框架一:

家门口的公园真美。
白天的时候很美……
夜晚的时候也很美……
雨天的时候更美……
这儿真美!

例文框架二:

苏州的树山村是个美丽的地方。
春天,梨花开了。远远望去……走近一瞧……人们……
夏天,梨子成熟了。这儿的梨子……人们慕名前来……
秋天,是登山的好时节。漫步栈道,可以看到……登至山顶,感到……
冬天,整个村庄安静了下来。山上……村里……
这儿真美!

(3) 学生选择一种框架动笔书写,用上自己或同学的“采蜜”手册。

2. 同桌合作互读,圈画文章中用到的有新鲜感的词语,互提修改意见,完善习作。

3. 组内展示,用评价表(表 1-14)对本任务单元的成果进行评价。

**表 1-14 成果评价表**

| 评价(1 星 ~5 星) | 能用上有新鲜感的词语 | 词语运用恰当展现了自然美景 | 修改后对美景的描绘更棒了 | 书写工整,修改态度端正 |
| --- | --- | --- | --- | --- |
| 初读自评 | | | | |
| 同桌修改互评 | | | | |
| 小组展示互评 | | | | |
| 教师评价 | | | | |
| 修改后最棒的一句话(自己填) | | | | |

**【教学实施要点】**

1. 实施时要引导学生在原先的“这儿真美”美景图文卡的基础上有所改进,能用上“采蜜”展后继续积累的词语,让风景描写更生动。

2. 本课时不是习作课《这儿真美》的再现,而是结合“采蜜”成果进行的习作修改运用,以方便测评积累梳理的效果。

3. 自评互评时能诚恳、有礼貌地提出自己的修改意见,负责任地填写评价表。

4. 注意引导学生关注“最棒的一句话”修改前后的区别,能说出好在哪里。

(设计:苏州市勤惜实验小学校 吴 彧)

# 案例三　探寻汉字中的数字之谜

## 第一部分　单元设计

### 一、设计依据

《义务教育语文课程标准(2022 年版)》中“语言文字积累与梳理”学习任务群第三学段提出:诵读优秀诗文,分主题梳理自己积累的成语典故、格言警句、对联等语言材料,并尝试运用到日常读写活动中,增强表达效果。在统编版语文教材六年级上册第六单元的《古诗三首》和语文园地“日积月累”中都出现了许多含有汉字数字的语言材料。因此,本任务单元基于学生对第六单元的学习,设计“探寻汉字中的数字之谜”学习任务,引导学生在语文实践活动中,积累并梳理含有数字的经典语言材料,感受汉字中数字符号背后的文化内涵,并能够在语言表达中恰当运用,感受语言文字的独特魅力。

### 二、主题内容与目标

(一) 单元主题

探寻汉字中的数字之谜。

(二) 学习内容

1. 文本阅读:基于六年级上册第六单元的学习,梳理统编版小学语文教材一至六年级中学习的含有数字的经典语言材料,包括成语典故、古诗词、格言警句、对联等。

课外阅读:《中国数文化》《中国汉字中的数字文化》。

2. 学生的已有经验:积累含有数字的经典语言材料。

(三) 学习目标

1. 能联系学生的学习实际,积累含有数字的经典语言材料,尝试借助信息手段汇总、梳理并积累含有数字的经典语言材料(每种不少于 15 个),初步建立属于自己的“汉字数字语言库”。

2. 能根据真实的语境与表达需要,尝试将“汉字数字语言库”的内容按照主题“多少”“虚实”等进行分类梳理,学会梳理的方法,完成属于自己的好用的“汉字数字”宝典。

3. 能通过“汉字数字”飞花令、“汉字数字”读写会等活动,开展形式多样的语文实践活动,激发学生主动积累的热情,并尝试运用到实际的学习生活中,学以致用,感受汉字数字独特的表达效果。

4. 能感受汉字符号中数字背后的文化内涵,提升学生热爱汉字的情感,激发热爱中华文化的思想感情。

## 三、学习情境与任务框架

### （一）学习情境

数字是用来记数的符号。中国汉字中的数字文化内涵非常有趣。汉字中共写十四个数字：零、一、二、三、四、五、六、七、八、九、十、百、千、万。走进汉字中数字的世界，回顾、梳理含有数字的经典语言材料，初步建立属于自己的“汉字数字语言库”；通过进一步梳理，发现数字中的特别语言，解密汉字中数字在“多少”和“虚实”的特点与规律；举办“汉字数字”飞花令、“汉字数字”读写会，学以致用，在运用中不断完善“汉字数字”宝典，体会数字背后中华传统文化的魅力。

### （二）任务框架

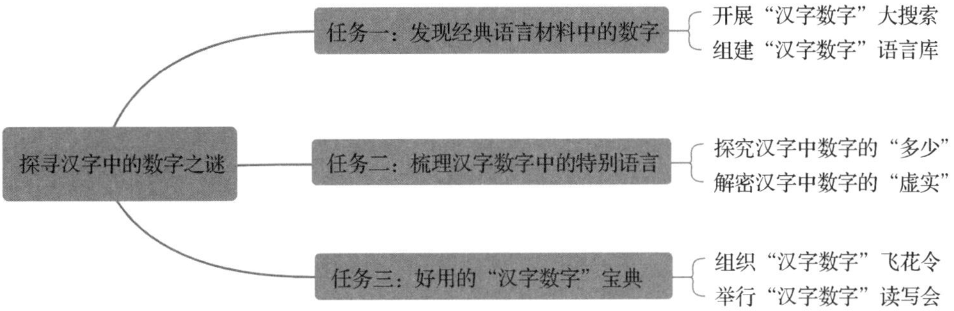


## 四、活动设计与教学提示

### （一）学习活动与课时安排（表 1-15）

**表 1-15 “探寻汉字中的数字之谜”学习活动与课时安排表**

| 单元任务 | 学习活动 | 学习内容 | 课时安排 |
|---|---|---|---|
| 探寻汉字中的数字之谜 | 任务一：发现经典语言材料中的数字 | 1. 开展“汉字数字”大搜索。在第六单元的学习基础上，梳理统编版小学语文教材一至六年级中学习过的含有数字的经典语言材料（每种不少于 15 个），并能做好记录。<br>2. 组建“汉字数字”语言库。尝试借助信息技术手段汇总、梳理积累含有数字的经典语言材料，初步建立属于自己的“汉字数字语言库”。 | 1 |
| | 任务二：梳理汉字数字中的特别语言 | 1. 探究汉字中数字的“多少”。阅读《诗词与对联中的奇妙数字》，观看微课《古诗中的数字》，尝试进行梳理，发现数字在表示“多少”上的特点与规律，感受汉字数字的智慧内涵。<br>2. 解密汉字中数字的“虚实”。阅读《中国数文化》《中国汉字中的数字文化》部分章节，尝试进行梳理，进一步探究数字在指代“虚实”上的特点与规律，感受汉字数字的审美意蕴。 | 1 |

续表

| 单元任务 | 学习活动 | 学习内容 | 课时安排 |
| --- | --- | --- | --- |
| 探寻汉字中的数字之谜 | 任务三：好用的“汉字数字”宝典 | 1. 组织“汉字数字”飞花令。在班级中组织“汉字数字”飞花令，用学生喜爱的方式，营造竞争的氛围，进一步激发学生养成良好的语言积累习惯。<br>2. 举行“汉字数字”读写会。通过梳理数字中特别的语言，创设具体的语境和表达需要，尝试运用到读写活动中去，学以致用，交流分享，积累语言经验，建立属于自己的好用宝典。 | 1 |
| 单元测评 | “汉字中的数字之谜”分享会 | 1. 回顾自己印象最深刻的含有数字的成语典故、古诗词、格言警句、对联等。<br>2. 列举含有数字的成语典故、古诗词、格言警句、对联等，能从“多少”“虚实”角度进行解释。<br>3. 创设具体的表达语境，学会巧妙地运用含有数字的成语典故、古诗词、格言警句、对联等。 | 1 |

（二）设计说明与实施要点

“探寻汉字中的数字之谜”这一学习任务群，基于学生真实生活经验设计三个学习任务：任务一“发现经典语言材料中的数字”，旨在对汉字中的数字产生初步认知，并有效梳理已学语文教材中含有数字的经典语言材料，达到一定数量，做好相应记录，尝试借助信息技术手段汇总，初步建立属于自己的“汉字数字”语言库。任务二“梳理汉字数字中的特别语言”，旨在带领学生走进汉字数字世界，在有效积累的基础上，梳理出汉字数字在表示“多少”“虚实”方面的特点与规律。任务三“好用的‘汉字数字’宝典”，旨在引导学生进一步在学习、生活中灵活运用汉字中含有数字的经典语言材料，学以致用，积累语言经验，建立属于自己的好用宝典。

## 五、资源支持与技术支持

（一）学习资源

1. 学生已经学过或积累过的含有数字的成语典故、古诗词、格言警句、对联等。

2. 微课《古诗中的数字》。

3. 文章《诗词与对联中的奇妙数字》；书籍《中国数文化》《中国汉字中的数字文化》部分章节等。

（二）工具技术

1. 网络搜索。

2. Office 软件。

3. 分类整理表格。

## 六、过程评价与单元测评(表 1-16)

**表 1-16 “探寻汉字中的数字之谜”过程评价与单元测评表**

| 评价 | 内容 | 基本标准 |
| --- | --- | --- |
| 过程评价 | 任务一:发现经典语言材料中的数字 | 1. 能梳理统编版小学语文教材一至六年级中学习的含有数字的经典语言材料(每种不少于 15 个),并做好相应记录,摘录在自己的笔记本上。<br>2. 能通过电脑输入,进行分类汇总,形成属于自己的“汉字数字语言库”。 |
| | 任务二:梳理汉字数字中的特别语言 | 1. 能在阅读相关文章和观看微课的基础上,对数字按照“多少”进行归类梳理,在小组内、班级里,面向不同的对象,清晰而有条理地说出汉字数字表示“多少”上的特点与规律。<br>2. 能在阅读相关书籍的基础上,对数字按照“虚实”进行归类梳理,在小组内、班级里,面向不同的对象,清晰而有条理地说出汉字数字表示“虚实”上的特点与规律。 |
| | 任务三:好用的“汉字数字”宝典 | 1. 能快速说出每种 15 个以上的含有数字的语言材料,并能清晰说出数字背后的特别语言。<br>2. 能在具体的语境和表达中,尝试运用含有数字的语言材料,并能体会它的价值和好处,总结相关特点和规律,不断完善并形成属于自己好用的“汉字数字”宝典。 |
| 单元测评 | “汉字中的数字之谜”分享会 | 1. 能清晰回顾自己通过含有数字的成语典故、古诗词、格言警句、对联等认识的汉字数字,讲述自己积累最多的一类。<br>2. 能准确运用已积累的含有数字的成语典故、古诗词、格言警句、对联等,能从“多少”“虚实”角度进行解释。<br>3. 能根据具体的表达语境,学会巧妙地运用含有数字的成语典故、古诗词、格言警句、对联等。 |

# 第二部分 课堂实践

## 任务一 发现经典语言材料中的数字(一课时)

### 第一课时 我发现的汉字数字世界

#### 一、学习目标

1. 学会梳理一至六年级语文书中含有数字的经典语言材料,每种不少于 15 条,并能正确记录。

2. 尝试借助信息技术手段汇总、梳理已积累的含有数字的经典语言材料,初步建立属于自己的“汉字数字语言库”。

## 二、教学过程

### （一）开展“汉字数字”大搜索

1. 说一说，理一理。

（1）出示郑板桥的古诗《咏雪》，引导学生发现古诗中的特点：数字很多。

（2）引导学生梳理汉字中的数字：零、一、二、三、四、五、六、七、八、九、十、百、千、万。

2. 想一想，说一说。

（1）汉字数字在哪里？引导学生发现汉字数字就在我们生活里的语言中。

（2）思考：汉字数字在语文书中有吗？藏在哪里呢？预设：藏在成语典故、古诗词、格言警句、对联等语言材料中。

3. 找一找，填一填。

（1）借助已学过的内容，开展搜索大比拼。

（2）分类整理，尝试按照类别，填入表格（表 1-17），每种记录不少于 15 条。

**表 1-17　我的“汉字数字”积累表**

| 类别 | 内容（不少于 15 条） |
|---|---|
| 成语典故 | |
| 古诗词 | |
| 格言警句 | |
| 对联 | |

### （二）组建“汉字数字”语言库

1. 找一找，补一补。

（1）找一找生活中还存在的“汉字数字”的成语典故、古诗词、格言警句、对联，加大积累。

（2）进一步补充表格内容，不断丰富积累。

2. 输一输，理一理。

（1）利用电脑 Office 软件，按照类别及数字顺序，整理并输入汇总。

（2）进行有效排序，制作成属于自己的“汉字数字”宝库。

**【教学实施要点】**

1. 学生对汉字中含有数字的语言材料是熟悉的，因为它的涉及面比较广泛；但又是陌生的，因为他们很少会关注到这些汉字数字。在教学时，教师应唤醒学生的好奇心，点燃学生的学习兴趣，运用多种教学手段，激发学生的探究欲，让课堂充满乐趣。

2. 汉字中的数字主要存在于成语典故、古诗词、格言警句、对联等语言材料中，教师应及时点拨，指导学生自主探究发现，知道汉字中数字的藏身之所，进而学会分类梳理，达到一定的积累数量。

## 任务二 梳理汉字数字中的特别语言(一课时)

### 第一课时 梳理汉字数字中的特别语言

**一、学习目标**

1. 尝试进行梳理,发现数字在表示“多少”上的特点与规律,感受汉字数字的智慧内涵。

2. 尝试进行梳理,探究数字在指代“虚实”上的特点与规律,感受汉字数字的审美意蕴。

**二、教学过程**

(一) 汉字数字知“多少”

1. 读一读,看一看:阅读《诗词与对联中的奇妙数字》,观看微课《古诗中的数字》,交流对于数字表示“多少”的初步认识。

2. 分一分,说一说:分4个小组(成语典故组、古诗词组、格言警句组、对联组),交流各自含有汉字数字中表示“多少”的特点。

3. 理一理,记一记:以小组为单位进行总结,共同梳理汉字中的数字表示“多少”的一般规律,教师适时点拨,并把相关规律整理并记录在自己的笔记本上。

(二) 汉字数字探“虚实”

1. 读一读,看一看:阅读《中国数文化》《中国汉字中的数字文化》部分章节,探究数字是如何表示“虚实”的。

2. 分一分,说一说:根据之前的分组活动,自主探究各自含有汉字数字中表示“虚实”的特点。

3. 理一理,记一记:以小组为单位进行总结,共同梳理汉字中的数字表示“虚实”的一般规律,教师适时点拨,并把相关规律整理并记录在自己的笔记本上。

**【教学实施要点】**

1. 相对来说,学生探究数字表示“多少”的一般规律比起探究“虚实”更容易上手,以小组为单位,着力解决其中的一类,落点更为精准。在此基础上,再梳理各类的共同点,也更具信服力。

2. 梳理并掌握其中的一些特点或规律,对于学生来说有一定的难度,教师在设计时,应设置一定的梯度,通过及时的点拨,培养学生的分析、整理、归纳能力。

## 任务三　好用的“汉字数字”宝典(一课时)

### 第一课时　好用的“汉字数字”宝典

#### 一、学习目标

1. 编写制作属于自己的“汉字数字”宝典。

2. 能灵活、有效运用“汉字数字”宝典。

#### 二、教学过程

（一）组织“汉字数字”飞花令

1. 赛一赛：看谁积累数量最多。

（1）按照数字顺序进行比拼。

（2）按照含有汉字数字的语言材料类别进行比拼。

（3）决出“汉字数字”达人。

2. 比一比：哪组积累梳理最多。

（1）按照含有汉字数字的语言材料类别进行比拼。

（2）决出“汉字数字”达人组。

（二）举行“汉字数字”读写会

1. 说一说：组织一次读写会，快速说出每种 15 个以上的含有数字的语言材料，并能清晰说出数字背后的特别语言。

2. 用一用：借助具体的语境和表达，尝试运用含有数字的语言材料，并能体会它的价值和好处，教师及时点拨。

3. 理一理：通过全班交流，分享使用心得，总结相关特点和规律，编写制作属于自己的“汉字数字”宝典。

**【教学实施要点】**

本课时着重要考查的是学生的积累能力，更关注的是学生的运用能力。因此，在创设具体的语境和表达需要时，应更具生活情境，唤醒学生主动参与的热情。此外，教师应及时点拨，引导学生对比发现含有数字的语言材料的优点，并能主动积累，完善这本好用的“汉字数字”宝典，运用到实际的学习和生活中去，感受其独特的价值。

## 单元测评(一课时)　“汉字中的数字之谜”分享会

#### 一、学习目标

1. 清晰回顾自己通过含有数字的成语典故、古诗词、格言警句、对联等认识的汉字数字，讲述自己积累最多的一类。

2. 准确运用已积累的含有数字的成语典故、古诗词、格言警句、对联等，能从“多少”“虚实”角度进行解释。

3. 根据具体的表达语境，学会巧妙地运用含有数字的成语典故、古诗词、格言警句、对联等。

**二、教学过程**

1. 说一说:积累秀秀秀。

(1) 小组交流:推选小组内积累最多的含有数字的成语典故、古诗词、格言警句、对联中一类的组员。

(2) 四组分别推选组内第一名展示积累成果。

2. 释一释:数字大揭秘。

(1) 小组成员畅所欲言,从“多少”“虚实”角度解释数字背后的秘密。

(2) 在小组分享的基础上,召开一次全班的分享会,分享对含有数字的成语典故、古诗词、格言警句、对联等的理解,能从“多少”“虚实”角度进行解释。

3. 用一用:数字我会用。

(1) 各小组交流讨论,创设具体语境,巧妙运用本组负责的含有数字的语言材料。

(2) 汇报展示各组运用含有数字的成语典故、古诗词、格言警句、对联的事例,教师及时总结点评。

**【教学实施要点】**

1. 本课时设计的“汉字中的数字之谜”分享会,可以引导学生交流从“多少”“虚实”角度解释含有数字的语言材料。

2. 在交流分享的过程中,注重对已编写制作的“汉字数字”宝典的运用,学会巧妙联系,强化运用意识。

(设计:苏州市金阊实验小学校　曹　磊)

## 第二节　实践分享

### 语言文字积累与梳理的学段目标定位

《义务教育语文课程标准(2022 年版)》设置了以语文学习任务群为载体的学习新样态。其中,“语言文字积累与梳理”学习任务群就如金字塔的底座,作为基础型任务群排在六大任务群之首。

“语言文字积累与梳理”学习任务群,旨在引导学生在语文实践活动中,积累语言材料和语言经验,形成良好语感;通过观察、分析、整理,发现汉字的构字组词特点,掌握语言文字运用规范,感受汉字的文化内涵,奠定语文基础。

这一任务群中的关键词有两个:积累、梳理。“积累”是学生语文学习的一种有效方式,贯穿于语文学习的整个生涯过程。积累对象主要为语言文字与语言文化两方面,注重知识的累积。而“梳理”是2022年版课标中首次提出的一个新名词,它注重将学生已学的零散的语言文字和语言文化积累结构化,形成语言规范,掌握语言规律。不难发现,两者相辅相成,互为支撑。积累是梳理的前提保障,梳理是对积累的优化提升。在研读《义务教育语文课程标准(2022年版)》中“语言文字积累与梳理”学习任务群相关内容时,不难发现,学段不同,积累和梳理的要求也不同,呈现能力螺旋上升、拾级而上的特点。

**一、培养自主积累习惯,建立分类整理意识**

第一学段是语文积累与梳理的起步阶段。该学段是学生进入小学阶段的第一和第二年,为学生打开语文学习的世界,它侧重于积累,激发学生主动学习语言文字,感受语言文化的魅力,并逐步培养自主积累的习惯,强化自身的主观能动性。在该学段,还未提“梳理”二字,以“分类整理”的形式呈现,“整理”已经有“梳理”的影子,但又不同于“梳理”,它指向对已有语言文字知识的有序化分类和重组。

如一年级上册第五单元的“我和汉字做朋友”主题单元中,学生在学习任务一“我会找:汉字就在我身边”中,打开自己的书包,说说文具的名称,读《小书包》,自主认识文具名称的汉字。朗读《升国旗》,感受升旗仪式,学会用正确的词汇表达日常活动。参观食堂,朗读《悯农》,通过宣传展板,积累各类食物相关的汉字。参观美术画展,朗读《画》,发现国画题材主要为山水花鸟。在任务二“我和汉字打招呼”中,通过开展猜字谜和看图猜字活动,积累正确的量词搭配。朗读《日月明》,开展汉字拼一拼活动,关注了字形的变化。了解偏旁加汉字、汉字加汉字等识字方法。朗读《大小多少》,开展反义词你问我答活动,理解字义,积累反义词。在任务三“我会玩:我和汉字玩游戏”中,尝试用已学过的汉字和识字方法自主读故事,讲故事《拔萝卜》,并根据已学过的汉字,制作自己的文具标签,并用正确的量词搭配来介绍。

三个任务的设计基于生活情境,学生自然能发现汉字在生活中是无处不在的,从而学会积累日常生活常用的汉字,提升归类识字的能力,这就是“分类整理”的意识。在生活识字的基础上,根据汉字的音、形、义三个特点,设定“我和汉字打招呼”这一任务,旨在让学生能够读准字音、看清字形、理解字义,并加深对识字方法的认识,明白生活中可以通过看图猜字、字谜猜字、加一加、对比识字等方法识字。积累了一定的汉字,了解了识字的方法,学生在此基础上可以逐步开始运用实践,能够尝试自主读故事、讲故事,制作文具标签来进行书写练习,增强学生在生活中识字的欲望,提升识字的能力,以及将已学汉字实践于生活的能力,实现从生活中来,回到生活中去。

**二、强化积累实践,掌握初步梳理方法**

第二学段是语文积累与梳理的进阶阶段。通过前一学段的学习,学生已经具备积累的习惯。到了第二学段,学生的学习能力处于一个跃升期,语言文字积累与语言文化积累的量自然增加,并对梳理提出了初步要求,从“整理”到“梳理”,要求掌握一定的方法。

在三年级上册第一单元学习的基础上,我们创生了“闻‘香’采‘蜜’”主题单元,学习任务一“发现新鲜之‘花’”，是一个词语积累的过程。活动一“跟着文本去寻芳”鼓励学生走进与大自然有关的美文，找一找有新鲜感的词语，品一品新鲜感的来源，丰富对新鲜感的理解。活动二“说说那朵最新鲜的‘花’”则由学生交流展示，让学生对新鲜感有不同的认识。学习任务二“调制独特之‘蜜’”，是一个梳理过程。活动一“梳理‘花蜜’成分表”引导学生用自己喜欢的方式分类梳理积累的词语，如按照词性、词义、形式区分，或按照季节、自然场景进行区分等。活动二“分享我的加工小妙招”即梳理与交流，品味语言背后体现的同类事物多种表达的妙处，提升学生思维能力。任务三“浇灌美丽之‘田’”，是一个语言运用的过程。活动一“一起去大自然吧”鼓励学生再次走回自然中，在真实情境中运用、感受语言文字的丰富内涵，获得今后积累其他类别词语的一般方法。活动二“我们班的‘采蜜’展”是一个单元的整体回顾，是对学生成果的集中展示与评价，也为学生书写《这儿真美》、写好美景日记等提供了丰富的语料。

三个任务层层深入，与学生生活观察密切相关。在大自然情境中，积累大量有新鲜感的词语，丰富语汇，并进行分类整理。在积累中运用多种方法理解陌生词语的意思，在归类中初步了解同类词句的多种表达，感受语言的表现力和创造力。通过有层次的实践活动，表达自己对文本中精彩词句的认识，并进行语言运用。在装帧设计“采蜜”成果的过程中，做到书写规范整洁，教师适时进行有效评价，激发学生观察大自然、热爱大自然的情感，让学生喜爱用语言表达大自然的乐趣，在语言运用的各项实践中获得核心素养的全面发展。

**三、构建主动积累态度，形成主动梳理能力**

第三学段是语文积累与梳理的阶段。该学段要求学生进一步发挥自身的主观能动性，将主动积累转变为自身的一种稳定的学习品质。此外，在该学段，进一步明晰了梳理的具体要求，引导学生学会多角度、分主题梳理已积累的语言材料，并指向实际生活运用，培养学生“学以致用”的意识。

如在六年级上第六单元的学习基础上，创生了“探寻汉字中的数字之谜”这一主题单元，旨在让学生在真实有趣的情境中主动发现、认识、积累、梳理、运用带有汉字数字的语言材料。任务一“发现经典语言材料中的数字”，旨在实现学生对汉字中的数字的初步认知，并有效梳理已学语文教材中含有数字的经典语言材料，达到一定数量，做好相应记录，尝试借助信息技术手段汇总，初步建立属于自己的“汉字数字”语言库。任务二“梳理汉字数字中的特别语言”，旨在带领学生走进汉字数字世界，在有效积累的基础上，梳理出汉字数字在表示“多少”“虚实”方面的特点与规律。任务三“好用的‘汉字数字’宝典”，旨在引导学生进一步在学习、生活中灵活运用汉字中含有数字的经典语言材料，学以致用，积累语言经验，建立属于自己的好用宝典。

三个任务的设置，能联系学生的学习实际，积累含有数字的经典语言材料，每种不少于15个，丰富语言材料的积累，并能借助信息技术手段，主动梳理；能根据真实的语境与表达需要，尝试将“汉字数字语言库”的内容按照主题“多少”“虚实”等进行分类梳理，学会梳理的方法，自主梳理，完成后高质量的梳理，便于学生对语料的记忆和使用；能通过“汉字数字”飞花令、“汉字数字”读写会等活动，开展形式多样的语文实践活动，激发主动积累的热情，尝试运用到实际的学习生活中，学以致用，感受汉字数字独特的表达效果；能感受汉字符号中数字背后的文化魅力，提升学生热爱汉字的思想情感，激发热爱中华文化的情感。

《义务教育语文课程标准(2022 年版)》在“语言文字积累与梳理”任务群教学提示中鲜明地指出教给学生积累与梳理的方法，明确了各学段的要求，从习惯入手，在反复实践中，逐渐建构能力，形成主动积累与梳理的态度，在积累与梳理中体会汉字背后独特的文化意蕴，感受经典文化的审美情趣，获得人生启迪。

（撰写：苏州市金阊实验小学校　曹　磊）

# 第二章 “实用性阅读与交流”学习任务群

本学习任务群旨在引导学生在语文实践活动中，通过倾听、阅读、观察，获取、整合有价值的信息，根据具体交际情境和交流对象，清楚得体表达，有效传递信息，满足家庭生活、学校生活、社会生活交流沟通需要。

——摘自《义务教育语文课程标准(2022 年版)》

## 第一节 教学案例

**“实用性阅读与交流”学习任务群（一年级）**

### 案例一 上学真快乐

#### 第一部分 单元设计

**一、设计依据**

“实用性阅读与交流”学习任务群在第一学段的学习内容第二条提出：阅读有关学校生活的短文，认识图文中相关的汉字；学习与同学、老师文明沟通；乐于分享学校生活中的见闻和感受，热爱学习，热爱学校。对于刚刚进入小学校园的一年级新生来说，只有体会到上学的快乐，感受到老师、同学的亲切友好，才会热爱学习，从而热爱学校。我们设计“上学真快乐”任务群，旨在让学生观察图画，了解中国，感受作为中国人的自豪；唱读儿歌，熟悉校园，初步树立小学生的角色意识，体验上学的快乐；学习倾听，与同学、老师亲切交流，感知“读书”“写字”“讲故事”“听故事”等语文生活，从而喜欢上学，喜欢语文学习生活。

## 二、主题内容与目标

（一）单元主题

上学真快乐。

（二）学习内容

1. 文本阅读：教材《我是中国人》《我是小学生》《我爱学语文》；绘本《我的祖国》《大卫上学去》。

2. 儿歌推荐：《娃哈哈》。

（三）学习目标

1. 观察图画，知道中国是我们的祖国，认识中国地图，初步了解我国是一个统一的多民族国家，感受作为中国人的自豪。

2. 认识同学和老师，熟悉教室，参观校园，初步树立小学生的角色意识，感受同学的友爱、老师的亲切、校园的美好，体验上学的快乐。

3. 学习用普通话交流，认真倾听别人说话，大声介绍自己，乐于分享学校生活中的见闻和感受。

4. 了解语文学习的基本内容和意义，对语文学习产生强烈的期待和探究的兴趣，能感受语文学习的快乐。

## 三、学习情境与任务框架

（一）学习情境

在“上学”“校园”这类真实生活场景构建的语文学习情境中，学生通过看插图、拼地图，了解中国，感受作为中国人的自豪；通过玩游戏、校园打卡，认识新同学，熟悉新环境，初步树立小学生的角色意识，体验上学的快乐。学生在游戏活动中感知“读书”“写字”“讲故事”“听故事”等语文生活，学习的自信力不断提升，从而喜欢上学，喜欢语文学习生活。

（二）任务框架

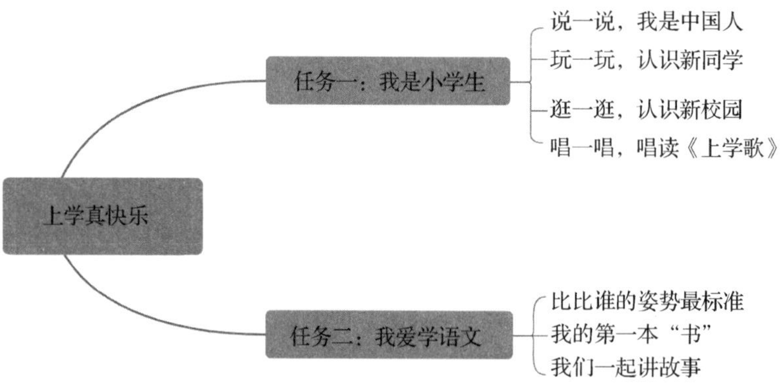

## 四、活动设计与教学提示

### （一）学习活动与课时安排（表 2-1）

**表 2-1 “上学真快乐”学习活动与课时安排表**

| 单元任务 | 学习活动 | 学习内容 | 课时安排 |
|---|---|---|---|
| 上学真快乐 | 任务一：我是小学生 | 1. 说一说，我是中国人。以一张张本班学生进校门的照片，引导学生感受到自己是一名光荣的小学生。镜头切换到各民族学生背着书包的插图，指导学生观察、交流，知道中国是我们的祖国，是一个多民族的国家。借助多媒体视频，“游览”祖国各地，进一步认识五星红旗是中国的国旗，北京是中国的首都，56 个民族是一家，增强身为中国人的自豪感和爱国情。全体唱一唱儿童歌曲《娃哈哈》，同桌合作拼一拼中国地图，感受中国的伟大。<br>2. 玩一玩，认识新同学。通过游戏活动让学生在组内介绍自己，认识小伙伴，了解对方的爱好等，比一比谁记住的名字多。然后每位学生亲手制作一张名牌，让师生迅速熟悉起来。感受师生间的友好，在真实交往中培养口语交际的能力。<br>3. 逛一逛，认识新校园。布置给学生打卡、探秘校园的任务，将学习场域转移到校园，学生在校园里逛一逛、找一找标志性建筑；看一看、说一说自己发现的图标或汉字；还可以随手画一画、拍一拍这些有趣的发现，分类展示，与同学分享交流；小组合作手绘一张校园示意图，鼓励创意表达。把校园变成乐园，让学生在有趣的情境中体验，在真实的场域中沉浸，在充满语文味的探究中熟悉校园，体会成为小学生的快乐。<br>4. 唱一唱，唱读《上学歌》。引导学生了解“小学”与“幼儿园”的不同，以及自己角色身份的改变。 | 3 |
| | 任务二：我爱学语文 | 1. 比比谁的姿势最标准。通过看插图、读儿歌，了解读书、写字是语文课的主要学习活动，学会端正的读书、写字姿势。来一场“模仿挑战赛”，同学之间比一比，看谁姿势最标准。再来做个“听口令，做动作”的游戏，巩固读书、写字、握笔姿势。根据动作要领，人人养成良好的学习习惯，明确语文学习的意义，产生学习祖国语言文字的期待和愿望。<br>2. 我的第一本“书”。带领学生来到图书馆或阅览室，师生、同伴共读绘本《大卫上学去》等，讲一讲一本书的构造和故事。学生在图书馆里看书，听故事，感受浓郁的书香氛围。然后学生自己画画、贴贴，完成属于自己的第一本“书”——《×××上学去》。在全班分享交流自己的“书”，并在教室里开辟一角“展示台”，进行实物展示。<br>3. 我们一起讲故事。以精彩有趣的活动组织，让学生讲一讲、演一演，在交流的过程中，体会讲故事、听故事、演故事的快乐，并从故事的来源，引导学生爱上语文、爱上阅读。 | 2 |
| 单元测评 | 我成长<br>我快乐 | 1. 我是识字小能手。在生字表中圈出认识的汉字，读给同桌听，记录识字的数量。<br>2. 我是“二小水滴娃”。请你化身为“水滴娃”，选择 1 ~ 2 处校园里的建筑或教室，向同学介绍，说说同学们平时在这里做些什么，有什么收获和感受。放学的时候，还可以向家长介绍自己的学校。 | 1 |

（二）设计说明与实施要点

教材的起始单元从学生的视角出发，安排了“我是小学生”“我爱学语文”两个部分内容，旨在帮助学生尽快实现从幼儿园小朋友到小学生的角色转变，适应新的学习环境，激发学习语文的兴趣，培养热爱祖国语言文字的情感与态度。走进校园成为小学生，体验真实的校园生活就是这一单元的学习情境。结合新生的认知规律和特点，适度调整了学习内容，拓展相关的儿歌和绘本故事，丰富学生的学习体验。基于游戏思维的学习活动，通过设置游校园、找班级、交朋友、读绘本、拼地图等自主游戏活动，把单调的入学变成充满未知的挑战，陌生的校园变为游戏打卡的乐园，让学生在有趣的情境中体验，在真实的场域中沉浸，在充满语文味的探究中熟悉校园，在游戏中收获自信，体会成为小学生的快乐，初步了解听、说、读、写是小学生语文学习的主要途径，尽快适应小学生活，进入积极的学习状态，从而喜欢上学，喜欢语文。

任务一“我是小学生”。引导学生观察插图和文字，利用其已有的认知，激发学习兴趣，初步认识“我是中国人”“我是小学生”等生字。联系生活实际，由课内到课外，引导学生了解我们的祖国，感受中国的伟大。通过游戏活动让学生介绍自己，认识老师和小伙伴，在真实交往中培养口语交际的能力。以探秘校园为任务情境，参观场室，识记标牌，鼓励学生大胆交流自己的发现。

任务二“我爱学语文”。引导学生初步了解主要的语文学习活动，学会读书、写字的正确姿势和执笔方法，为养成良好的语文学习习惯打下基础。通过听故事、讲故事，感受语文学习的快乐，有主动识字、写字、阅读、交流的愿望。

此单元任务群用六个课时完成，课内课外相结合。通过游戏、参观、交流、模仿、比赛等形式，强化学生情感的体验，让学生在玩中明确自己的身份，在真实的生活情境中，说说自己的所见、所闻、所感，主动交友，乐于分享，进入积极的语文学习状态，喜欢上学，喜欢语文。

## 五、资源支持与技术支持

（一）学习资源

视频资源：升旗仪式、《上学歌》、《娃哈哈》。

（二）工具技术

1. 拍摄班级学生早上进入校门的照片。
2. 校园打卡示意图、中国地图磁性拼图。
3. 希沃白板以及实物投影，用来展示分享校园示意图。

### 六、过程评价与单元测评(表 2-2)

表 2-2 “上学真快乐”过程评价与单元测评表

| 评价 | 内容 | 基本标准 |
| --- | --- | --- |
| 过程评价 | 任务一:我是小学生 | 1. 知道中国是我们的祖国,五星红旗是中国的国旗,北京是中国的首都,初步了解我国是一个多民族的国家。<br>2. 学会用普通话清楚、响亮地介绍自己,学习认真倾听别人说话。在游戏中认识老师和同学,感受师生间的友好。<br>3. 熟悉校园环境,初步树立小学生的角色意识,体验上学的快乐。<br>4. 能唱读《上学歌》,认识到自己是一个真正的小学生,感受小学生活的特点。 |
|  | 任务二:我爱学语文 | 1. 依据画面提示,初步掌握读书、写字的正确姿势和执笔方法。<br>2. 通过听故事、讲故事,感受语文学习的快乐,有主动阅读、识字、写字、交流的愿望。 |
| 单元测评 | 我成长　我快乐 | 1. 能根据同学名牌、学校标牌、儿歌、故事,认识图文中相关的汉字。<br>2. 能根据了解到的信息,用普通话清楚、响亮地与同学分享学校生活中的见闻和感受。 |

## 第二部分　课堂实践

### 任务一　我是小学生(三课时)

#### 第一课时　我是中国人

**活动一　说一说,我是中国人(0.5 课时)**

**一、学习目标**

1. 交流第一天上学的场面,感受作为中国小学生的自豪。

2. 观察图画,知道中国是我们的祖国,五星红旗是中国的国旗,北京是中国的首都,初步了解我国是一个多民族的国家。

**二、教学过程**

(一) 讲述上学情景

1. 讲述自己今天第一天走进校园、来到教室的过程和感受。

2. 关注全国的小朋友上学的场景,数一数我国有多少个民族。

(二) 认识中国地图

1. 利用地图,指出首都北京和自己的家乡。

2. 借助多媒体视频,“游览”祖国各地,认识五星红旗是中国的国旗,北京是中国的首都。

3. 小组合作，根据提示拼搭中国地图。

（三）学唱儿童歌曲

听儿童歌曲《娃哈哈》，跟着一起唱。

**【教学实施要点】**

1. 可以通过课件滚动播放班级学生早晨走进校园的瞬间。教师和学生谈话交流第一天上学的场面时，应该引导学生关注自己今天穿戴整齐，背着新书包，走进了小学校园，成为了一名小学生。早晨校门口有许多老师和高年级学生在迎接我们，大家互相问好，非常亲切，自己的心情也是无比愉悦的。

2. 借助多媒体视频，"游览"祖国各地，教师重在引导学生关注庄严的天安门城楼和飘扬的五星红旗，产生对"中国人"这一身份神圣的尊严感和自豪感。

**活动二　玩一玩，认识新同学（0.5 课时）**

**一、学习目标**

1. 学会用普通话清楚、响亮地介绍自己，学习认真倾听别人说话。在游戏中认识老师和同学，感受伙伴之间的友爱。

2. 制作一张自己专属的名牌，师生迅速熟悉起来。

**二、教学过程**

（一）做游戏

全班围成里外两个圈，两个同学一组，面对面做接龙游戏。一个说"我叫×××"，另一个说"我叫×××"；一个说"我会×××"，另一个说"我会×××"；一个说"我喜欢×××"，另一个说"我喜欢×××"。然后外圈小朋友向右平移一人，再做相同的游戏，认识更多的同学。

（二）做名牌

制作一个自己的姓名牌，放在课桌前。

**【教学实施要点】**

1. 做接龙游戏时，可以先小组成员间交流，再将范围扩大，从自己小组到其他小组。做游戏时，鼓励学生用普通话清楚、响亮地介绍自己，同时要学习认真倾听别人说话，了解同伴的特长。

2. 如果学生已经会写名字，可以自己在名牌上端端正正地写上名字，否则请老师予以帮助。注重发挥学生的创造性，鼓励学生有独特的想法，例如在名牌上简单画一张自画像，或者贴一张自己的小照片等。

## 第二课时　逛一逛，认识新校园

### 一、学习目标

1. 参观校园，寻找校园里的标志性建筑，并打卡记录下来。

2. 能说出自己有趣的发现，与同学分享，语句通顺、完整。通过交流，进一步熟悉新环境，喜爱自己的学校。

### 二、教学过程

（一）打卡标志性建筑

1. 参观校园，借助示意图寻找校园里的标志性建筑，如图书馆、电脑房、科学实验室、老师办公室、医务室、操场、厕所、小花园等，并打卡记录下来。

（1）认一认场室标牌。

（2）读一读墙面布置的字画。

（3）说一说认识的实物。

2. 画一画、写一写自己发现的图标或汉字。

（二）交流有趣的发现

1. 回到教室，与小组同学分享自己参观校园的收获，交流打卡过程中有趣的发现，或者是介绍一下自己最喜欢校园里的哪一个地方。

2. 各组推选代表，在班级中交流，比比谁讲得最清楚，完成表2-3。

**表2-3　“校园新发现”评价表**

| 评价要求 | 达成度(1星~5星) |
|---|---|
| 能说出自己的发现 | |
| 能具体描述自己的发现 | |
| 表达清楚，声音响亮，充满自信 | |

（三）手绘校园示意图

小组合作，根据打卡记录，手绘一张校园示意图。

（可提供一些图片和字卡，学生选择贴画。）

**【教学实施要点】**

1. 在老师的带领下，学生走出教室，参观校园，老师引导学生认识一些标牌，用自己喜欢的方式加强记忆。在参观过程中，可以随时停下来，驻足观察，尽可能引导学生自己去发现，大胆地说出看到的建筑物、花草树木等实物，以及看到的汉字和图画。

2. 回到教室后，引导学生按序回忆走过的地方，大胆地说出自己的收获。同时也要认真倾听别人的介绍，能准确做出评价。

3. 教师提供一些学校区域的简笔画，学生在小组合作绘画时，可以参考模仿。

### 第三课时　唱一唱，唱读《上学歌》

**一、学习目标**

1. 唱读儿歌，感受儿歌的韵律。

2. 听绘本故事，体会上学的乐趣。

**二、教学过程**

（一）唱读《上学歌》

1. 教师放《上学歌》朗读音频，学生跟着念一念。

（1）在儿歌中，你听到了什么？

（2）从《上学歌》里，你了解到作为一名小学生要怎么做？

聚焦“不迟到”。

聚焦“爱学习”。

聚焦“爱劳动”。

2. 播放歌曲《上学歌》，和学生们一起边唱边做动作，感受儿歌的韵律。

（二）交流上学故事

1. 按顺序观察插图，说说图上的小朋友们在干什么。

2. 交流自己开学这两天都做过哪些事，有什么好玩的、印象深刻的事情，也可以是从书上看来的、从爸爸妈妈口中听来的上学故事。

3. 听绘本故事《大卫上学去》，说一说小淘气包大卫在学校里发生了什么事。了解作为一名小学生的基本要求。

**【教学实施要点】**

1. 学生唱读《上学歌》时，引导学生重点聚焦“爱学习”“爱劳动”“不迟到”等，了解做小学生的基本要求，建立小学生的角色认同感。

2. 听故事，讲故事，结合学生已有认知，拉近学生与文本的距离，让其产生情感共鸣，感受到上学的有趣。

## 任务二　我爱学语文（两课时）

### 第一课时　比比谁的姿势最标准

**活动一　比比谁的姿势最标准（0.5 课时）**

**一、学习目标**

1. 了解语文学习的基本内容和意义，依据画面提示，初步掌握读书、写字的正确姿势和执笔方法。

2. 根据动作要领，比比谁的读书、写字姿势最标准，养成良好的读写习惯。

## 二、教学过程

（一）学习读书姿势

1. 观看插图，学生交流正确的读书姿势动作要领。

（1）学生拿起语文书自由模仿。

（2）调整姿势。

2. 跟读儿歌《读书歌》，做好读书姿势。同桌互相评一评、比一比，看谁的姿势最标准，上台展示。

**读书歌**

身坐直，脚放平，
双手拿书向外倾。

（二）学习写字姿势

1. 欣赏语文书中课后田字格里的汉字。

2. 观看插图，学生交流正确的写字姿势、执笔动作要领。

3. 跟读儿歌《写字歌》，做动作，同桌互相检查写字姿势，比比谁的姿势最标准，上台展示。

**写字歌**

背要挺，字看清，
头摆正，肩放平。
手离笔尖一寸，
胸离桌子一拳，
眼离桌面一尺。

图中端端正正坐着的小朋友，除了“头正、身直、臂开、足安”，还注意了什么？——“一尺”“一拳”“一寸”。

（三）做游戏巩固读写姿势

1. 游戏“听口令，做动作”。老师发布口令“起立”“坐下”“读书”“写字”等，学生根据口令做相应动作。

2. 开展一分钟挑战赛，保持正确的姿势，计时一分钟，学生评选“姿势标准小模范”，颁奖。

**【教学实施要点】**

1. 学习读书姿势，重点关注头正、身直、臂开、足安、正确的拿书姿势。

2. 学习写字姿势，要熟记“三个一”：一尺、一拳、一寸。重点关注握笔姿势，指导要细致，帮助学生做到拇指和食指握住笔杆下端，距离笔尖约一寸，同时用中指内侧抵住笔杆，笔杆上端贴在虎口上。

### 活动二　我的第一本“书”(0.5课时)

**一、学习目标**

1. 师生共读绘本故事，感受浓郁的书香氛围。
2. 仔细观察图书，认识书的构造，尝试制作自己的一本“书”。

**二、教学过程**

（一）师生共读绘本故事

1. 看插图，说说图上的四位同学在干什么，根据他们戴的头饰，猜猜他们在讲什么故事。知道今后要读更多的故事，学习很多很多的字。

2. 师生共读《西游记》里的一个故事，引导学生要认真听故事，眼睛看着讲故事的人，仔细听清楚。

3. 教师按照封面、目录、内容、封底的顺序介绍书，学生认识书的结构。

（二）写我的第一本“书”

可以邀请父母与学生共同写第一本“书”。设计封面，写上书名《我的家》或《我们的班级》等，作者可以写“我和爸爸妈妈”。内页中可以剪贴照片、图片，和父母或同学一起说说照片上的故事，然后在图片下面写上最想说的一句话，不会写的字请父母帮助。最后装订完成，带到班级里进行展览。

**【教学实施要点】**

1. 课前带领学生一起布置班级图书角，每位学生准备1～2本课外书，补充到班级图书角中，并与同学分享自己的课外书。

2. 制作“我的第一本书”，内容让学生自己确定，根据内容准备照片等素材。制作过程中，主动与父母、同学交流家庭生活、学校生活中的见闻和感受。

## 第二课时　我们一起讲故事

**一、学习目标**

1. 通过听故事、讲故事、演故事，感受语文学习的快乐。
2. 分享阅读的收获，感受互相交流的乐趣。

**二、教学过程**

（一）故事爱分享

你知道哪些故事？说一说故事的题目或主角，和同学们分享一下。

分组活动，每位学生将自己准备好的一个故事讲给小组同学听。要求把故事讲完整，声音响亮。

（二）开个故事会

讲故事好玩吗？哪儿最好玩？

小组推选一名代表讲故事。

回家后,请把自己在语文课上听到的印象最深的一个故事,讲给爸爸妈妈听。

(三)我爱听故事

布置任务“每晚一听”:每天晚上至少听一个故事。

**【教学实施要点】**

1. 可以让学生讲讲自己制作的第一本“书”上的故事内容,也可以讲讲自己听来的故事,还可以讲讲语文书上将要学习的故事。

2. 教师提前布置学生为故事会做好准备,选择故事时尽可能不与其他同学重复。让学生在家里练一练,鼓励学生使用一些道具,将故事讲得绘声绘色。

3. 分享一些听故事的方式,发在班级群里,例如:喜马拉雅 App、苏州儿童广播FM95.7每天 19:00《小蜜蜂故事乐园》。可以布置“每晚一听”,即每天晚上至少听一个故事。

**单元测评(一课时) 我成长 我快乐**

**一、学习目标**

1. 能根据同学名牌、学校标牌、儿歌、故事,认识图文中相关的汉字。

2. 能根据了解到的信息,用普通话清楚、响亮地与同学分享学校生活中的见闻和感受。

**二、教学过程**

开学季,学校组织了全校的开学典礼,一年级新生还特别开展了入学礼活动。班级同学一起参观校园、做游戏,在丰富多彩的活动中,我们认识了老师和新同学,开启了快乐的小学生活。请你回顾开学以来的学校生活,和同学分享你的见闻和收获。

1. 我是识字小能手:在生字表中圈出你所认识的汉字,读给同桌听,记录识字的数量。

2. 我是“二小水滴娃”:请你化身为“水滴娃”,选择 1 ~ 2 处校园里的建筑或教室,向同学做介绍,说说同学们平时在这里做些什么,有什么收获和感受。放学的时候,还可以向家长介绍自己的学校。

**【教学实施要点】**

1. 教师可根据学生姓名、校园标牌等名称整理一份生字表(词语表),引导学生圈出认识的汉字,还要正确读出字音。在与同学交流的过程中懂得生活中处处有“语文”,处处能识字。

2. 引导学生利用相关的资料,学会与同学、家长交流,乐于分享。

3. 测评时可以采用同桌互评、家长评价等多种方式展开(表 2-4)。

表 2-4　生字积累评价表

| 活动 | 三星水平 | 四星水平 | 五星水平 |
|---|---|---|---|
| 我是识字小能手 | 能准确认读生字表中的10个汉字。 | 能准确认读生字表中的15个汉字。 | 能准确认读生字表中的20个汉字。 |
| 我是“二小水滴娃” | 能清楚说出一处场室的名称、方位。 | 能清楚说出一处场室的名称、方位。简单描述同学们在这里做了什么。 | 能清楚说出一处场室的名称、方位。简单描述同学们在这里做了什么，自己有何收获和感受。 |

（设计：苏州市沧浪新城第三实验小学校　梅　艳）

**“实用性阅读与交流”学习任务群（四年级）**

# 案例二　书信传递爱国情

## 第一部分　单元设计

### 一、设计依据

本单元教材内容为体现家国情怀的古诗、写人记事文以及诗歌。《义务教育语文课程标准（2022年版）》“实用性阅读与交流”学习任务群第二学段提出：学习具体、清楚、生动地讲述有关老一辈无产阶级革命家和革命英雄、劳动模范、科学家的事迹，以及反映中华传统美德的故事。学生通过课堂阅读、课外搜集资料，进一步了解和体会先贤的赤子之心。本单元的习作为学习写书信。新课标中提到，在第二学段实用性阅读与交流学习中，学生要学习写简单书信，且文明礼貌地进行交流。故在单元活动中设计了多个与此相联系的活动内容，以书信串连起三个任务，了解书信—掌握书信格式—自主写书信，设置了三个层次，让学生通过搜集资料、改编书信、诵读“红色书信”以及写信等方式表达内心的情感，将阅读、写作、口语交际、搜集处理信息等融为一体，引导学生提高语言理解与运用能力，逐步增强语言表达的准确性、规范性。

### 二、主题内容与目标

（一）单元主题

书信传递爱国情。

（二）学习内容

1. 爱国故事文本：四上第七单元21《古诗三首》（《出塞》《凉州词》《夏日绝句》）、22《为中华之崛起而读书》、23《梅兰芳蓄须》、24《延安，我把你追寻》、习作《写信》、《语文园地》词句段运用。

2. 课外阅读材料:《周恩来与京剧大师梅兰芳的金玉之交》;苏州日报“我给烈士写封信”融媒主题活动相关阅读材料——汤群烈士写给妹妹的遗书、沈建平烈士写给舅舅的家书。

3. 媒体节目推荐:《信·中国》。

(三) 学习目标

1. 通过阅读爱国故事,交流电影观后感,策划访谈场景,表达自己的崇敬之情。

2. 了解并介绍书信的起源发展,通过改编课文、阅读资料等方式,正确掌握书信格式,写一封给先烈的书信,进行一场穿越时空的对话。

3. 小组合作策划书信展读方案,根据内容用适当的语气、语调进行书信诵读,发布当代“少年中国说”。

## 三、学习情境与任务框架

(一) 学习情境

国庆节期间,学生一定看了振奋人心的爱国电影,有着很多感受。所谓“天下兴亡,匹夫有责”,从古至今,多少仁人志士一颗丹心向祖国。那融进血液的爱国情怀,正是生生不息的中华精神。国是千万家,有国才有家,让我们走近唐宋时期诗人笔下的沙场,讲好周恩来与梅兰芳的爱国故事,学习写书信,通过书信表达自己对爱国先贤的赞美与敬仰,以少年之名书写对国家对家乡的爱。

(二) 任务框架

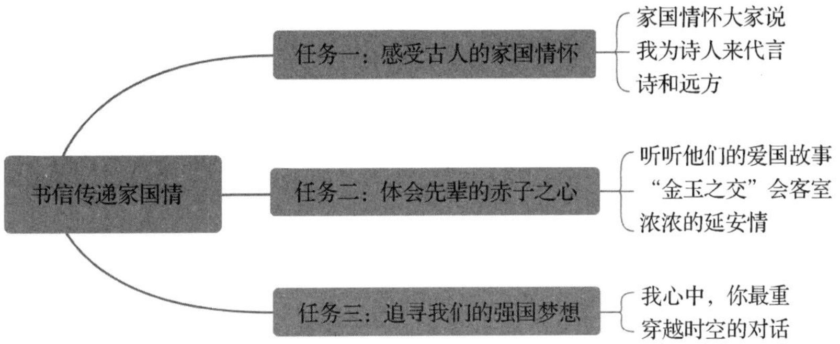

## 四、活动设计与教学提示

### （一）学习活动与课时安排（表2-5）

表2-5 “书信传递爱国情”学习活动与课时安排表

| 单元任务 | 学习活动 | 学习内容 | 课时安排 |
| --- | --- | --- | --- |
| 书信传递爱国情 | 任务一：感受古人的家国情怀 | 1. 家国情怀大家说。结合语文园地的词语学习，补充搜集更多有关“爱国”的词语、名言、古诗、故事等资料，做一份“资料手账”；根据国庆见闻，恰当选用“资料手账”中的积累素材，开展主题沙龙，畅谈孩子眼中的“家国情怀”。<br>2. 我为诗人来代言。赏读《出塞》《凉州词》《夏日绝句》三首爱国诗，通过品读诗中的情感，搜集相关背景资料，以诗人代言人的身份进行诗歌赏析，认识“家国情怀”是中华民族的优秀传统。<br>3. 诗和远方。了解古代通信的方式和特点，从诗人的角度出发，如果要将古诗作为书信内容，他会寄给谁？为什么？ | 3 |
| | 任务二：体会先辈的赤子之心 | 1. 听听他们的爱国故事。学习《为中华之崛起而读书》《梅兰芳蓄须》两篇课文，关注主要人物和事件，把握文章主要内容，感受人物对祖国深沉的爱。<br>2. “金玉之交”会客室。拓展阅读资料《周恩来与京剧大师梅兰芳的金玉之交》，模拟两人会谈情境，结合两篇课文内容编写访谈提纲，确定访谈内容，在访谈情境中练习讲故事，并能从中归纳出两人志同道合的原因。<br>3. 浓浓的延安情。自主阅读《延安，我把你追寻》，如果有不懂的内容，查找相关资料帮助理解。将诗歌改编成作者写给延安的一封信，在改编过程中学习书信的正确格式。 | 3 |
| | 任务三：追寻我们的强国梦想 | 1. 我心中，你最重。寻访苏州烈士陵园英雄足迹，阅读《苏州日报》刊登文章——汤群烈士写给妹妹的遗书、沈建平烈士写给舅舅的家书，通过诵读与交流，感受信中传递的爱国之情及革命先辈感人的赤子之心，汲取成长前行的力量。<br>2. 穿越时空的对话。为苏州日报集团“我给烈士写封信”融媒主题征文活动撰写稿件。通过书信的形式向先辈们抒发无限哀思和崇高敬意，用最朴实浪漫的方式书写爱国主义，写下新时代的“少年中国说”。 | 2 |
| 单元测评 | 信·童声 | 1. 书信我来读。仿照央视综艺节目《信·中国》，策划一次“信·童声”活动。<br>2. 精彩我来秀。拍摄此次活动的精彩图片及视频，并以图文结合的形式展现精彩瞬间。<br>3. 感受我来写。以书信的形式将本次活动的经过与收获写给某位同学，学生根据评价表为同学的书信内容打分。 | 1 |

### （二）设计说明与实施要点

“实用性阅读与交流”学习任务群中指出：通过倾听、阅读、观察，获取、整合有价值的信息，根据具体交流情境和交流对象，清楚得体表达，有效传递信息；学习活动可以采用朗读、复述、游戏、表演、讲故事、情景对话、现场报道等学生喜闻乐见的形式，将识字、写字、阅读、写作、口语交际、搜集处理信息等融为一体。本任务群“书信传递爱国情”设计了三个学习任务，每一个任务各有侧重点，如侧重口语交际、表达等，并将字词、阅读、写作等语文实践活动融合在其中。

任务一“感受古人的家国情怀”。通过制作资料手账、主题沙龙、分享心得感受等活动，走进真实的生活场景，表达出自己对家国情怀的个性化理解。学生结合“资料手账”中的积累素材，开展主题沙龙，畅谈家国情怀；讨论代言方案，以诗人代言人的身份赏析家国情怀，以此为情境进行口语交际，讨论“这封信寄给谁”“现代社会是否需要书信”，从中对书信形成初步了解。

任务二“体会先辈的赤子之心”。学生通过关注主要人物和事件，把握文章主要内容，从课文文本拓展到课外资料，结合所得编写人物访谈提纲，确定访谈内容，在情境中练习讲故事，感受先辈们对祖国深沉的爱，同时通过课文改编，学习并尝试掌握书信的正确格式。

任务三“追寻我们的强国梦想”。通过寻访苏州烈士陵园英雄足迹，阅读革命烈士遗书，感受赤子之心，汲取成长力量，学习革命英雄的事迹，并用书信的形式分享自己心目中对革命先辈的哀思与敬意。这项活动指向语言的表达，通过征文活动的发布，鼓励学生用最朴实的方式书写爱国主义，打开思路将自己最难忘的活动过程和真实的感受写清楚、写具体，写下新时代的“少年中国说”。

此任务用九个课时完成，课内课外相结合。通过阅读、观影、实地寻访等，让学生去感受从古至今仁人志士的爱国情怀，产生由衷的崇敬之情。基于情感基础之上，通过策划访谈、沙龙、节目等活动，用多种媒介方式记录、展示、讲述他们的故事，表达自己的爱国之情。师生共同研制评价标准，在真实生活情境中，评价学生语言运用的实际表现，让评价贯穿学习全过程，实现“教、学、评”一致性。

**五、资源支持与技术支持**

（一）学习资源

单元教材、课外阅读材料《周恩来与京剧大师梅兰芳的金玉之交》、苏州日报“我给烈士写封信”融媒主题活动相关阅读材料——汤群烈士写给妹妹的遗书、沈建平烈士写给舅舅的家书。

（二）工具技术

1. 诗人最佳代言人评价表、主题沙龙评价表、最佳访谈者评价表、“访谈会客室”讨论记录表等。

2. 资料手账、书信知识、思维导图等展板，用来展示分享活动成果的班级 QQ 群、微信群、钉钉群，用来选择优秀作品的问卷星投票功能等。

## 六、过程评价与单元测评(表 2-6)

表 2-6 “书信传递爱国情”过程评价与单元测评表

| 评价 | 内容 | 基本标准 |
| --- | --- | --- |
| 过程评价 | 任务一:感受古人的家国情怀 | 1. 能利用课内及课外的素材,采用表格、思维导图、美篇等方式完成爱国资料手账本,能按照类别进行梳理,图文并茂。<br>2. 策划“我的家国情怀梦”主题沙龙活动,聚焦中心,叙述清楚,节奏明快,表达朴实大方。<br>3. 根据“诗人代言人”的标准,通过诵读、讲述等方式在课堂上对古诗进行二次表达,进行最佳代言人的评选。 |
| | 任务二:体会先辈的赤子之心 | 1. 自读课文,能用多种方法概括课文的主要内容。<br>2. 策划访谈活动,明确主题、目标、时间、地点等,能通过小组合作讨论,制订访谈评价量表,讨论时注意语气语调,认真倾听同学意见,清楚表达自己的想法。<br>3. 通过课文改编书信,书信格式规范。 |
| | 任务三:追寻我们的强国梦想 | 1. 声情并茂地朗读烈士书信,评选出优秀读信者。<br>2. 根据征文要求给烈士写一封信,信的内容积极,条理清晰,语言生动。书信格式规范,符合主题要求。 |
| 单元测评 | 信·童声 | 1. 能围绕主题,撰写“信·童声”策划方案,内容明确。<br>2. 能自主搜集课内外英雄信件,获得语言材料。<br>3. 能表达内心真实情感,突出精彩处,并乐于与他人分享。 |

# 第二部分　课堂实践

## 任务一　感受古人的家国情怀(三课时)

### 第一课时　家国情怀大家说

#### 一、学习目标

1. 能通过图文结合的资料手账,积累爱国词语、名言等。
2. 能关注国庆档爱国电影及其中感动人心的场面,讲述印象深刻的场景。
3. 能通过口头讲述的方式把场景说清楚、说动人,表达自己对家国情的理解。

#### 二、教学过程

(一) 设计我的爱国资料手账本

1. 阅读《语文园地》中的词语,说说这些词语的特点,有感情地读一读。

2. 整理课外收集的资料,按照资料的内容进行分组交流,通过图文结合的方式设计并制作手账本。

3. 组内交流积累成果，感受爱国情怀，抒发爱国志向。

（二）讲述我印象最深的爱国电影

教师和学生互动交流印象深刻的爱国电影，关注电影中感人的场景。

（三）分享我的家国情怀梦想

分享“我的家国情怀梦”，表达自己对家国情的理解，阅读班级群发布的内容，评选出“最佳讲述人”。

**【教学实施要点】**

1. “爱国资料手账”可以采用表格、思维导图、美篇等方式，教师重在引导学生采用图文结合的方式，通过选择图片培养学生的直觉思维，让学生梳理自己积累的相关内容。

2. 教师和学生交流寻访爱国电影场景时，应该引导学生关注场景的整体和局部，尤其是场景中打动人心的人物、事件或细节，为学生口语表达与交际提供思路。

3. 教师可以通过班级群、班级展示区等方式创建班级“我的爱国资料手账”分享平台，学生可以采用图片、视频等方式分享自己的资料手账，并通过小组交流讨论出“最佳讲述人”的评价标准，依据标准进行评价。

## 第二课时　我为诗人来代言

### 一、学习目标

1. 能有感情地朗读、背诵古诗，能用自己的语言说出古诗的主要内容。
2. 能结合资料了解诗人写诗的背景，能用较完整的一段话说出诗人写诗的原因。
3. 能策划一份代言方案，根据代言方案的要求，选择一首古诗进行交流。

### 二、教学过程

（一）诵读诗歌，体会情感

1. 诵读三首爱国诗歌，有感情地朗读并尝试背诵。
2. 交流三首古诗的大致意思。

（二）结合资料，走近作者

1. 根据查找到的资料，分别来说说诗人写诗的背景。
2. 谈谈自己的感受，说说诗人写诗的原因和目的。
3. 找出最打动自己的一首诗，练习朗读，并以诗人的身份进行代言，用较完整的一段话尝试说出诗人心中的话。

（三）制定标准，进行展示

1. 小组合作，根据标准共同策划代言方案。
2. 各组推选代表，比比谁讲得最具感染力。
3. 根据评价表（表2-7）评分，选出最佳代言人。

表 2-7 “我为诗人来代言”活动评价表

| 评价要求 | 达成度(1 星 ~5 星) | 我的建议 |
| --- | --- | --- |
| 诗歌诵读有感情 | | |
| 诗人代言内容讲得生动 | | |
| 能加上恰当的手势或动作 | | |
| 普通话标准,表达规范 | | |

【教学实施要点】

1. 在学习三首古诗时,教师既可以指导学生有感情地朗读,也可以让学生有感情地用自己的语言进行内容的想象复述,重点在于学生能够体会诗中蕴含的情感。

2. 教师可以以一首古诗为例,引导学生了解背景资料对于理解古诗的重要性,按照这种学习方法,学生自主学习其他两首古诗。

3. 学生在小组合作交流时,要能拟定“诗人代言人”的标准,小组可以以表格的形式形成评分标准,继而在班级内进行交流,补充完善标准。教师也可以为学生提供评判的相关资源,让学生对交流的要求更加明确。学生可以在课堂上进行代言活动,教师需要鼓励更多的学生利用班级群在课后分享。同时可以用“问卷星”让学生、家长参与投票。

## 第三课时　诗和远方

### 一、学习目标

1. 搜集关于书信的相关资料,与同学共同讨论,了解书信的相关知识,激发对学习写书信的兴趣。

2. 结合《古诗三首》,运用学过的知识解决情境主问题“这封信寄给谁”。

3. 口语交际:讨论“现代社会是否需要书信”,设计相关宣传标语。

### 二、教学过程

(一) 寻访:书信的前世今生

1. 王昌龄、王翰、李清照三位诗人,用自己的文笔写下了对国家的热爱,如果他们想把自己的这份情怀传递给别人,让别人也能读懂自己的心声,可以怎么做呢?(写信)

2. 学生分小组进行资料汇报,分享搜集到的书信知识。

3. “一站到底”书信知识竞答赛。

(二) 想象:一封来自诗人的信

1. 如果王昌龄、王翰、李清照三位诗人要通过书信来传递自己内心的真情,你觉得,他们会把信寄给谁呢? 要说出自己的理由。

2. 小组交流讨论,绘制思维导图,然后派代表进行观点陈述,并根据想象出的寄信情境有感情地诵读古诗,呈现诗人的内心。

(三) 交际:亲近书信,传承文化

1. 口语交际活动:我们还需要书信吗? 依据表 2-8 进行评价。

表 2-8 “我们还需要书信吗?”口语交际活动评价表

| 评价要求 | 达成度(1 星 ~5 星) | 我的建议 |
|---|---|---|
| 能根据本班同学使用书信的情况分析原因 | | |
| 不重复别人的观点 | | |
| 语气适当,富有感染力 | | |
| 使用 PPT 或图片 | | |

2. 全班讨论怎样才能保留书信交流的方式,设计一句宣传书信的广告语。

3. 将本节课的“书信知识”“思维导图”和设计的宣传语贴在板报上或教室外的宣传栏里,举办一期“亲近书信,传承文化”板报展。

【教学实施要点】

1. 搜集书信资料之前,教师可以给学生一些提示,如从书信的历史、别称、诗句、典故等入手,引导学生从多维度去搜集材料,形成对书信更全面的认识。

2. 在引导学生绘制“诗人会写信给谁”的思维导图时,可以根据前个课时的教学内容提示学生,关注诗人所处的背景、朝代,进行“现实想象”,也可以发挥想象,让诗人跨越时空去和古人或者未来的人对话,尽可能拓宽学生的思路。

3. 口语交际活动可先让学生复习第三单元口语交际内容,将单元内容进行迁移,灵活运用到本次交流活动中。课后鼓励孩子将课堂活动内容大胆展示,全面呈现自己学习的过程。

## 任务二 体会先辈的赤子之心(三课时)

### 第一课时 听听他们的爱国故事

**一、学习目标**

1. 阅读《为中华之崛起而读书》和《梅兰芳蓄须》,梳理课文脉络,了解周恩来和梅兰芳的爱国事迹。

2. 关注主要人物和事件,学习把握文章的主要内容。

**二、教学过程**

(一) 梳理脉络,把握内容

默读《为中华之崛起而读书》和《梅兰芳蓄须》,梳理课文脉络,试着根据课文题目概括故事内容。

(二) 关注主要人物和事件,学习把握多件事情的主要内容。

1. 默读《为中华之崛起而读书》,思考并讨论:课文讲了哪几件事? 请连起来说说课文的主要内容。

2. 自主学习《梅兰芳蓄须》,说说梅兰芳用了哪些办法拒绝为日本人演戏,在这个过程中经历了哪些危险和困难。

(三) 交流概括文章主要内容的方法

1. 自由交流方法。

2. 根据语文园地《交流平台》进行小结。

【教学实施要点】

1. 进一步学习概括主要内容是《为中华之崛起而读书》《梅兰芳蓄须》的学习重点，学生学习采用小标题或思维导图的方式概括课文主要内容。

2.《为中华之崛起而读书》是由多个小事件串连而成，要让学生关注并运用提取文中词语的方法先概括出多个事件的主要内容，再通过串联事件把握课文的整体大意。《梅兰芳蓄须》是自读课文，要引导学生运用前面学过的方法，自主通过表格、思维导图等方法梳理，形成概括主要内容的基本思路。

3. 在教学时，教师可以引导学生列小标题或思维导图理清概括内容的思路，然后小组交流，小组交流时确定评价标准。学生可以根据评价标准进行小组互评。

### 第二课时 “金玉之交”会客室

**一、学习目标**

1. 阅读拓展资料，结合课文内容深入了解人物形象。

2. 能主动策划访谈活动，自主交流方案，积极参与访谈互动。

**二、教学过程**

（一）拓展阅读资料《周恩来与京剧大师梅兰芳的金玉之交》

1. 小组共同阅读学习。

2. 小组讨论：两人之所以成为“金玉之交”的原因。

（二）策划访谈节目，制订访谈提纲

1. 小组交流，策划一期周恩来与梅兰芳的访谈节目。

2. 商议访谈内容，编写访谈提纲。

（三）召开“金玉之交”会客室现场访谈会

1. 依据访谈提纲，创设访谈情境。

2. 选取主持人、周恩来扮演者、梅兰芳扮演者、记者若干。

3. 召开现场访谈会，评选“最佳访谈者”。

4. 结合访谈内容，全班交流：两人能志同道合的原因。

5. 根据现场表现确定“最佳访谈者”评选标准（表 2-9）并进行评选。

**表 2-9　访谈活动评价表**

| 评价要求 | 达成度（1 星 ~5 星） | 建议 |
| --- | --- | --- |
| 访谈目的明确 | | |
| 访谈问题选择恰当 | | |
| 访谈具有感染力 | | |

【教学实施要点】

1. 教师可以为学生提供访谈节目视频，学生观看视频后，引导他们分享交流，理解什么是访谈、访谈的形式内容，以及如何策划一次访谈活动。总结交流结果，将结果与“体会先辈的赤子之心”相结合，明确活动是以访谈的形式分享先辈的爱国心路。

2. 通过“金玉之交会客室”活动，教师引导学生基于学习目标进行活动策划，重点强调人物及场景的选择，确定访谈者与被访谈者，拟定有指向的访谈提纲。学生可以先组内练习，并针对访谈提纲相互评价、提出修改意见，待修改完善，再进行访谈活动。

3. 如访谈内容筹备时间有限，教师可以根据实际情况，另用一课时单独举行访谈活动。

### 第三课时　浓浓的延安情

**一、学习目标**

1. 带着问题自主阅读诗歌，理解诗歌主要内容。

2. 学习书信的基本格式，尝试改编书信。

**二、教学过程**

（一）自主阅读《延安，我把你追寻》

1. 带着问题自主阅读诗歌，想一想：诗中多次提到“追寻”，是在追寻什么呢？和同学进行交流。

2. 如果有不懂的内容，查找相关资料帮助理解，召开一次“答疑会”。

（二）改编诗歌，学习写信

1. 结合本单元习作内容，学习书信的正确格式。

2. 将诗歌改编成作者写给延安的一封信。

**【教学实施要点】**

1. 由于现代社会书信的使用频率下降，很多学生对书信可能比较陌生。因此，本课时可提前进行习作教学的铺垫，主要让学生学习并掌握书信的正确格式。

2. 由于《延安，我把你追寻》这篇课文，全文运用了第二人称，因此，将内容进行书信改编，对于学生来说难度不大。在改编的过程中，要提醒学生融入自己学习后的真实想法，避免照抄课文的情况发生。

## 任务三　追寻我们的强国梦想（两课时）

### 第一课时　我心中　你最重

**一、学习目标**

通过欣赏、诵读等方式，感受先辈书信中滚烫的爱国之心。

**二、教学过程**

（一）观看综艺视频，感受书信情怀

1. 观看央视综艺节目《信·中国》。

2. 交流感受，说说这些书信传递了哪些先辈情感。

（二）阅读烈士家书，感受赤子之心。

1. 小组阅读《苏州日报》刊登的烈士家书。

2. 模仿节目《信·中国》，声情并茂地朗读书信。

3. 交流家书主要内容，说说自己的真实感受。

**【教学实施要点】**

1. 可利用雏鹰假日小队活动组织学生开展寻访苏州烈士陵园英雄足迹的活动，查找并阅读2021年4月在《苏州日报》上刊登的文章——汤群烈士写给妹妹的遗书、沈建平烈士写给舅舅的家书。

2. 组织学生观看央视综艺节目《信·中国》，这档节目以“信”为载体，传递的是“信仰、信念、信守、自信”的内核。节目每季选择一个书信主题，由著名演员以及观众熟知和喜爱的各界文艺工作者等朗读，由主持人讲述书信背后的故事，使用最新舞台科技，老照片、影像资料鲜活呈现，营造出电影化的节目效果，可作为本单元教学的重要媒体资源。

## 第二课时　穿越时空的对话

### 一、学习目标

1. 为革命烈士写封信，倾诉内心爱国情感。

2. 根据书信基本要求，为自己及同伴修改书信格式或内容。

3. 初步学习并掌握信封书写的要求。

### 二、教学过程

（一）参加征文活动，了解征文要求

1. 阅读苏州日报集团“我给烈士写封信”融媒主题征文活动要求。

2. 交流：我想给某某烈士写封信，我想对他说的话。

（二）回顾书信格式，表达少年之心

1. 回顾书信格式要求。

2. 给喜欢的革命烈士撰写书信。

3. 选择自己最满意的段落进行交流，互相修改。

（三）学写书信信封，寄出征文稿件

1. 观看信封书写教学微视频。

2. 自主完成征文信封撰写。

3. 通过邮寄信件的方式寄出自己的征文稿件。

**【教学实施要点】**

苏州日报集团曾经开展过“我给烈士写封信”融媒主题征文活动，本次单元以此真实任务为情境展开活动。征文活动也可根据学校实际情况改为校级或年级征文活动，鼓励学生通过撰写稿件、积极投稿的方式进一步认识书信,深化爱国情感。

## 单元测评(一课时) 信·童声

### 一、学习目标

1. 能仿照央视综艺节目《信·中国》,策划一次“信·童声”活动。

2. 能根据活动主题,关注整个活动过程,以书信的形式与同伴交流自己的收获。

3. 能综合相关材料,通过策划,拍照,记录等,完成“信·童声”主题活动。

### 二、教学过程

同学们,相信央视综艺节目《信·中国》给你带来了心灵的震撼,那一封封从 1921 年建党以来中国共产党党员笔下的书信,充满了“发现、感动、振奋”的力量,班级也开展了读苏州烈士书信的活动,你觉得有意义吗?请你当一次小策划,在你的家里也来开展一次(“信·童声”家庭主题活动),结束后将此次活动以书信的形式写给同学,和同学分享你的收获。

1. 书信我来读:本次活动的主题是“信·童声”。完成本单元实践活动后,你肯定有特别的收获,请你当一次小策划,在家中开展一次有意义的读信活动。信的内容可以包括先辈英雄的信件,家乡名人的信件,也可以是家里祖辈们的信件。仿照节目,可以自己制作一些书信背景故事的 PPT、小视频等,为你的读信活动增彩。

2. 精彩我来秀:拍摄此次活动的精彩图片及视频,并以图文结合的形式展现精彩瞬间。

3. 感受我来写:以书信的形式记录本次活动,寄给你的好朋友,收到来信后可根据评价表为同学的书信内容打分。

**【教学实施要点】**

1. 在自主策划活动时,教师可引导学生根据活动主题,参照“金玉之交‘会客室’”中所制订的策划方案进行活动策划。

2. 引导学生通过策划开展活动,学会与家庭成员沟通、合作、交流。

3. 评价标准由学生自主确定,描述要具体清晰。

4. 测评时可以参考表 2-10,采用小组互评、家长评价等多种方式展开。

**表 2-10 “信·童声”活动评价表**

| 活动 | 三星水平 | 四星水平 | 五星水平 |
|---|---|---|---|
| 书信我来读 | 能根据主题主动选择合适的信件内容,有感情地诵读书信。 | 能根据主题主动选择温情感人有意义的信件内容,通过诵读书信,讲述故事的方式传递书信内容,表达书信蕴含的情感。 | 能根据主题主动选择温情感人有意义的信件内容,有声有色地诵读书信,配以 PPT、小视频等讲述书信背后的故事。 |

续表

| 活动 | 三星水平 | 四星水平 | 五星水平 |
|---|---|---|---|
| 精彩我来秀 | 能拍摄活动的图片或视频，用简单的文字展现活动瞬间。 | 能抓住活动的精彩瞬间拍摄图片或视频，呈现活动的部分过程，并用文字描述。 | 能抓住活动的精彩瞬间拍摄图片或视频，呈现活动的全貌，并用图文结合的形式具体描述精彩瞬间。 |
| 感受我来写 | 能将活动经过及感受写成书信，寄给同学。 | 能将活动经过及感受写成书信，寄给同学。书信及信封格式正确。 | 能将活动经过及感受写成书信，寄给同学。书信及信封格式正确。书信内容具体、生动，书信表达亲切、自然。 |

（设计：苏州市善耕实验小学校　薛　晟）

**“实用性阅读与交流”学习任务群（五年级）**

# 案例三　自然万物主题展

## 第一部分　单元设计

### 一、设计依据

“实用性阅读与交流”学习任务群在第三学段的学习内容第二条提出：走进大自然，走进科学世界，走进社会，阅读参观访问记、考察报告、科技说明文、科学家小传等文本；学习记笔记、列大纲、写脚本、画思维导图等整理和呈现信息的方法；学习通过口头表述和多种形式的书面表达，分享观察自然、探索科学世界的所见所闻、所思所感。五年级上册第五单元的核心任务是“搜集资料，用恰当的说明方法，把某种事物介绍清楚”，本单元精读课文《太阳》《松鼠》《习作例文》，让学生集中学习不同类型的说明性文章，从不同的角度指向和对应这个学习任务。课文中所呈现的文本内容包含自然万物，正对应着“实用性阅读与交流”任务群中的“分享观察自然、探索科学世界的所见所闻、所思所感”。因此本单元设计“自然万物主题展”任务群，去策划一场主题展，旨在让学生在布置这场展览的过程中，阅读简单的说明性文章，在了解基本的说明方法的基础上认识事物；学习用不同的说明方法去介绍自己推介的展品不同方面的主要特点，通过观察、捕捉某一种事物的某个方面的独特之处，提炼出“特点”；然后搜集资料，用恰当的说明方法、多种媒介将事物的特点淋漓尽致地表达出来，获取知识，感知自然万物的魅力。

## 二、主题内容与目标

### （一）单元主题

自然万物主题展。

### （二）学习内容

1. 文本阅读：五年级上册第五单元课文《太阳》《松鼠》《鲸》《风向袋的制作》；五年级上册第一单元课文《白鹭》。

2. 学生的已有经验：查找资料的技能，运用多种媒介对事物进行解说的能力。

### （三）学习目标

1. 能阅读简单的说明性文章，利用表格或思维导图整理呈现相关信息，通过口头表述和多种形式的书面表达，与他人交流身边令人难忘的事物。

2. 能了解基本的说明方法，体会课文中多种说明方法的作用，认识太阳、松鼠、鲸等不同事物的特点，获取知识，拓宽视野，感受自然万物的魅力，以及语言文字的理性美。

3. 能通过仔细观察，结合搜集的相关资料，用恰当的说明方法介绍一种自己了解并感兴趣的事物，说清事物的主要特点。

4. 能通过主题展览活动，立体呈现所介绍的事物，热爱自然万物。

## 三、学习情境与任务框架

### （一）学习情境

自然万物，每一样事物都有着它们独有的特征，举办“自然万物主题展”，带着一双善于发现的眼睛，去了解它们，展示它们。学生阅读单元文本，把握说明性文体的特征，结合自己的生活经验，搜寻最想展览的物品，分享观察自然、探索科学世界的所见所闻；布置展区，设计不同形式、多种媒介的展览资料，体会说明方法的运用和说明事物的不同语言风格；进行线上、线下的展览活动，选择恰当的方法、语言解说，丰富语言实践活动形式，体会自然万物的不同魅力。

### （二）任务框架

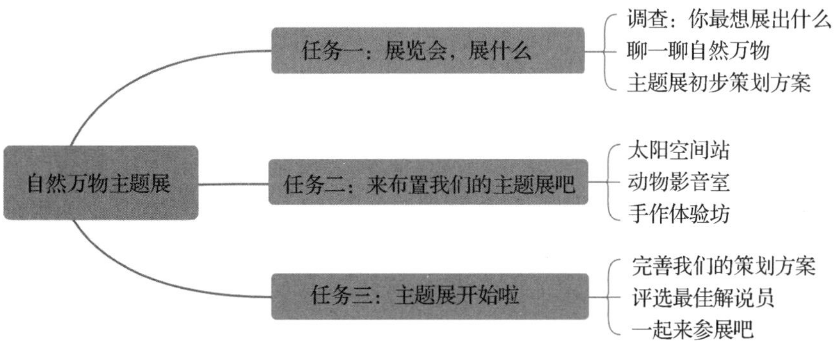

## 四、活动设计与教学提示

### （一）学习活动与课时安排（表2-11）

表2-11 “自然万物主题展”学习活动与课时安排表

| 单元任务 | 学习活动 | 学习内容 | 课时安排 |
|---|---|---|---|
| 自然万物主题展 | 任务一：展览会，展什么？ | 1. 课前：寻访最想展览的物品。通过参观、寻访完成自己最想展览的物品的寻访笔记，进行组内交流。<br>2. 聊一聊自然万物。通览本单元本文，通过表格、思维导图的梳理引导学生联想对这些事物的已知认识和课文中介绍的这些事物的主要特点。<br>3. 主题展初步策划方案。根据以上梳理和调查，以小组合作的方式制订自然万物主题展活动的初步方案。 | 1 |
| | 任务二：来布置我们的主题展吧 | 1. 太阳空间站。通过进行《太阳》文本阅读，明确说明文要用恰当的说明方法说清事物的主要特点，搜集相关资料，完成太阳空间站展板设计。<br>2. 动物影音室。品读《松鼠》《鲸》，学习生动表达说明事物的语言风格，试着将课文《白鹭》的第2－5自然段改成一段说明性的文字。学会用不同的说明风格介绍白鹭。用音频、视频等多种形式制作这些动物影音资料。<br>3. 手作体验坊。利用思维导图梳理风向袋的制作方法。引导学生怎样把制作过程介绍清楚。完成手工作品制作说明书。 | 4 |
| | 任务三：主题展开始啦 | 1. 完善我们的策划方案。形成班级统一的主题展策划方案，细化流程和内容。<br>2. 评选“最佳解说员”。学生选择自己感兴趣的一种事物，以图文解说、音视频等多种媒介进行说明介绍。推选出“最佳解说员”。<br>3. 一起来参展吧。制作微信云展会，以云参观的形式邀请学校师生来参展。 | 2 |
| 单元测评 | 好物推介会 | 1. 海报我来画。制作好物推荐宣传海报，吸引观众前来观看。<br>2. 好物我来推。选择线上或线下分享方式进行好物推介。线上直播可以通过实物展示、PPT、小视频、美篇等方式进行视频讲解。线下以图文结合的展板配上现场讲解，将自己的好物推介给别人，让别人也喜欢上它。 | 1 |

### （二）设计说明与实施要点

根据实用性阅读与交流第三学段的内容，本案例选择了五年级上册第五单元进行单元整体设计。本单元是习作单元，围绕“搜集资料，用恰当的说明方法，把某一种事物介绍清楚”这一语文要素，精心编排了精读课文《太阳》《松鼠》，习作例文《鲸》《风向袋的制作》等学习资源。这些资源都是习作教学和训练的素材，他们是语文要素的“实践体”，目标指向“学习表达——把某一种事物介绍清楚”。同时，这些事物，从宇宙到大地，到每一个小小的生灵，包含着自然万物。因此，本单元设计了开展“自然万物主题展”这样一个学习任务，让学生既了解布置一场主题展的过程，也在这过程中对说明文有了进一步的认识。

学生通览全文，初步了解了本单元说明文所介绍的事物要点，通过资料搜集、调查、访问等语言实践活动，制订主题展的初步策划方案。确定了主题展的对象后，继续搜集资料、整理资料、阅读文本，或拍摄图片、视频等构思、设计主题展的不同区域，在这个过程中了解不同事物所采用的不同说明方法的运用，以及不同说明语言带来的不同效果。在此基础上进一步完善主题展策划方案，进行线上线下的主题展览活动，现场解说，让学生进行切合实际的言语实践，在这一次整合了各个不同方面并延展到社会生活的综合的言语实践活动中，进一步激发他们对自然万物的热爱之情。

## 五、资源支持与技术支持

### （一）学习资源

五年级上册第五单元课文《太阳》《松鼠》《鲸》《风向袋的制作》；五年级上册第一单元课文《白鹭》；学生已经学过或积累过的相关展览、解说技能。

### （二）相关工具

网络搜索；各类自然百科全书；相关音频、视频录制软件。

## 六、过程评价与单元测评（表 2-12）

**表 2-12 “自然万物主题展”过程评价与单元测评表**

| 评价 | 内容 | 基本标准 |
| --- | --- | --- |
| 过程评价 | 任务一：展览会，展什么？ | 1. 能通过实地参观、寻访，借助表格、思维导图等记录寻访足迹，完成自己最想展览的物品的寻访笔记。<br>2. 能借助表格、思维导图梳理单元课文中介绍事物的主要特点。<br>3. 初步完成展览策划书，明确主题、目标、时间地点、展览形式等，能根据事物特点和时代特点进行个性化创新设计。 |
| | 任务二：来布置我们的主题展吧 | 1. 完成太阳空间站展区布置。能借助《太阳》文本，搜集相关资料，进行太阳空间站展板设计，做到图文并茂，内容详实，介绍清楚太阳的相关特点。<br>2. 完成动物影音室展区布置。能够用音频、视频等多种形式制作松鼠、鲸、白鹭的影音资料。配以生动的解说，能引起观众的兴趣。<br>3. 完成手工作品说明书。以简洁、生动的语言，抓住事物的特点，把手工制作过程介绍清楚。 |
| | 任务三：主题展开始啦 | 1. 完善主题展策划方案。根据方案，小组分工合作，分别完成“自然万物主题展”线上和线下的布展工作。<br>2. 策划解说活动。能通过小组合作讨论，制订解说评价量表，解说时能恰当使用说明方法，介绍清楚事物的不同方面的特征，语气适当，富有感染力。并借用班级群、平台投票等进行投票选举。 |
| 单元测评 | 好物推介会 | 1. 海报制作充满创意和个性。能给自己的推荐取一个吸引人的主题，选择恰当图片进行海报宣传，用生动形象的语言概括出事物特点。<br>2. 能以较为丰富的形式讲解所推荐的事物，过程中声音响亮，态度大方，语言流畅，声情并茂，具体生动。并在介绍时能加入自己的切身感受，使自己的推荐更具感染力。 |

# 第二部分　课堂实践

## 任务一　展览会，展什么？（一课时）

### 课前　寻访最想展览的物品

1. 参观主题展览：师生共同观看中国国家博物馆数字展厅《月球样品 001 号 · 见证中国飞天梦》展览，学生在此基础上自选相关展览进行参观。

2. 实践寻访：创设情境，告知学生班级会进行“自然万物主题展”，请学生通过寻访苏州相关博物馆、街头随手拍、网上查阅资料等方式，通过美篇、PPT 等形式记录下自己想要展览的物品。

【教学实施要点】

1. 教师与学生共同观看数字展览，可以让学生直观地感受一场主题展览会所需要呈现的内容以及其他相关场景布置。在此基础上，教师可以让学生选择自己感兴趣的展览参观。

2. 课前活动 1 结束后，学生可以结合生活实际，选择相关博物馆进行参观和寻访，或者进行动物园、植物园的参观等，寻访自己最想展览的物品。寻访前，教师可以向学生提供笔记的样例，引导学生关注场景的选择，让学生的寻访目标更明确，寻访笔记的具体形式不做要求，给学生足够的空间。

### 第一课时　聊一聊自然万物，主题展初步策划方案

**一、学习目标**

1. 能通过图文结合的寻访笔记，呈现寻访结果，简单介绍自己想要展览的展品。

2. 从文本中提取重要信息，完成展品特点思维导图，了解说明性文章通常抓住事物鲜明的特点进行具体说明，使我们清楚地了解事物，并在梳理过程中识记《太阳》《松鼠》中的 20 个生字。

3. 通过小组交流，进一步了解展览会，能够初步完成展览会策划方案。

**二、教学过程**

（一）交流最想展览的展品

1. 整理好自己的寻访笔记，按照展品的种类进行分组，说说这类事物可以从哪些方面进行介绍。

2. 通过图文结合的方式进行组内交流，共同梳理介绍此类展品的原因。

3. 组内代表介绍交流寻访成果，初步感受自然万物的不同魅力，感受美好生活。

（二）聊一聊书中的自然万物

1. 师生交流对书上的四样展品（太阳、松鼠、鲸、风向袋）的了解，用表格记录相关

特点。

2. 默读《太阳》，师生合作梳理课文中介绍了太阳的哪些特点，完成思维导图。在交流过程中，完成《太阳》一课的生字词教学。

3. 小组合作，完成松鼠、鲸、风向袋的思维导图。

4. 师生交流，在此过程中，完成《松鼠》一课的生字词教学。

5. 对比已有认知和书本上介绍的事物特点，引导学生发现语文书上用说明性文章，抓住事物鲜明的特点进行说明，帮助我们更清楚地了解这些事物。正如叶圣陶老爷爷所说的，说明文以“说明白了”为成功，所以我们在介绍展品的时候一定要把这些展品的特点说清楚，说明白。

（三）初步完成主题展策划方案

小组合作，共同合作完成主题展策划方案。确定展览地点、展览内容、展览形式（可以包括线下主题展览、线上云展会等综合性语文学习活动）等。

**【教学实施要点】**

1. “最想展览的物品寻访笔记”可以采用表格、PPT、美篇等方式，教师重在引导学生采用图文结合的形式，通过选择图片培养学生直觉思维，让学生找到自己印象深刻的物品，能简单写出这个物品的基本信息以及想要介绍这个物品的原因。

2. 在梳理《太阳》一课时，教师既可以指导学生列小标题，也可以让学生画思维导图、列表格等，重点在于学生能够理出文章脉络，找出课文从哪些方面介绍了太阳，明白说明性文章通常抓住事物鲜明的特点进行具体说明。

3. 教师可以通过班级群、班级展示区等创建班级“最想展览的物品寻访笔记”分享平台，学生可以采用图片、视频等方式分享自己的寻访笔记，激发学生的交流欲望，感受自然万物的不同魅力。

4. 主题展初步策划方案不一定是要非常完善的，主要是培养学生的展览意识和小组合作能力，后期会再进行讨论，形成班级方案。

### 任务二　来布置我们的主题展吧（四课时）

## 第一课时　太阳空间站

### 一、学习目标

1. 把握课文主要段落的结构特点，感知太阳的特点以及太阳和人类的密切关系。

2. 了解作者是运用哪些说明方法介绍太阳的，体会这样写的好处。

3. 通过小组合作，搜集相关资料，共同完成太阳空间站的展板设计。

### 二、教学过程

（一）设计空间站展区

1. 抓住太阳远、大、热的特点讨论交流，感受课文如何抓住特点介绍事物。

2. 设计太阳空间站展区内容。小组合作梳理需要呈现的内容，引导学生理解太阳和动植物、自然气候等方面的密切关系。

（二）制作太阳个性资料卡

1. 圈画重点语句，理解课文通过打比方、列数字、举例子等说明方法表达太阳的特点。

2. 对比阅读重点语句，组织讨论，体会不同说明方法的不同表达效果。

3. 学生梳理信息，选择合适的说明方法为太阳制作个性资料卡。

（三）完成太阳空间站展板设计

1. 小组合作交流，分工合作，设计太阳空间站展板。

2. 各组推选代表，进行太阳空间站展区讲解，比比谁设计得最合理，讲得最吸引人。

3. 全班交流，完善班级太阳空间站展区设计。

**【教学实施要点】**

1. 在学习课文如何抓住特点介绍事物时，可以创设“人类能否登上太阳”等问题让学生在情境中自由解说对文本的独特理解和感受。圈画关键词，绘画太阳和地球的形象对比，进一步感受课文用不同说明方法介绍太阳的不同特点。

2. 在进行太阳空间站讲解时，可以引导学生思考《后羿射日》传说的作用，引发学生探究发现课文正反描写、用词准确的特点。用上连接词、关联词讲解，会更加流畅。

3. “完成太阳空间站展板设计”环节可单独设计一个课时。

## 第二课时　动物影音室（一）

**一、学习目标**

1. 通过绘制思维导图，了解松鼠的外形特点和生活习性。

2. 通过学习作者准确生动的语言，以及在描写事物时抓住特点、言之有序的方法，选择合适的语言撰写松鼠的解说词。

3. 利用较准确、生动的文字或视频制作松鼠的展览内容，表达对小动物的喜爱之情。

**二、教学过程**

（一）布展好建议

1. 出示上节课的学习成果——师生共同设计的展区。

上节课，我们一起完成了“自然万物主题展”之太阳空间站的展区设计，今天我们来为这个单元中可爱的动物朋友们设计它们的展览区域。交流：为松鼠布展，大家有什么好的建议吗？

2. 学生讨论，师生交流，得出相应结论。

《太阳》离我们很遥远，课文多采用列数字、举例子、作比较等说明方法，语言严谨，通过文字和图片，能很好地感受到太阳的特点，而布封的《松鼠》全文语言很活泼，让我们感受到了松鼠的可爱以及作者对它的喜爱之情。我们可以用视频的方式介绍，更能吸引观众。引导学生发现，用自述的形式介绍，会更拉近观赏者和松鼠之间的距离。

（二）一起来布展

1. 介绍松鼠各个方面。

交流松鼠哪一点让你印象最深刻，最讨你喜欢。师生交流，在展板上张贴关键词语（漂亮、乖巧、驯良、警觉、搭窝本领高、爱干净）。

2. 学习布封是如何介绍松鼠的。交流之前已经绘制好的思维导图，根据评价表，进行小组内交流，给小伙伴提提建议，并借助表 2-13，推选出你们认为最优秀的那份作品，共同进行修改。

**表 2-13 思维导图评价表**

| 评价要求 | 达成度（1 星 ~5 星） | 建议 |
|---|---|---|
| 分类标准合理，主干、支干层次清晰。 | | |
| 关键词概括准确，能涵盖课文所表现的事物不同方面的具体特点。 | | |
| 色彩搭配合理，图案文字搭配恰当，整体形状美观。 | | |

3. 师生交流。

预设一：学生根据每段关键词语进行梳理（外形、活动、行为、搭窝、繁殖）。

请同组伙伴根据评价表进行评价，其他组的同学补充。师生共同梳理完善。

老师总结：抓住每个自然段的关键词语，提炼出了小标题，帮助我们梳理了课文条理，了解松鼠各方面的特点。

预设二：学生抓住文章中心句，分为漂亮的外形、驯良的性格、乖巧的行为三大板块。

请其他组的同学根据评价表进行评价。

老师总结：借助文章的关键语句，可以帮助我们清楚明了地了解作者的写作思路。

4. 齐读中心句，这句话中的“漂亮”“驯良”“乖巧”三个词的顺序能否调换？为什么？

小结：课文是依据第一段“漂亮”“驯良”“乖巧”三个词的顺序写的，先说明松鼠的漂亮的外形，再说明习性。这样由表及里，符合人们认识事物的规律。

5. 师生共同总结归纳作者为何选择这几个方面来介绍松鼠。

这些方面是松鼠的主要特点，通过写这些内容，就能把松鼠介绍清楚。

作者从多角度细致观察，抓住多个方面的特点，使松鼠形象更立体。

（三）怎样介绍更合适

1. 我们这场展览将邀请全校的同学一起来参观，同时也会在微信公众号上向家长们开放云上展览。不同的展览方式，不同的参展观众，我们该怎样介绍更合适呢？请同学们小组合作，选择一种展览方式，结合课前搜集的资料，用自述的形式，为松鼠撰写解说词，把松鼠最讨你们喜欢的一方面介绍给大家。

在交流过程中探讨，针对不同的阅读人群、不同的展览方式，我们要选择的语言就不同。品味科学性语言的严谨准确，以及文艺性说明语言的生动有趣。在交流过程中指导学生利用中心句、过渡句将各部分内容自然衔接。

（四）制作松鼠影音室

通过大家的努力，我们完成了松鼠的解说词，布置了现场图文展板。课后请同学们根据评价标准（表2-14），完成动物影音室之松鼠区域的课件或者视频制作。

**表2-14　学生表现评价表**

| 评价标准 | 达成度（1星~5星） |
| --- | --- |
| 1. 结合文本内容，形成一段通顺的文字，并能搜集相关图片资料，以图文并茂的形式呈现。 | |
| 2. 从文本内容出发，进一步搜集资料介绍松鼠，并能运用简单的多媒体制作解说课件。 | |
| 3. 以影像资料为主呈现作品，配以生动的解说，解说词简洁凝练，能引起观众的兴趣。 | |

**【教学实施要点】**

在学习《松鼠》一文的语言特色时，要引导学生体会在形式表达上的异同，感受课后练习中语言的科学准确和课文中语言的生动描述。了解课后练习中的句子采用列数字的方法，对松鼠的体形、身长、尾长、体重进行了描述，客观准确，简明扼要；而课文对松鼠外貌、动作、姿态等的描写，则生动形象，充满情趣，表达了作者的喜爱之情。在此基础上，让学生用松鼠的口吻趣说松鼠，让学生真切体会“直接描述”和“数据说明”的区别。

## 第三课时　动物影音室（二）

### 一、学习目标

1. 能用较准确、生动的文字对某一种动物的特点进行说明。
2. 能运用秒懂视频或音频，运用多种说明方法，介绍一种事物。

### 二、教学过程

（一）为白鹭代言

1. 文字改写。查找资料，试着将课文《白鹭》第2—5自然段改写成一段说明性文字，体会它们的不同。

借助白鹭的资料，进行合理筛选，完成改写单（表2-15）。

白鹭姿态优美，动作潇洒，极富飘逸之神韵。伫立时，白鹭收敛羽翼，颈部或伸或缩，修长的腿轻松地支撑着雪白的身躯，俨然“雪衣公子立芳洲”。白鹭属鹤形目，大多数白鹭有白色的羽毛，到了繁殖季节，还会长出很长的漂亮羽毛。

白鹭，体长约56厘米，全身羽毛白色，生殖期间枕部垂有两条细长的长翎作为饰羽，背和上胸部分披蓬松蓑羽，生殖期结束后消失。细长黑喙，黑腿，黄脚掌。

表 2-15　白鹭外形改写单

| 外形 | 特点(原文中的描写) | 改写后 |
|---|---|---|
| 身段 | 大小适宜、流线型结构 | |
| 蓑毛 | 雪白 | |
| 喙 | 铁色 | |
| 脚 | 青色 | |
| 颜色 | 白色 | |

2. 师生交流,说明改写理由。

(二) 秒懂“巨无霸”

1. 对照批注和课文内容,梳理《鲸》一文中运用了哪些说明方法来介绍鲸的特点。

2. 小组交流讨论,选取文章中的合适内容,为鲸制作一分钟左右的秒懂视频或音频,撰写脚本。

3. 全班交流,小组再次讨论,组内达成一致并制订最佳脚本。

(三) 制作动物影音室展览资料

1. 小组分工,分别制作松鼠、白鹭、鲸的介绍视频或音频。

2. 说说我的点赞理由。通过点赞自己喜欢的动物影音室,体会说明文的不同语言风格和表达效果。

**【教学实施要点】**

1. 散文体《白鹭》重在抒发作者对事物的思想感情,语言优美、抒情;平实性说明文《白鹭》主要介绍事物的客观特征,语言准确、清晰;而文艺性说明文《白鹭》则生动活泼地介绍了事物特点。可以让学生选择自己更为喜欢的语言形式来表现白鹭特点。

2. 可引导学生从“鲸”的体型、进化过程、种类、生活习性等不同的视角来制作鲸的视频或音频,让读者看到鲸的“全貌”。

“制作动物影音室展览资料”这一环节可以让学生在课后进行。

## 第四课时　手作体验坊

### 一、学习目标

1. 引导学生关注怎样把一样手工制品的制作过程介绍清楚。

2. 整理自己的制作过程,进行说明介绍。

### 二、教学过程

(一) 学做风向袋

1. 阅读习作例文,理解说明方法。小组合作梳理,理解《风向袋的制作》是按步骤介绍制作过程的。

2. 讨论批注内容,说说在介绍事物制作过程的时候可以用上哪些方法。

（二）晒一晒，好物分享

1. 小组合作，选择一样事物，整理一份制作（使用）说明书。

2. 全班交流讨论，根据标准，进行评定，说说问题。

3. 小组再次合作：借助表2-16，全班交流，组内达成一致，完善制作（使用）说明书。

表2-16 “制作（使用）说明书”活动评价表

| 评价要求 | 组内评价（1星～5星） | 全班评价（1星～5星） | 可以这样修改 |
|---|---|---|---|
| 主要信息介绍完整 | | | |
| 具体制作（使用）过程清楚 | | | |
| 能恰当使用说明方法 | | | |

【教学实施要点】

1. 在梳理风向袋的制作时，要引导学生在介绍某一事物的制作过程或活动过程等时，可以用上表示次序的词语，且注意步骤不能遗漏、不能调换，主要信息要介绍完整。

2. 在分享自己的手工制作时，可以引导学生关注身边比较常见的事物，来制作使用说明书。通过小组、全班交流，引导学生反复修改，巩固学到的说明方法。另外，如果能让别人对自己介绍的事物产生兴趣，就说明这篇说明性文章说明白了。

## 任务三　主题展开始啦！（两课时）

### 课外　准备展览资料

在之前“我最想展览的物品”寻访笔记的基础上，学生选择自己感兴趣的一种事物，根据本单元所学知识，查找相关资料，利用恰当的说明方法，以图文解说、音视频等多种媒介准备好介绍资料，准备最后的主题展览。

【教学实施要点】

1. 在进行资料的搜集时，要注意资料的来源，尽可能利用正规出版的图书或数字图书馆，以保证资料的准确性，要注意选用有助于将事物特点介绍清楚的信息。

2. 主题展品的选择可以在之前的寻访笔记上有所调整，可以按照展品分类，小组分工合作，共同完成展品的呈现。要尽可能用多媒介的方式进行展示，教师在此过程中，要多关注学生的完成进度。

### 第一课时　完善我们的策划方案

#### 一、学习目标

1. 能主动策划展览活动，通过全班合作交流，完善展览方案。

2. 能综合相关材料，通过策划，拍照，记录等，完成“自然万物主题展”布置活动。

## 二、教学过程

（一）我的活动我做主

1. 小组讨论：说一说自己对本次展览会的建议，完善组内展览会方案。

2. 全班分享：小组派代表上台展示组内讨论的展览会方案。

3. 改进练习：教师根据学生交流情况，提供建议。

4. 全班策划：根据全班交流，再次讨论，形成班级展览会最佳方案。

（二）来布置我们的主题展

根据方案，小组分工合作，线上和线下分别完成“自然万物主题展”的布展工作。

**【教学实施要点】**

1. 通过“我的活动我做主”活动，教师引导学生基于交流结果进行活动策划，重点强调展品及介绍形式的选择。学生可以先组内交流，并借助标准相互评价、提出修改意见，待修改完善。

2. 布置展览时，可以充分发挥学生的不同才能，借助家长的力量，合理分工，完成线上、线下的主题展的布置。

# 第二课时　评选“最佳解说员”

## 一、学习目标

1. 了解解说的特点及要求，通过小组合作，制定解说标准。

2. 能够积极参加展览解说活动，介绍相关展品，借助评价方案对解说进行评价。

## 二、教学过程

（一）学习解说方法

1. 分享观展时听解说的经历与感受。

2. 小组讨论：如何写好解说稿，如何更丰富地打动观展者，制定解说稿的标准。

（二）策划解说活动，交流活动方案

小组交流，全班交流，评选最佳解说方案。

（三）评选“最佳解说员”

各小组先根据最佳解说方案进行彩排，然后在班级内进行展品推介，最后由各组推荐一位同学担任小评委进行评选，借助表2-17，最终选出“最佳解说员”。

**表2-17　解说表现评价表**

| 评价要求 | 达成度（1星~5星） | 我的建议 |
|---|---|---|
| 能抓住事物的特点 | | |
| 能恰当使用说明方法 | | |
| 能介绍事物的不同方面 | | |
| 语气适当，富有感染力 | | |
| 使用PPT或图片 | | |

【教学实施要点】

学生在小组合作交流时，要能拟定“最佳解说员”的标准，小组可以以表格的形式形成评分标准，继而在班级内进行交流，补充完善标准。教师也可以为学生提供解说标准的相关资源，让学生对解说的要求更加明确。学生可以在课堂上解说，教师也需要鼓励更多的学生利用班级群在课后分享展品解说，可以用“问卷星”让学生、家长参与投票。

## 课外　一起来参展吧

### 一、学习目标

1. 进行自然万物主题展，在展览的过程中实践、分享自己的学习成果。

2. 通过解说、宣传等不同的任务，锻炼学生的口语表达能力，感受自然万物的不同魅力。

### 二、教学过程

（一）精彩展示

在线上、线下同步进行自然万物主题展，由选拔出来的“最佳解说员”进行现场解说。

（二）互动评价

全校同学观看展览，投票选出自己印象最深刻的一样展品。

【教学实施要点】

1. 为了达到好的展览效果，教师可以鼓励学生注意服化道的准备，增强解说的真实性、艺术性。

2. “一起来参展吧”主题展示活动在前两个活动的基础上展开，并进行全校展览，邀请其他年级学生观看。引导学生参与评价，在多角度、多角色、多样化的活动中表达和交流自己的发现和感受。

## 单元测评（一课时）　好物推介会

### 一、学习目标

1. 能选择自己喜爱的一样事物，制作相关的宣传海报。

2. 能综合相关材料，利用互联网优化学习，搜集、整理、审美、制作推荐好物的介绍内容，进行线上或线下的好物推荐。

### 二、教学过程

同学们，这一单元的学习使我们感受到了说明文科学严谨的表达特点，不同的说明方法以及说明文多样的语言风格，了解了介绍事物的方法，在大家的共同努力下，我们还策划完成了一场别有生趣的自然万物主题展。大家是否觉得意犹未尽呢？在生活中，有没有哪些让你觉得特别好用或者自己特别喜欢的东西，想要推荐给大家呢？请你做一回好物分享家，或在你的好物直播间里，在你的好物展览摊位里，分享你的好物，让更多人喜欢上它。

1. 海报我来画。制作好物推荐宣传海报，吸引观众前来观看。为自己的好物推荐摊位或者直播间起一个吸引人的名字，配上相关图片及宣传广告语。

2. 好物我来推。可以选择线上或线下分享，线上直播可以通过PPT、小视频、美篇等图文结合的方式进行视频讲解。线下可以图文结合配上现场讲解，将自己的好物推介给别人，让别人也喜欢上它。

**【教学实施要点】**

1. 宣传海报的制作要精美、有创意，能根据自己所介绍的事物，选择相关的配图，注意制作宣传海报的要点。所写宣传标语要能体现推荐主题和主播特色，吸引观众。

2. 无论是线上直播还是线下推介，都应声音响亮、条理清晰、将好物的特点介绍清楚，同时表达内容要严谨。要借助图片、音频、视频等资源给予观众直观的感官体验，从而达到将事物介绍清楚的目标。

3. 评价标准由学生自主确定，描述要具体清晰。

4. 测评时借助表2-18，采用小组互评、老师评价、家长评价等多种方式展开。

**表2-18 “一起来参展吧”活动评价表**

| 活动 | 三星水平 | 四星水平 | 五星水平 |
|---|---|---|---|
| 海报我来画 | 海报制作具备基本项目，有所介绍事物的图片、名称。题目直白，图片粗糙，内容不完整或过于繁冗。 | 海报制作项目完整，比较精美。包括所介绍事物的名称、图片、特点等。题目主题清晰，图片选择恰当、特点概括简洁。 | 海报制作在基本要求的基础上，充满创意和个性。能给自己的推荐取一个吸引人的主题，选择的图片适合海报宣传，特点概括语言生动形象。 |
| 好物我来推 | 能将自己所推介的事物介绍清楚。 | 能利用互联网资源，为自己的推荐增加直观感。讲解推荐时声音响亮，态度大方。 | 能以较为丰富的形式讲解所推荐的事物，过程中声音响亮，态度大方，语言流畅，声情并茂，具体生动。并在介绍时能加入自己的切身感受，使自己的推荐更具感染力。 |

（设计：苏州市沧浪新城第一实验小学校 周静怡）

## 第二节 实践分享

### 任务群驱动下的“小先生”成长新样态

按照陶行知先生的理论，生是生活。先过那一种生活的便是那一种生活的先生，后过那一种生活的便是那一种生活的后生，学生便是学过生活的人，先生的职务是教人过生活。小孩子先过了这种生活，又肯教导前辈和同辈的人去过同样的生活，是一名名实相符的小先生了。从陶先生的表述中，我们可以体会到，学生并不只是知识的接受者，而应该是知识的主动参与者，这一思想无论是在当时，还是在现代，都是极为先进的。

2022 年 4 月，《义务教育语文课程标准（2022 年版）》正式公布，“任务群”概念首次在小学语文教学阶段提出，其理念无疑与“小先生制”推动自主学习的内涵高度契合，以任务群为驱动的语文课堂，将为“小先生”的课堂主体地位搭建全新平台，也提供了更为适切的“小先生”课堂新思路。在这次学习任务群研训营中，我们以统编版小学语文教材四年级上册第七单元为例，尝试将“小先生”理念在任务群驱动下进行落实。

**一、构建素养为本的大主题单元设计，重组教学内容**

针对目前“小先生”在语文课堂学习中遇到的时间和空间问题，学习任务群给出了一个明晰而鲜活的思路——重组教学内容，结合单元语文要素，去设计大主题的单元学习任务，将课堂上的教学化为一个个让“小先生”们可以积极参与的活动。

统编版小学语文教材四年级上册第七单元教材内容围绕“家国情怀”这一主题，安排了题材丰富的三首古诗、写人记事文《为中华之崛起而读书》《梅兰芳蓄须》以及诗歌《延安，我把你追寻》作为课文。此外，语文园地中安排了积累爱国成语的“词句段运用”，而习作安排的则是学习写书信。如果按照以往的教学思路，一般会按照课文的顺序按部就班去教，而教到习作时又要另起炉灶，与之前的课文教学呈现出主题内容的脱节。再加上“家国情怀”的题材离学生的实际生活比较遥远，学生学习起来缺乏积极性，因此，如何将这些内容合理重组，让课堂贴近学生，唤起学生情感上的共鸣，真正唤起孩子对家国的热爱是首要考虑的问题。在基于尊重教材编写顺序的基础上，我们尝试对单元内容进行了如下调整。

1. 找准主线巧串联。本单元的习作要求是让学生学习写简单书信，因此，“书信”就可以成为单元学习的“主线”，确定单元教学主题为“书信传递爱国情”，教学中可以设计多个与书信相联系的活动内容，以书信串连起三个任务，了解书信—掌握书信格式—自主写书信，设置三个层次，让学生通过搜集资料、改编书信、诵读“红色书信”以及写信等方式表达内心的情感，将阅读、写作、口语交际、搜集处理信息等融为一体，引导学生提高语言理解与运用能力，逐步增强语言表达的准确性、规范性。

2. 突破共通巧整合。本单元的课文体裁其实是比较零散的，想要整合必须找到其共通点。三首古诗都是爱国诗歌，可整合为一组学习任务；《为中华之崛起而读书》《梅兰芳蓄须》中的两个人物，都是充满爱国情怀的，补充周恩来与梅兰芳的课外阅读材料《周恩来与梅兰芳的“金玉之交”》，将二者整合为一组学习任务；《延安，我把你追寻》是一篇现代诗歌，但由于其在表述时是以“我”和“你”的口吻进行叙述的，可以将其融入“书信表达”，作为单独的主题子任务，感受“浓浓的延安情”。

3. 结合生活巧拓展。因为单元主题是“书信传递爱国情”，所以将教学内容与学生的生活进行结合，让他们的学习更落地，也是在整合教学内容时要考虑的问题。平时我们总是单篇课文完成后进行相应的拓展，但其实课外延学也可以进行“单元链接”。将书信与爱国联系起来，让学生去欣赏央视综艺节目《信・中国》，阅读《苏州日报》刊登的烈士陵园中保存的烈士书信等，从更多的书信阅读中去体会仁人志士的爱国情怀。基于以上思考，原本的教材内容就重新整合成为了 3 大任务、8 个子任务，而在教学的过程中，讲台上的教师不再是主体，真正作为学习主体的是学生，是一个个“小先生”，他们投入每个子任务中，充分发挥自主学习的能力，浸润到语文学习的过程中。

**二、搭设自主建构的语言实践活动，体现个体参与度**

以陶行知思想为代表的现代教育思想认为，学生的学习只有通过学习活动才能得以真正实现。因此，在任务群学习的过程中，设计好自主语言实践活动是至关重要的，活动要有实践的深度，要有参与的广度，更要有学习的效度。基于以上认知，我们对重组后的每个子任务的具体活动进行了细致的设计。学生在完成以上一个个教学活动的时候，不再是简单被动地去吸纳接受信息，而是在教师的引导下，根据自己的经验背景，对外部信息进行主动选择、加工和处理。每个学生都必须在活动的过程中学会如何提出问题、分析问题和解决问题。他们要将原有的知识和新知识进行整合，做出新的设想，甚至进行深入批判性的思考，才能完成这些任务。在完成任务的过程中，人人都是“小先生”，每个人都可以和伙伴们分享自己的学习成果，而每个活动都搭建了让他们分享的平台，如“主题沙龙”“诗歌代言人”“人物访谈”等，这些活动培养的就是学生的实实在在的语文实践能力。

**三、实施真实情境的任务型学习，体现语用生活化**

陶行知先生的“小先生”理论其实与其生活教育理论也是相通的，就是强调了教育与生活之间的密切联系。新课标非常关注学生在真实的情境下打磨和锻铸语言能力的过程，将语文学习鲜活立在学生的真实的生命场和生活经验中，“小先生”的理念才会更有生命力。我们以往的语文教学，大多是“单篇设计”下的“单个情境”，虚拟性和假设性很强，其实对于学生的语言素养发展能力起到的帮助比较局限，基于此，为了更好地让“小先生”们能有成长的空间，就需要立足单元，依托有层次的任务链，建立一个更加完整、真实的大情境，以此帮助学生增强语文学科素养。

为了让学生将已有的经验与文本经验建立联系，帮助更多的学生在真实的场景中学习表达，迁移运用，我们为这个大主题单元学习设计了学习大情境，在这个情境中，既包含了学生已有的生活经验——看过的爱国电影，又延伸到了课堂中新学的内容，并且将满足生活实用性需要的书信作为载体，真正让学生有事可做，且学习场景的的确确是他们生活当中需要的、接触的真实场景。让每个学生都当“小先生”来回答同伴的问题有点难，但是让每个“小先生”和伙伴们分享自己对电影的感受、对人物的认识、对爱国的理解，这些感性的认知就比理性的答案更容易达成了。

（撰写：苏州市善耕实验小学校　薛　晟）

# 第三章 “文学阅读与创意表达”学习任务群

本学习任务群旨在引导学生在语文实践活动中，通过整体感知、联想想象，感受文学语言和形象的独特魅力，获得个性化的审美体验；了解文学作品的基本特点，欣赏和评价语言文字作品，提高审美品位；观察、感受自然与社会，表达自己独特的体验与思考，尝试创作文学作品。

——摘自《义务教育语文课程标准(2022 年版)》

## 第一节 教学案例

**“文学阅读与创意表达”学习任务群（二年级）**

## 案例一 小小班干部成长记

### 第一部分 单元设计

**一、设计依据**

《义务教育语文课程标准(2022 年版)》“文学阅读与创意表达”学习任务群关于第一学段的学习内容提出：阅读并学习讲述革命领袖、革命英雄、爱国志士的童年故事，表达敬仰之情和向他们学习的愿望。由于低年级学生具有对自然的兴趣先于人和社会、对自身的了解先于他人、对当下的关注先于过去的特点，因此阅读情境设计由己及人、由近至远、由浅入深，循序渐进。从三篇伟人故事入手，指导学生综合运用朗读、诵读、讲述等方法学习作品，身临其境感受先贤和前辈攻坚克难的智慧和无私奉献的精神，由衷产生敬意与向往。同时，指导学生大量积累语料，结合自己所处班集体的现状，表达为班集体服务的愿望与做法。

## 二、主题内容与目标

（一）单元主题

小小班干部成长记。

（二）学习内容

1. 重点阅读：《大禹治水》《朱德的扁担》《难忘的泼水节》《语文园地六 · 日积月累》（统编版小学语文教材二年级上册第六单元）。

2. 拓展阅读：《三过家门而不入》《七律 · 长征》《孙中山破陋习》。

（三）学习目标

1. 能借助词句，理解课文内容，能在读故事、讲故事、演故事等活动中，感受人物形象与情节变化，积累相关语料，体会文学阅读的审美趣味。

2. 能借助课文插图、简易思维导图、关键语句及音视频资料，初步了解故事情节跌宕起伏的结构特点，并能借助提示和结构讲好故事，与人交流。

3. 能在情景化的阅读中，懂得领导者须具备过人的智慧与毅力，产生自己能为班集体做贡献的愿望，推动学生进行理性思考，促进学生思维能力的发展。

4. 能在叙事文体学习中，通过单篇学习、群文阅读学习等方式，培养学生提取关键信息的能力，通过对比整理，提高学生分析、判断、执行、感召等能力。

## 三、学习情境与任务框架

（一）学习情境

班级里有很多同学都想成为班干部，可怎样的同学适合成为班干部呢？是要有足够的聪明才智，还是要有一颗持久为大家服务的心？从古至今，那些被人们爱戴的领袖，在遇到灾难时，在面对困境时，在和百姓一起时，又有哪些过人之处呢？让我们一起读读伟人的故事，去分析他们当时的处境，说出他们取得成功的原因；再分析我们班级的实际情况，发表自己的看法，可以毛遂自荐，也可以为他人点赞。

（二）任务框架

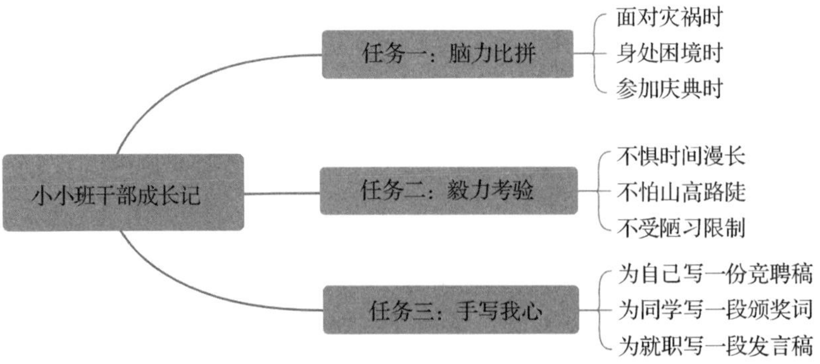

## 四、活动设计与教学提示

### （一）学习活动与课时安排(表3-1)

**表3-1 “小小班干部成长记”学习活动与课时安排表**

| 单元任务 | 学习活动 | 学习内容 | 课时安排 |
|---|---|---|---|
| 小小班干部成长记 | 任务一：脑力比拼 | 1. 面对灾祸时。阅读《大禹治水》，想象洪水泛滥、百姓受苦的场面，对比禹和鲧的治水方法，体会“疏优于堵”的智慧。阅读《司马光》，想象千钧一发的场景，对比司马光与其他孩子的反应，体会“沉着冷静”的智慧。借助重点词句，练习朗读，深入理解课文内容，感受人物形象，讲述故事，积累语料。<br>2. 身处困境时。阅读《朱德的扁担》，观看相关影视资料，了解时代背景，理解红军当时“处境危险”“粮食不足”等困难。抓住重点词句，描述朱德同志与战士们一块儿去挑粮的场面，体会朱德同志应对困境以身作则的榜样智慧。<br>3. 参加庆典时。阅读《难忘的泼水节》，通过课前搜集资料，了解1961年的时代背景与“傣族泼水节”的民族意义。通过图文对照，关注周总理的服饰与动作，体会周总理入乡随俗、平易近人的领导者智慧。 | 3 |
| | 任务二：毅力考验 | 1. 不惧时间漫长。阅读成语故事《三过家门不入》，思考“禹为什么这么着急想把洪水治理好”，体会禹一心为公、关心百姓的思想；结合“十三年”等重点词句，想象禹在这期间所遇到的困难，发散性思考并自由表达。<br>2. 不怕山高路陡。说一说穿着草鞋挑起两只书包在教室里走一圈的真实感受，结合“五六十里”“山高路陡”等重点词句，体会朱德同志和战士们顽强的意志力。配乐诵读《七律·长征》，感受诗歌的审美价值，体会红军面对困苦时的毅力卓绝。<br>3. 不受陋习限制。阅读《孙中山破陋习》，观看有关“裹小脚”的补充图文介绍，了解到“裹小脚”是沿袭上千年的封建传统。分角色朗读人物对话，体会孙中山破陋习的决心与行动力。 | 1 |
| | 任务三：手写我心 | 1. 为自己写一份竞聘稿。分析目前班级中常见的问题，说一说自己竞选什么职务的班干部，可以运用自己的聪明才智与过人毅力，为班级做哪些贡献。<br>2. 为同学写一段颁奖词。仿照课文情节跌宕起伏的结构特点，夸一夸身边的同学，说说他做过的某一件好事，推选他担任某职务班干部。<br>3. 为就职写一段发言稿。通过双向选择，产生新一批班干部人选。班干部从“脑力＋毅力”两方面，表达自己为班级服务的决心与做法，其余同学结合所学进行点评。 | 1 |

续表

| 单元任务 | 学习活动 | 学习内容 | 课时安排 |
| --- | --- | --- | --- |
| 单元测评 | 发现身边的榜样 | 1. 自主阅读《司马光》，学生借助课后注释，理解课文内容。<br>2. 交流故事中最扣人心弦的部分，小组内交流。<br>3. 梳理司马光与其他孩子在面对突发情况时的不同表现，填写表格。<br>4. 同桌合作，梳理突发事件发生的过程，提炼情节结构特点。<br>5. 说说身边有没有像司马光一样临危不惧、急中生智的人。 | 1 |

（二）设计说明与实施要点

“文学阅读与创意表达”学习任务群属于发展型任务群，对应核心素养中的“审美创造”这一内涵。设置该任务群，目标上要回归语文课程的审美创造价值定位，内容上要从孤立到统整，实施上要从片面接受到整体感悟。教学该任务群时，应根据学段内容安排和学生年龄特点，创设阅读情境，强调整体感知，设计学习任务，调动审美需要，丰富审美经验，提高表达能力。

二年级上册第六单元共有三篇课文。《大禹治水》是一个流传千古的神话故事。课文讲述了大禹十三年坚持治理洪水，三过家门而不入，最终开通河道，治水成功，为百姓造福的故事。大禹心系百姓、无私奉献的精神为世人所敬仰。《朱德的扁担》讲述的是朱德同志和战士们为了坚守井冈山革命根据地，一起到山高路陡、距离遥远的茅坪挑粮的故事。《难忘的泼水节》讲述的是 1961 年敬爱的周总理到西双版纳和傣族人民一起过泼水节的故事。文章字里行间洋溢着喜悦与热情，体现了周总理亲民、爱民、和人民心连心的情怀，也表达了人民对周总理的崇敬与爱戴。《语文园地六》中“日积月累”部分，呈现了三句激励学生从小立志、努力成才的励志名句。

本单元课文讲述的内容都距离学生生活较远，如何帮助学生读懂课文内容？可以引导学生在课前向长辈请教，了解人物，也可以通过课外阅读积累，了解人物；可以引导学生课前在家长的帮助下，查阅相关的背景资料；也可以从学生的角度解读文本，借助图片、视频等手段，补充适当的背景资料；还可以引领学生抓住描写人物的词句反复朗读，走近人物。

结合“文学阅读与创意表达”学习任务群第一学段的内容，提炼了单元大任务主题“小小班干部成长记”，设计三个任务。任务一“脑力比拼”，旨在让学生通过观察、理解、梳理，领悟优秀的人在遇到灾祸、困境、庆典等境遇时，能够理智判断、以身作则、平易近人，同时积累相关语料，梳理故事情节结构。任务二“毅力考验”，旨在让学生结合重点词句，体会人物的顽强毅力与过人行动力，并感受诗词等文学作品在吟诵过程中的审美情趣。任务三“创意表达”，旨在与学生学习生活密切相关，结合学生最关切的“成为班干部”这一愿望，通过有趣的表达，让学生将所学道理迁移至身边琐事，真切实现向榜样学习，落实于行动。

## 五、资源支持与技术支持

### （一）学习资源

1. 文本资源：二年级上册《大禹治水》《朱德的扁担》《难忘的泼水节》《司马光》（统编版小学语文教材三年级上册第八单元）；拓展阅读《三过家门而不入》《七律·长征》《孙中山破陋习》。

2. 网络资源：拓展阅读文本、动物图片、科普类视频等。

### （二）工具技术

相关工具：网络搜索、评价标准等。

## 六、过程评价与单元测评（表 3-2）

**表 3-2 “小小班干部成长记”过程评价与单元测评表**

| 评价 | 内容 | 基本标准 |
|---|---|---|
| 过程评价 | 任务一：脑力比拼 | 1. 能借助重点词句，说出禹和鲧治水方法的不同之处；能按照课后提示，有条理讲述《大禹治水》的故事。<br>2. 能借助重点词句，练习朗读，深入理解课文内容，感受人物形象，讲述故事，积累语料。<br>3. 能抓住重点词句，描述朱德同志与战士们一块儿去挑粮的场面，体会朱德同志应对困境以身作则的榜样智慧。<br>4. 能通过图文对照，关注周总理的服饰与动作，体会周总理入乡随俗、平易近人的领导者智慧。 |
| | 任务二：毅力考验 | 1. 能借助重点词句，想象禹在治水期间所遇到的困难，发散性思考并自由表达。<br>2. 能基于自己穿着草鞋挑起两只书包在教室里走一圈的真实感受，结合重点词句，体会朱德同志和战士们顽强的意志力。<br>3. 能配乐诵读《七律·长征》，体会红军面对困苦时的卓绝毅力，感受诗歌的审美价值。<br>4. 能分角色朗读《孙中山破陋习》中的人物对话，体会孙中山破陋习的决心与行动力。 |
| | 任务三：手写我心 | 1. 能分析目前班级中常见的问题，说一说自己竞选可以为班级做哪些贡献，写一份竞聘稿。<br>2. 能仿照课文情节跌宕起伏的结构特点，夸一夸身边的同学，说说他/她做过的某一件好事。<br>3. 能表达自己为班级服务的决心与做法，也能结合所学对同学的发言进行点评。 |
| 单元测评 | 发现身边的榜样 | 1. 能自主阅读《司马光》，交流故事中最扣人心弦的部分。<br>2. 能梳理突发事件发生的过程，提炼情节结构特点。<br>3. 感受司马光的人物形象，能说说身边有没有像他一样的人。 |

# 第二部分　课堂实践

## 任务一　脑力比拼(三课时)

### 第一课时　面对灾祸时

**一、学习目标**

1. 认识“洪、毒”等15个生字，会写“洪、灾”等9个字，会写“洪水、经常”等16个词语，拓展积累“洪水、防洪”等词语。

2. 能正确、流利地朗读课文。能按照提示讲讲“大禹治水”的故事，体会大禹面对灾情深入研究、科学判断的智慧。

3. 拓展阅读，说说司马光在遇到突发情况时如何临危不惧、急中生智。

**二、教学过程**

（一）以终为始，任务驱动

1. 我们班级有很多同学都非常优秀，也都很愿意为班级服务。那怎样才能成为一名合格的班干部呢？今天，我们就主要通过对本单元的学习，了解领导者需要具备哪些素养，再对照自己的情况，看看是否适合来申请成为新一届的班干部吧！

（二）了解人物与情节

1. 出示大禹的头像图片，简单介绍大禹：相传禹是夏朝的第一位天子。他最著名的故事，就是被大家传颂的治理洪水。

2. 自读课文，借助课后练习的提示，概括课文主要讲了什么，按顺序把故事讲清楚：

洪水泛滥—疏导治水—洪水退去
（为什么）（怎么治）（结果）

（三）抓重点词句比朗读

1. 出示第一自然段，指名读，引导学生关注画横线的词语“泛滥、淹没、冲毁、痛苦”，联系语境，说说对“泛滥、痛苦”的理解，再说说读懂了什么。

2. 播放洪水泛滥的影像，学生谈感受。（害怕、痛苦、同情）

3. 指导学生边读边想象画面，读出感受。

4. 师生挑战比赛朗读，读出洪水给百姓带来的痛苦。

（四）抓重点词句比智慧

1. 引导学生对比阅读：课文里讲述了两个人物治理洪水，可结果却不一样。请同学们自由读第二、四自然段，梳理两人治水的方法，填写表格（表3-3）。

表 3-3 治水方法表

| 人物 | 治水方法 | 治水结果 | 原因 |
|---|---|---|---|
| 鲧 | 只知道筑坝挡水 | 失败 | 方法单一 |
| 禹 | 吸取教训改疏导 | 成功 | 转换思路 |

2. 根据图片与表格信息讲一讲大禹治水的故事。

3. 思考:为什么鲧的治水方法会失败? 禹为什么会成功?

4. 你想用什么样的词语来夸一夸大禹?

(五) 联系生活谈发现

1. 在你身边,有没有像禹一样遇事沉着冷静、科学判断的人? 你能举个实例夸夸他/她吗?

**【教学实施要点】**

1. 讲“大禹治水”的故事时,要将课后提示提供给学生,四句话对应四个自然段,指导学生将故事讲完整,讲生动。

2. 在引导学生思考“为什么鲧的治水方法会失败? 禹为什么会成功?”这一环节时,要联系文中重点词句“只知道……仍然……”,推断鲧的方法单一,缺乏变通。

3. 在“联系生活谈发现”这一环节中,只需学生结合日常学习生活中的琐事进行交流,要求不宜过高。

## 第二课时　身处困境时

### 一、学习目标

1. 认识“米、德”等 14 个生字,读准多音字“难”,会写“扁、担”等 8 个字,会写“扁担、同志”等 10 个词语。

2. 能正确、流利地朗读课文,了解朱德同志和红军战士一起挑粮的事迹,懂得为什么战士们越发敬爱朱德同志了,对革命先辈产生敬意。

3. 练习用“象脚鼓”等词语描述周总理和傣族人民一起过泼水节的情景,体会周总理和傣族人民心连心的深厚情谊。积累描写周总理样子的句子,感受总理的平易近人。

### 二、教学过程

(一) 了解人物

1. 上节课,我们认识了两位古代的伟人。今天,我们再来认识一位现代的伟人。朱德同志是老一辈革命家,他当过红军总司令、中国人民解放军总司令,1955 年被授予中华人民共和国元帅军衔,深受人民的爱戴。

(二) 了解局势

1. 播放影视资料,补充介绍 1928 年中国的时代背景。

2. 自读课文第一、二自然段,想一想,朱德同志为什么和战士们一起去挑粮? 从文中找到重点词句，绘制一份军事作战图（图3-1）。

**朱毛会师在井冈—巩固根据地需备粮—山上产粮远不够**

**图3-1**

（三）学习以身作则

1. 自由读第三自然段，思考：战士们为什么要藏朱德的扁担？后来为什么又不藏了？画出相关的句子。

2. 完成课后连词成句训练。说一说为什么这么连，并用这六个词连起来说一句话。图文结合理解，看着朱德和战士们一起爬山挑粮的图片，你想说些什么？

| | | |
|---|---|---|
| 挑着 | 穿着 | 戴着 |
| 草鞋 | 斗笠 | 粮食 |

3. 角色体验理解，引导学生抓住词语谈自己的理解。（白天、晚上、整夜整夜）

4. 选择不同叙述者，训练口头表达。

（1）如果你是战士，你想对朱德说——

（2）如果你是朱德，你想对战士说——

（3）你想对朱德和战士说——

5. 从两种方法中选择适合自己的一种，练习讲讲这个故事，比比谁能把故事讲清楚。

方法1：依据情节结构讲故事。

为什么要挑粮？—挑粮的过程中又有怎样的故事？—战士们为什么要藏朱德的扁担？—后来为什么又不藏了？

方法2：根据每段重点词句讲故事。

第一段：会师、红军、敌人—第二段：挑粮、争—第三段：白天、晚上—第四段：敬爱、不藏。

（四）联系生活

在我们班级，有没有这样以身作则的班干部？请你举一个事例来夸夸他。

**【教学实施要点】**

1. 讲一讲“朱德的扁担”的故事时，可提供两种支架，任学生选择，指导学生把故事讲完整、讲生动。

2. 指导学生绘制军事作战图，旨在将当时局势分析清楚，语言表达思路清晰即可，不做过高要求。

## 第三课时 参加庆典时

### 一、学习目标

1. 认识“泼、族”等15个生字,读准多音字“铺、盛”,会写“忘、泼”等8个字,会写“难忘、泼水节”等13个词语。

2. 能正确、流利地朗读课文。练习用“象脚鼓”等词语描述周总理和傣族人民一起过泼水节的情景,体会周总理和傣族人民心连心的深厚情谊。

3. 积累描写周总理样子的句子,感受总理的平易近人。

### 二、教学过程

(一) 交流课前预习,进一步了解人物和时代背景

1. 学生自由交流。

2. 教师小结:周总理是新中国的第一任总理,每天他都要处理党和国家许多重要的事情,工作非常繁忙。为了和傣族人民共同庆祝泼水节,总理从百忙之中抽出时间,不远千里,来到了傣族人民的身边。这样一位关心傣族人民的好总理,傣族人民从心底欢迎他。

(二) 朗读课文,想象场景

1. 学生自由朗读第一至第三自然段,说说哪些词句令自己难忘。

2. 师生配合朗读,教师用顺序词引读,让学生感受从岸边到江面,从地面到空中,处处热闹、喜庆。

(三) 对比观察,发现巧心思

1. 对比观察周总理平日的工作照与此刻参加傣族泼水节时的图片,引导学生体会:周总理与傣族人民一样的穿着打扮,真是平易近人!(对襟白褂,咖啡色长裤,头上包着一条水红色头巾)

2. 播放象脚鼓的欢乐鼓点,你听,象脚鼓已经敲响了,周总理和傣族人民一起跳舞了。启发想象:周总理把水泼向谁?向他/她祝福什么?提示:

周总理把清清的水泼到老人身上,祝愿他们……

周总理把清清的水泼到青年身上,祝愿他们……

周总理把清清的水泼到孩子身上,祝愿他们……

(四) 联系生活

在我们班级,有没有这样热情待人的好学生?请你举一个事例来夸夸他。

**【教学实施要点】**

1. 本课时的学习内容与学生的生活距离较大,需要布置学生提前搜集资料,以丰富学生在这方面的基础认知。

2. 在联系生活夸一夸热情待人的同学过程中,只需笑脸相迎、乐于助人之类的事例即可,不做过高要求。

## 任务二　毅力考验(一课时)

### 第一课时　毅力考验

#### 一、学习目标

1. 阅读《三过家门而不入》《七律·长征》《孙中山破陋习》等相关文本，领略不同文体的审美情趣。

2. 体会人物在应对各种困难过程中所表现出的顽强毅力与超群执行力。

#### 二、教学过程

（一）不惧时间漫长

1. 出示《大禹治水》语段，指名填空：禹离开了家乡，一去就是(　　)年。这(　　)年里，他到处奔走，曾经(　　)次路过自己家门口。可是他认为治水要紧，(　　)次也没有走进家门看一看。

2. 引导理解：13 年的治水过程中，禹历经了千辛万苦。从哪些词语可以看出禹治水的艰辛？动笔画出来。

3. 引导想象：想象一下，他都会遇到哪些困难？又是怎样做的？

当他想念家人时——

当毒虫猛兽侵袭时——

当水位上涨，山体崩塌时——

当……

4. 指导朗读：比比谁更能读出禹治水的艰辛。

（二）不怕山高路陡

1. 自读《朱德的扁担》第一、二自然段，想一想当时战士们去山下挑粮困难吗？画出相关语句。

2. 师生合作读，找出重点词：先听老师读句子（把重点词强调出来），记住老师是怎么读的；再模仿老师读，看谁读得和老师一样好甚至更好；然后请同学们把这些词语用横线画出来。（五六十里、难走、每次、争着）

3. 引导思考：五六十里山路有多远呢？五六十里的路程，如果从早上六点钟出发，不停地走，要走到中午十二点才能走完，如果走山路的话，时间就更长了。

4. 课件出示“山高路陡”的井冈山山路的图片，展示山高路陡、地势险要的情况，引导学生思考：走这样的山路，还挑着粮食，难怪文中说“山高路陡，非常难走”。指名朗读句子。

（三）不受陋习限制

1. 自读《孙中山破陋习》，小组练读第三至六自然段孙中山与母亲的争吵，练读时，注意提示语，体会人物的内心情感，读好人物语言。

2. 你知道封建社会的妇女为什么要缠小脚吗？自由交流。

老师小结：缠足之风开始于一千多年前的五代时期。从宫廷传入民间，后来缠足之风愈演愈烈。父母为了让自己的女儿找个好婆家,做母亲的往往在女儿七八岁的时候给她缠足。在小脚盛行时期,大脚女子往往被视为没有教养的人,会被人家耻笑,甚至难以出嫁。

3. 孙中山能接受这种理由吗?他听到什么?又想些什么?

屋内,妈妈 __________,姐姐 __________;

屋外,孙中山看到 __________,听到 __________,他心想 __________。

4. 总结:在封建陋习面前,妈妈屈服了,姐姐也不得已屈服了。但孙中山很心疼,很生气,坚决反对,直到他当了大总统,首先就废除了这一陋习,让千万中国妇女不再受到折磨。

【教学实施要点】

1.《七律·长征》《孙中山破陋习》对于二年级学生来说略有难度,提供文本时需标注拼音,教师做好充分范读与引领。

2. 运用发散性思维的环节较多,教师应充分预设,多维度引导。

任务三　手写我心(一课时)

## 第一课时　手写我心

### 一、学习目标

1. 从能力与担当两个方面,表达为班集体做贡献的决心,完成一份竞聘稿。

2. 仿照课文的情节结构,夸夸身边的好人好事,为同学写一段颁奖词。

3. 向榜样学习,运用所积累的语料,完成一段就职发言稿。

### 二、教学过程

(一) 为自己写一份竞聘稿

1. 班级传真:指出目前班集体中较为常见的问题。

2. 个人贡献:说说自己能为班集体做点什么,列出合理建议。

(二) 为同学写一段颁奖词

好人榜单:为班级里涌现的好人好事写一段颁奖词。

(三) 为就职写一段发言稿

成功竞选为新一任班干部的同学,写一段就职发言稿,提出自己关于班级管理的金点子与新决心。

【教学实施要点】

抓住低年级学生大多愿意积极表现的特点,激励学生表达自己的真实心里话,为三年级写作打下坚实基础。

2. 内容重于形式,竞聘稿、颁奖词、发言稿的形式不做过高要求。

单元测评(一课时)　发现身边的榜样

### 一、学习目标

1. 自主阅读《司马光》,交流故事中最扣人心弦的部分。

2. 梳理突发事件发生的过程，提炼情节结构特点。

3. 感受司马光的人物形象，说说身边有没有像他一样的人。

## 二、教学过程

1. 自主阅读《司马光》，学生借助课后注释，理解课文内容。

2. 交流故事中最扣人心弦的部分，小组内交流。

3. 梳理司马光与其他孩子在面对突发情况时的不同表现，填写表格（表 3-4）。

**表 3-4　司马光与其他孩子表现对比表**

| 人物 | 应急方法 | 应急结果 | 原因 |
|---|---|---|---|
| 司马光 | 持石击瓮破之 | 得活 | 临危不惧 |
| 其他孩子 | 皆弃去 | 无救 | 方寸大乱 |

4. 同桌合作，梳理突发事件发生的过程，提炼情节结构特点（图 3-2）。

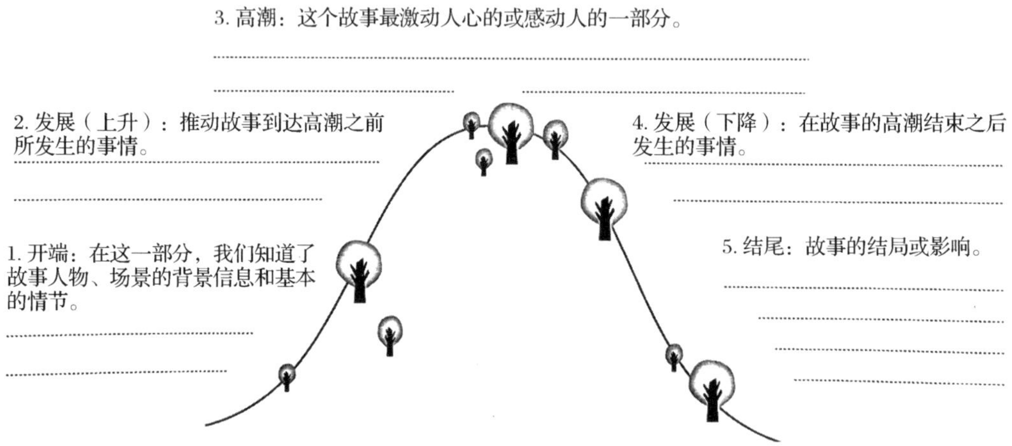


**图 3-2**

5. 说说身边有没有像司马光一样临危不惧、急中生智的人。

**【教学实施要点】**

1. 本课时设计的《司马光》读书交流会是读后交流会，可以引导学生梳理情节，感受人物形象，感悟故事带来的启示。

2. 在找一找身边的“司马光”环节中，鼓励学生向司马光学习，遇事不慌、沉着冷静。

（设计：苏州市金阊实验小学校　张　丽）

“文学阅读与创意表达”学习任务群（四年级）

# 案例二　我是神话创讲人

## 第一部分　单元设计

### 一、设计依据

《义务教育语文课程标准(2022年版)》“文学阅读与创意表达”学习任务群第二学段学习内容第三条指出:阅读富有想象力和表现力的儿童文学作品,欣赏富有童趣的语言与形象,感受纯真美好的童心,学习用口头或者图文结合的方式创编儿童诗和有趣的故事,发展想象力。学生喜爱神话故事中天马行空的想象和崇高伟岸的人物形象,但对于如何阅读神话故事、如何多种形式创讲神话故事尚需要更多的实践与引导。“我是神话创讲人”学习任务群,旨在引导学生阅读课内外神话,以多种形式创讲神话故事,在丰富多样的语文实践活动中,感悟神话所承载的中华优秀传统文化。

### 二、主题内容与目标

（一）单元主题

我是神话创讲人。

（二）学习内容

1. 课内神话:统编版小学语文教材四年级上册第四单元《盘古开天地》《普罗米修斯》《精卫填海》《女娲补天》。

2. 拓展阅读:《中国古代神话》等拓展阅读文本。

3. 学生的已有经验:二年级下册《羿射九日》,生活中、阅读中积累的神话故事。

（三）学习目标

1. 能阅读课内外神话故事,并通过简要复述、详细复述、创造性复述等多种方式讲述神话故事。

2. 能结合自主阅读与讲述体验,感受神话中神奇瑰丽的想象,赏析个性鲜明的人物形象,感受一波三折、浪漫美好的故事情节中所蕴含的价值追求和审美取向。

3. 能根据“和最喜爱的神话人物过一天”“众神共战疫情”“众神共度环境危机”等具体情境,发挥丰富想象,创造性编写富有想象力的神话故事,并通过多种形式呈现创编的神话故事。

4. 能在多种语文实践活动中,感悟神话故事所承载的中华优秀传统文化,增强对中华优秀传统文化的亲切感、理解力、感受力。

### 三、学习情境与任务框架

（一）学习情境

世界是如何起源的？人类是怎样产生的？神和英雄是怎样生活的？我们的祖先对世界的许多问题都抱有强烈的好奇心,他们尝试用神话的方式给出解释,并依靠口头讲述使其代代相传。神话故事中不仅仅有神奇瑰丽的想象和个性鲜明的神话人物，也承载着中华民族的精神基因、价值追求、审美取向。让我们一起走进神话世界，用多种形式讲述和呈现神话故事，发现神话里的神奇密码，感受神话中的独特审美，探寻神话里的文明印迹。最后，和最喜爱的神话人物过一天，自选话题创作未来神话，成为神话展演厅里的“最佳神话创讲人”。

（二）任务框架

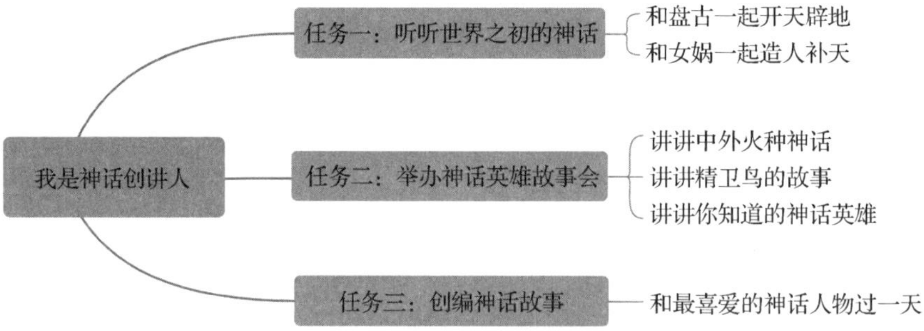


## 四、活动设计与教学提示

（一）学习活动与课时安排（表 3-5）

**表 3-5 “我是神话创讲人”学习活动与课时安排表**

| 单元任务 | 学习活动 | 活动内容 | 课时安排 |
| --- | --- | --- | --- |
| 我是神话创讲人 | 任务一：听听世界之初的神话 | 1. 和盘古一起开天辟地。通过“神话猜猜猜”活动，聊聊知道的神话故事；借助插图和故事山，说说盘古开天地的过程；边读边想象画面，找出文中神奇的地方，品读“天地初开”“化生万物”两部分，感受神话中想象的神奇、瑰丽与浪漫；通过“我为盘古代言”活动，引导学生以第一人称“我”有条理地、富有想象地讲述盘古开天地的故事，在讲述过程中感受盘古的伟岸形象和伟大精神。<br>2. 和女娲一起造人补天。阅读《女娲造人》《女娲补天》，借助起因、经过、结果，梳理故事的主要内容；聚焦具体文本，感受神奇想象，初步梳理神奇密码；多角度发挥想象，将女娲从各地拣五彩石的过程说清楚、说生动。 | 2 |
| | 任务二：举办神话英雄故事会 | 1. 讲讲中外火种神话。阅读《普罗米修斯》和《燧人氏钻木取火》，通过借助人物和借助起因、经过、结果两种方法，讲讲中外两则火种神话；说说最打动自己的情节，并围绕该情节展开想象，说具体、说生动，在想象与讲述过程中，感受人物形象；比较阅读中外两则火种神话，发现异同。<br>2. 讲讲精卫鸟的故事。正确、流利地朗读课文，背诵课文。结合注释，用自己的话讲讲精卫填海的故事。借助注释、插图和开放式结果，品读人物形象。根据具体情境，借助插图和注释，发挥想象，多种方式创讲故事。<br>3. 讲讲你知道的神话英雄。课前，阅读感兴趣的神话，制作阅读卡片。课上，借助阅读卡片，讲讲心目中的神话英雄；借助表格，打造神话英雄榜，感受神话人物所承载的民族精神、价值追求；继续梳理神话的神奇之处，完善神奇思维导图；了解人类文明进程，探寻神话里的文明印迹。 | 3 |

续表

| 单元任务 | 学习活动 | 活动内容 | 课时安排 |
| --- | --- | --- | --- |
| 我是神话创讲人 | 任务三：创编神话故事 | 和最喜爱的神话人物过一天。选择一个自己喜欢的神话或童话人物，根据人物的特点，围绕“我和×××过一天”展开想象，写出一天之中发生的有新意的故事。根据本单元学习的内容，在创作过程中提升想象力和表达力。 | 1 |
| 单元测评 | 创编未来神话 | 创设“众神共度环境危机”等情境，创作未来神话；在交流与创作过程中，进一步感悟神话的特点，领略神话神奇烂漫的想象，感受神话人物身上所承载的民族精神。 | 1 |

（三）设计说明与实施要点

认同中华文化，热爱中华文化，继承和弘扬中华优秀传统文化，是文化自信的重要表征。《义务教育语文课程标准（2022年版）》指出“文学阅读与创意表达”语文学习任务群“旨在引导学生在语文实践活动中，通过整体感知、联想想象，感受文学语言和形象的独特魅力，获得个性化的审美体验；了解文学作品的基本特点，欣赏和评价语言文字作品，提高审美品位；观察、感受自然与社会，表达自己独特的体验与思考，尝试创作文学作品”。

四年级上册第四单元是一个神话故事单元，共有四篇课文。《盘古开天地》《女娲补天》解释了天地万物的来历，《精卫填海》《普罗米修斯》介绍了先人遇到灾祸、困难时的应对方法。无论是开天辟地、采石补天，还是衔石填海、追求光明，都是人类从蛮荒走向文明的文化印记。学生可以从中感受到古代劳动人民对自然、对世界的独特理解和远古先民神奇瑰丽的浪漫想象，还能感受到故事中鲜明饱满的人物形象。本单元的第一个语文要素是“了解故事的起因、经过、结果，学习把握文章的主要内容”。这是在三年级上册第八单元“了解文章的主要内容并复述故事”基础上的提升，也是为本册第七单元“关注主要人物和事件，学习把握文章的主要内容”做准备。精读课文的课后习题，略读课文的学习提示，都围绕该要素进行精心编排。本单元的第二个语文要素是“感受神话中神奇的想象和鲜明的人物形象”。四篇课文运用多种形式引导学生感受神话神奇的想象和鲜明的人物形象：《盘古开天地》要求学生边读边想象画面，交流故事中神奇的地方，感受盘古伟岸挺拔和无私奉献的形象；《精卫填海》通过用自己的话讲述故事，感受精卫坚忍执着的个性；《普罗米修斯》通过交流打动自己的情节，感受主人公为争取人类幸福不畏强暴、勇敢坚毅的美好品格；《女娲补天》通过发挥想象讲述女娲从各地拣来五种颜色石头的过程，感受女娲不怕困难、甘于奉献的品质。“交流平台”“词段运用”进一步梳理、强化。最后，展开想象，编一个《我和×××过一天》的神话故事。

结合“文学阅读与创意表达”学习任务群第二学段的学习内容，提炼了单元任务群主题“我是神话创讲人”，设计三个任务。任务一“听听世界之初的神话”，旨在让学生阅读“创世神话”——《盘古开天地》《女娲造人》《女娲补天》，学习借助起因、经过、结果把握故事主要内容，并尝试根据具体情境创讲故事，在阅读与讲述的过程中，初步感受中国古代神话的特点。任务二“举办神话英雄故事会”，让学生阅读课内外英雄神话，并结合具体情境，展开想象，多种方式创讲故事；在比较阅读中，感受中外神话的异同点；借助表格，打造神话英雄榜，感受神话人物所承载的民族精神、价值追求；梳理神话的神奇密码；了解人类文明进程，探寻神话里的文明印迹。任务三“创编神话故事”，从文学阅读走向创意表达。首先选择一个自己喜欢的神话或童话人物，根据人物的特点，围绕“我和×××过一天”展开想象，写出一天之中发生的有新意的故事。然后，结合当下生活，创设“众神共度环境危机”等情境，创作未来神话。在创作过程中，引导学生进一步感受神话的特点，领略神话神奇烂漫的想象，感受神话人物身上所承载的民族精神。

读故事、讲故事、写故事是一脉相承的。本任务群三个任务之间、多个学习活动之间呈现螺旋递进的关系，遵循学科逻辑、学习逻辑和生活逻辑的统一。通过阅读中外神话故事，学生不仅能讲清楚故事的起因、经过、结果，还能结合具体讲述情境尝试想象补白，变换人称和多场景形式讲述故事，并结合当下社会创编未来神话故事。在此基础上延伸到课外，阅读更多的中外神话故事，达到通过阅读神话、创讲故事传承文化的目的。

**五、资源支持与技术支持**

（一）学习资源

1. 文本资源：四年级上册第四单元《盘古开天地》《女娲补天》《精卫填海》《普罗米修斯》；拓展阅读：《中国古代神话》。

2. 网络资源：拓展阅读文本、神话类视频等。

（二）工具技术

相关工具：网络搜索、评价标准等。

**六、过程评价与单元测评（表 3-6）**

**表 3-6 “我是神话创讲人”过程评价与单元测评表**

| 评价 | 内容 | 基本标准 |
| --- | --- | --- |
| 过程评价 | 任务一：听听世界之初的神话 | 1. 能借助插图和故事山，说说盘古开天地的过程；能边读边想象画面，找出文中神奇的地方；在“我为盘古代言”活动中，能以第一人称“我”有条理地、富有想象地讲述盘古开天地的故事。<br>2. 能借助起因、经过、结果，梳理《女娲造人》《女娲补天》的主要内容；能结合具体文本，感受神奇想象，初步梳理神奇密码；能多角度发挥想象，将女娲从各地拣五彩石的过程说清楚、说生动。 |
|  | 任务二：举办神话英雄故事会 | 1. 能借助人物关系和借助起因、经过、结果两种方法，讲讲《普罗米修斯》和《燧人氏钻木取火》两则中外火种神话；能说说最打动自己的情节，并围绕该情节展开想象，说具体、说生动；能在比较阅读中，发现中外神话的异同。<br>2. 能正确、流利地朗读《精卫填海》并背诵；能结合注释，用自己的话讲讲精卫填海的故事；能借助注释、插图和开放式结果，品读人物形象；能根据具体情境，借助插图和注释，发挥想象，多种方式创讲故事。<br>3. 能借助阅读卡片，讲讲心目中的神话英雄；能借助表格，打造神话英雄榜，感受神话人物所承载的民族精神、价值追求；能继续梳理神话的神奇之处，完善神奇思维导图；了解人类文明进程，探寻神话里的文明印迹。 |

续表

| 评价 | 内容 | 基本标准 |
|---|---|---|
| 过程评价 | 任务三:创编神话故事 | 能选择一个自己喜欢的神话或童话人物,根据人物的特点,围绕“我和×××过一天”展开想象,写出一天之中发生的有新意的故事。根据本单元学习的内容,在创作过程中提升想象力和表达力。 |
| 单元测评 | 创编未来神话 | 1. 能根据当下现实生活,创设多重情境,创编未来神话。<br>2. 创编未来神话时,注意五个方面:想象神奇瑰丽,用上多种神奇密码;人物个性鲜明,具有勇敢智慧、无私奉献等精神品质;情节曲折完整,极度夸张,超乎常理;表达语句通顺,语言生动,加上动作、表情;配合默契,取长补短,互相帮助。 |

# 第二部分　课堂实践

## 任务一　听听世界之初的神话(两课时)

### 第一课时　和盘古一起开天辟地

#### 一、学习目标

1. 通过“神话猜猜猜”活动,聊聊知道的神话故事。

2. 借助插图和故事山,说说盘古开天地的过程。

3. 边读边想象画面,找出文中神奇的地方,品读“天地初开”“化生万物”两部分,感受神话中想象的神奇、瑰丽与浪漫。

4. 通过“我为盘古代言”活动,引导学生以第一人称“我”有条理地、富有想象地讲述盘古开天地的故事,在讲述过程中感受盘古的伟岸形象和伟大精神。

#### 二、教学过程

(一) 神话猜猜猜

1. 看图猜神话。

2. 讲讲知道的神话故事。

3. 说说为什么喜爱神话故事。

(二) 借助插图和故事山讲故事

1. 借助插图梳理出故事情节。

2. 找出关键时间节点,有条理地讲故事(图3-3)。

图 3-3

（三）聚焦文本，感受神奇想象

1. 默读课文，找出你觉得神奇的地方。

(1)宇宙之初样子神奇：竟然天地不分，混沌一片，像个大鸡蛋。

(2)故事主人公神奇：一个巨人；力大无穷，一斧劈去，天地初开；能屹立数万年；能随天地的变化而变化。

(3)时间长得神奇：盘古在混沌之中睡了一万八千年；站立了一万八千年。

(4)天地初开时的样子很神奇：轻而清的东西，缓缓上升，变成了天；重而浊的东西，慢慢下降，变成了地。

(5)盘古倒下后身体化为万物的情节很神奇。

2. 重点品读“天地初开”部分。

发现对称的句式，感受和谐的音乐，想象神奇的画面。

3. 重点品读“化生万物”部分。

(1) 发现句式的对称和排比的修辞手法。

(2) 发现原来的事物与变成的事物之间的关系，进而感受到神话故事中的想象虽然天马行空、浪漫神奇，但并不是胡思乱想，而是有自己的内在逻辑，是合情合理的。

(3) 发挥想象，进行仿写，注意想象的相关性和合理性。

（四）创讲故事，感受人物精神

1. 创设情境，自由讲述。

**我为盘古代言**

伟大的巨人盘古，已经用他的整个身体创造了美丽的世界，他不能再开口讲述他自己的故事。同学们，如果盘古请你做他的代言人，以第一人称“我”，讲讲盘古开天地的故事，你会怎么讲呢？请同学们赶紧在小组内讲讲盘古的故事吧！

2. 全班交流，借助表 3-7，评选出“最佳盘古代言人”。

表 3-7 “最佳盘古代言人”活动评价表

| 评价标准 | 一星 | 二星 | 三星 | 总评 |
| --- | --- | --- | --- | --- |
| 1. 能够借助故事山,讲清楚故事的起因、经过、结果。 | | | | |
| 2. 能够结合本节课的学习,发挥想象,将故事讲具体、讲生动。 | | | | |
| 3. 能够走进盘古的内心世界,加上内心独白,声情并茂地讲述盘古的故事。 | | | | |

3. 采访“盘古代言人”,说说你心中的盘古形象。

(1) 为了不让天地合在一起,您屹立了一万八千年,您不累吗?

(2) 您累倒以后,为什么要耗尽神力化作世间万物?

**【教学实施要点】**

1. 四年级的学生已经不是初次接触神话,除了二年级下册学过《羿射九日》,更是在平时阅读和日常生活中积累了很多神话故事。上课伊始,重在通过“神话猜猜猜”环节,让学生聊聊知道的神话故事,激活已有经验,激发学生的学习兴趣。

2.《盘古开天地》是中国古代创世神话的首篇,也是中国古代神话故事的经典代表,鲜明地体现了神话的基本特征:神奇瑰丽的丰富想象,个性鲜明的人物形象,一波三折、浪漫美好的故事情节。本课重在从这三个维度,了解、感受神话的文体特点。

3. 学习神话故事时,学生对天马行空的烂漫想象具有浓厚的兴趣。本课中,不仅要鼓励学生充分想象、感受神奇,也要引导学生发现:神话故事中的想象虽然天马行空、浪漫神奇,但并不是胡思乱想,而是有自己的内在逻辑,是合情合理的。

4. 盘古是神话中的华夏文化始祖。本课时通过“我为盘古代言”这一具有挑战性的活动,让学生以第一人称“我”讲述故事,不仅要讲清楚起因、经过、结果,还要补白想象,加入细节和内心独白,将故事讲具体、讲生动,声情并茂地呈现盘古的故事。在讲故事的过程中,感受神话神奇的想象,感悟盘古的伟大精神。

## 第二课时 和女娲一起造人补天

### 一、学习目标

1. 阅读《女娲造人》《女娲补天》,借助起因、经过、结果,梳理故事的主要内容。
2. 聚焦具体文本,感受神话的神奇想象,初步梳理神奇密码。
3. 多角度发挥想象,将女娲从各地拣五彩石的过程说清楚、说生动。

### 二、教学过程

课前阅读《女娲造人》和《女娲补天》,借助导学单进行预习。

（一）借助要素，讲讲两则神话（表 3-8）

**表 3-8　神话要素表（一）**

| 神话名称 | 起因 | 经过 | 结果 |
| --- | --- | --- | --- |
| 《女娲造人》 | | | |
| 《女娲补天》 | | | |

梳理概括方法：圈画关键词，筛选概括。

【扶】《女娲补天》的经过：

拣石炼浆补天，斩龟腿撑天，杀恶龙吓百兽，烧芦灰堵缝。

【放】《女娲造人》的经过：

手捏成人，枝甩成人，分为男女。

（二）聚焦文本，感受神奇，初步梳理神奇密码

1. 交流故事中最神奇的地方。

（1）女娲的长相很神奇：美丽的人脸和苗条的蛇身，一天变化七十多次。

（2）泥点成人很神奇：女娲随手捏出来的泥人竟然可以变成活的小人，树枝甩出来的泥点竟然也可以落地成人。

（3）五彩石很神奇：五彩石炼成的石浆竟然就可以补天，还幻化成为美丽的五色云霞。

（4）神龟之大很神奇：大到四条腿就可以支撑起天空。

（5）芦灰遇水变厚很神奇：芦苇的灰遇到水，竟然就可以越变越厚，还能堵住喷涌的洪水。

（6）女娲神力很神奇：炼石补天，斩神龟，杀恶龙。

2. 初步梳理神奇密码（图 3-4）。

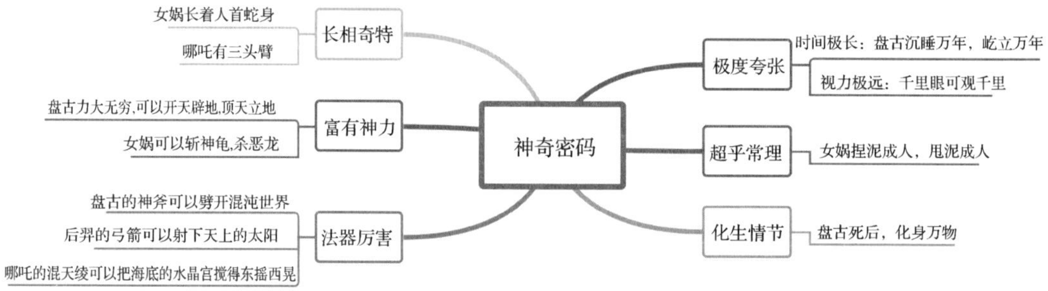


**图 3-4**

（三）发挥想象，生动讲述女娲拣五彩石的过程（表 3-9）。

**表 3-9　女娲拣五彩石过程表**

| 五彩石 | 地点 | 困难 | 如何克服 | 其他角度 |
| --- | --- | --- | --- | --- |
| 赤 | | | | |
| 青 | | | | |

续表

| 五彩石 | 地点 | 困难 | 如何克服 | 其他角度 |
| --- | --- | --- | --- | --- |
| 黄 | | | | |
| 白 | | | | |
| 黑 | | | | |

选取一种石头，进行想象和讲述。

**【教学实施要点】**

1. 本课除了学习略读课文《女娲补天》，还拓展阅读了《女娲造人》，这两篇和《盘古开天地》一起构成了创世神话的主要框架。因为学习内容较多，因此让学生在课前就阅读神话，借助导学单进行预习。

2. “了解故事的起因、经过、结果，学习把握文章的主要内容”是本单元的语文要素，是简要复述神话故事的有力抓手。本课借助表格，引导学生抓住要素进行简要复述。在概括经过的时候，要引导学生结合具体文本，用简要的语言，条理清晰地进行概括。

3. 绘制神奇思维导图时，可在第一课时的基础上进一步梳理、绘制。

4. 讲述拣五彩石的过程时，可以引导学生从拣石地点、所遇困难、如何克服等角度发挥想象，先简要填写表格，再进行详细、生动讲述。

### 任务二 举办神话英雄故事会(三课时)

## 第一课时 讲讲中外火种神话

### 一、学习目标

1. 阅读《普罗米修斯》和《燧人氏钻木取火》，通过借助人物和借助故事的起因、经过、结果两种方法，讲讲中外两则火种神话。

2. 说说最打动自己的情节，并围绕该情节展开想象，说具体、说生动；在想象与讲述过程中，感受人物形象。

3. 比较阅读中外两则火种神话，发现异同。

### 二、教学过程

课前阅读《普罗米修斯》和《燧人氏钻木取火》，借助导学单进行预习。

(一) 联系已学，趣味导入

在中国神话中，女娲创造了人类。在古希腊神话中，人又是由谁创造的呢？播放视频：普罗米修斯创造人类的故事。

(二) 多种方法，梳理故事

1. 借助人物，梳理故事情节。

找出《普罗米修斯》中出现了几位天神，把他们做的事情连起来，说说故事的主要内容。

2. 借助要素(表 3-10)，讲讲中外火种神话。

**表 3-10　神话要素表(二)**

| 神话名称 | 起因 | 经过 | 结果 |
|---|---|---|---|
| 《普罗米修斯》 | | | |
| 《燧人氏钻木取火》 | | | |

如果《普罗米修斯》这个故事按照起因、经过、结果的顺序来概括,大致可以分为哪几个部分?(盗火、受惩、获救)

《燧人氏钻木取火》呢?(失去火种,寻找火种,得到"火种")

(三)想象画面,说说动人情节(表 3-11)

**表 3-11　神话情节分析表**

| 神话名称 | 最打动你的情节 | 想象画面(遇到的困难,人物的外貌、动作、语言、神态、心理等) | 人物形象 |
|---|---|---|---|
| 《普罗米修斯》 | | | |
| 《燧人氏钻木取火》 | | | |

说说最打动你的情节,想象主人公遇到的巨大困难和他们当时的外貌、动作、语言、神态、心理,在想象画面的过程中充分感受人物形象。

1. 画面一:"锁之苦"。

"死死地锁"是怎么个锁法?"不能动弹"就不能干什么?"不能睡觉"就只能忍受什么?出示陡峭的高加索山:常年冰雪覆盖,寒风呼啸,一低头便处处是悬崖峭壁。当狂风呼啸时……当暴雨倾盆时……

2. 画面二:"啄之痛"。

抓住"凶恶、尖利、啄食、没有尽头"体会"啄之痛"。什么是"啄食"?

3. 画面三:艰辛的寻火之旅。

翻过高山,涉过大河,穿过森林……

(四)比较阅读,发现异同(表 3-12)

**表 3-12　《普罗米修斯》与《燧人氏钻木取火》比较阅读表**

| | 《普罗米修斯》 | 《燧人氏钻木取火》 |
|---|---|---|
| 同 | 1. 主要事件: | |
| | 2. 主人公人物形象: | |
| | 3. 结果: | |
| | …… | |
| 异 | 1. 神话体系不同: | |
| | 2. 得到火种的方式不同: | |
| | 3. 人物关系不同: | |
| | …… | |

【教学实施要点】

1. 本课将中外火种神话放在一起进行比较学习,学习内容较多,需要让学生在课前就阅读神话,借助导学单进行预习。

2. 本课借助表格,引导学生抓住要素进行简要复述。在概括经过的时候,要引导学生结合具体文本,圈画关键词,筛选概括,用简要的语言条理清晰地进行概括。

3. 在围绕动人情节展开想象的同时也引导学生多角度展开想象,并写下关键词,展开生动讲述;在想象与讲述的过程中,感受更加饱满鲜活的人物形象。

4. 在比较中外两则神话时,可以先让学生自由交流。当学生思维卡顿时,择机提醒比较角度,帮助学生继续深入思考。

## 第二课时 讲讲精卫鸟的故事

### 一、学习目标

1. 正确、流利地朗读课文,背诵课文。

2. 结合注释,用自己的话讲讲精卫填海的故事。

3. 借助注释、插图和开放式结果,品读人物形象。

4. 根据具体情境,借助插图和注释,发挥想象,多种方式创讲故事。

### 一、教学过程

(一) 了解《山海经》,激发兴趣

《山海经》,先秦古籍。记述内容涉及古代地理、物产、神话、宗教、医药、民俗等,具有多方面的学术价值。许多散亡的中国古代神话传说,通过《山海经》流传至今:以乳为目,以脐为口,执干戚而舞的刑天神话;赤足白喙,常衔西山之木石以堙于东海的精卫神话;虎尾豹齿,蓬发戴胜,穴居的西王母神话;蚩尤与黄帝大战于涿鹿之野的神话;著名的夸父神话;等等。

(二) 读准字音,读好停顿

1. 读准字音。

(1) 学生自读课文,要求:读准字音,读通句子。

(2) 指名学生读课文,重点指导“少、溺、堙”的读音。

2. 读好停顿。

教师范读,学生根据听读,借助标点,自己尝试读好停顿。

(三) 结合注释,讲讲故事

1. 借助注释,理清人物及主要事件。

人物:女娃,死后成精卫鸟,主人公就一人。

主要事件:女娃溺水化成精卫鸟后填海。

2. 借助注释,尝试解释加点字,说说短语的大概意思。

炎帝之少女(的)　　名曰女娃(叫)　　游于东海(在)

西山之木石（的）　　故为精卫（成为）　　堙于东海（在）

3. 用自己的话连起来说说故事大意。

（四）聚焦形象，读懂道理

1. 精卫鸟给你留下了什么印象？

2. 观察插图，初步了解精卫鸟的外形。

（1）交流，相机出示：其状如乌，文首，白喙，赤足。

（2）理解句意：它的身形像乌鸦，头上羽毛有花纹，白色的嘴，红色的脚。

3. 讨论开放式结尾。

这一篇古文，共两句话，35 个字，讲了一个小故事，留给我们许多想象的空间。你想象的故事结果是怎样的？

（1）交流结果：① 只要坚持填，肯定会填满。② 怎么填也填不满。

（2）追问：故事可以有结果，为什么这个故事没有写结果？

故事采用开放式的结尾，作者不重结果，重过程。故事主要为了赞美精卫鸟坚持不懈、坚忍执着的精神品质。

（五）创设情境，创讲故事

（1）借助注释和插图，把女娃化为精卫鸟的过程说清楚、说生动。

（2）发挥想象，把“常衔西山之木石，以堙于东海”讲具体、讲生动。

（3）你就是精卫鸟，向父亲炎帝讲述自己的故事。

**【教学实施要点】**

1.《精卫填海》是小学阶段的第三篇文言文，学习时，首先要引导学生读正确、读通顺，借助注释理解文意，尤其注意古今异义词“少女”的意思。

2. 课本的插图是学习本课的重要资源。插图左上角是一只羽毛艳丽、白喙赤足的精卫鸟，嘴里叼着石子，正振翅高飞；下面是滔天巨浪，面对汹涌澎湃的东海，精卫鸟目光坚毅，毫无畏惧。这幅插图既可以帮助学生发挥想象、创讲故事，又可以帮助学生感悟精卫坚毅执着的精神。

3. 创讲化为精卫鸟的片段时，要引导学生联系之前盘古化生万物的情节，借助注释的文字描述和插图的画面描绘，展开想象，讲述故事。在讲述过程中，感受神话故事浪漫曲折的情节以及中华民族的独特审美。

4. 创讲向父亲炎帝讲述自己的遭遇时，引导学生发现，除了将上面两个片段讲清楚、讲生动之外，还要注意：① 第一人称讲述时，肯定会融入更丰富细腻的主观叙写，如听到什么，看到什么，自己的身心感受等。② 心理描写更是值得关注的地方，如玩耍时的开心，溺亡时的痛苦和不甘，化为精卫时的惊讶，衔石填海的坚定执着等。③ 作为父亲最宠爱的小女儿，会怎么和父亲说？说些什么？

## 第三课时　讲讲你知道的神话英雄

### 一、学习目标

1. 借助阅读卡片，讲讲心目中的神话英雄。
2. 借助表格，打造神话英雄榜，感受神话人物所承载的民族精神、价值追求。
2. 继续梳理神话的神奇之处，完善神奇思维导图。
3. 了解人类文明进程，探寻神话里的文明印迹 。

### 二、教学过程

课前，阅读感兴趣的神话，完成一张“我心目中的神话英雄”阅读卡片，并在小组内传阅交流，讲述故事。

（一）借助阅读卡片（图 3-5），讲讲神话英雄

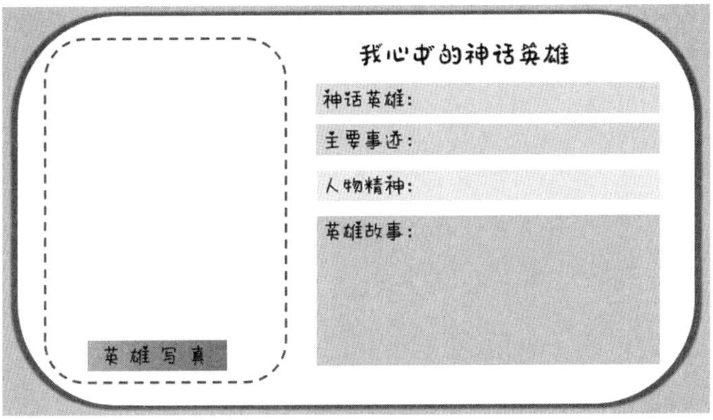


图 3-5

（二）打造神话英雄榜（表 3-13），感受民族精神

表 3-13　神话英雄榜记录表

| 人物 | 事迹 | 精神 |
| --- | --- | --- |
| 盘古 | 开天辟地，化生万物 | 无私忘我<br>造福苍生<br>充满智慧<br>勇敢无畏<br>勤劳能干<br>…… |
| 女娲 | 造人、补天、杀恶龙、治洪水 | |
| 燧人氏 | 钻木取火 | |
| 伏羲 | 画八卦 | |
| 神农 | 尝百草 | |
| 嫘祖 | 养蚕 | |
| 大禹 | 治水 | |
| …… | …… | |

（三）继续梳理神奇之处，绘制神奇导图（图 3-6）

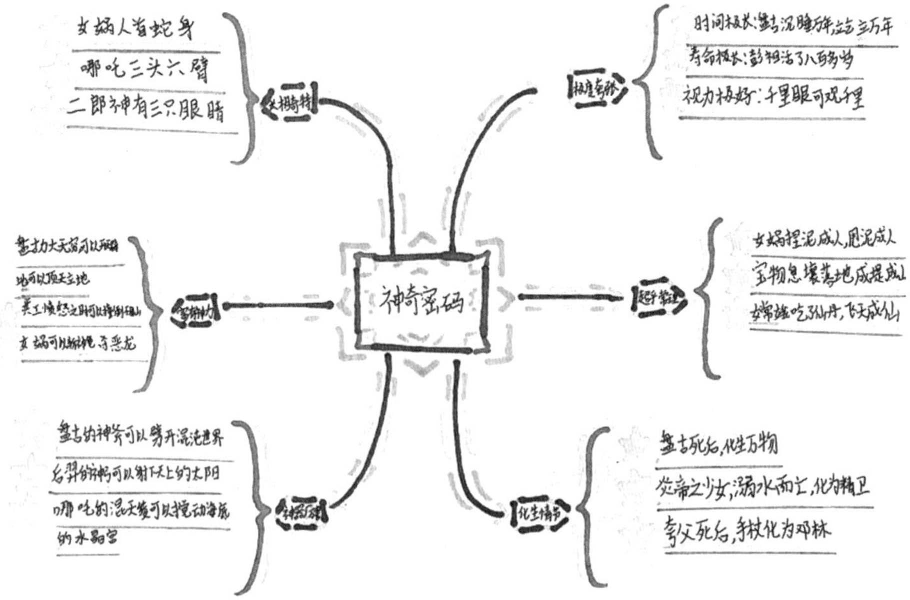


图 3-6

（四）了解人类文明进程，探寻神话里的文明印迹（图 3-7）

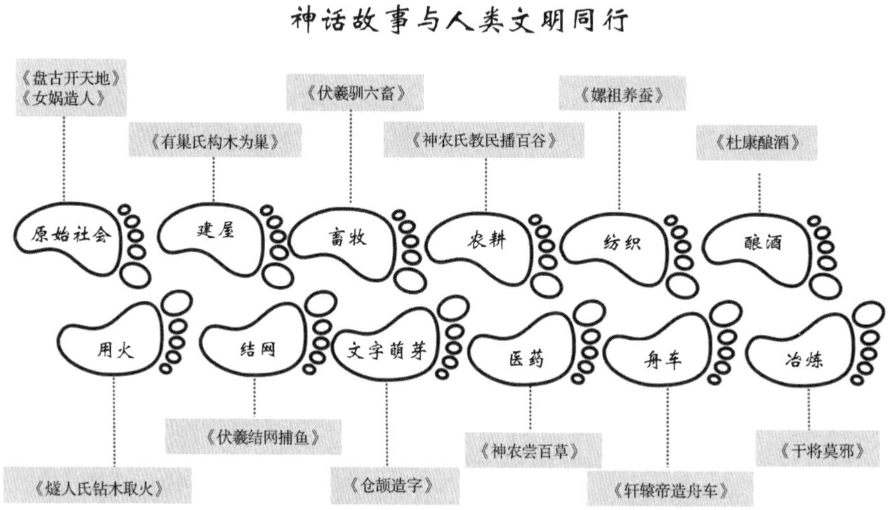


图 3-7

**【教学实施要点】**

1. 本课活动，由课内延展到课外，贯通课内外神话，梳理发现神话的更多特点。课前，学生绘制“我心中的神话英雄”阅读卡片，小组内交流。课上，请每组代表讲述交流。

2. 打造神话英雄榜时，引导学生发现我们之所以喜爱、欣赏、崇拜神话英雄，是因为他们身上有着无私忘我、造福苍生、智慧勇敢、执着坚毅等精神品质，这些精神品质承载着中华民族的精神追求和价值取向，正是这些精神滋养着中华民族生生不息、蓬勃发展。

3. 本课时要贯通课内外神话，感受神话的神奇想象，梳理神话的神奇之处，完善神奇思维导图。

4. 探寻神话里的文明印迹时，引导学生发现：中国古代神话故事是华夏先民在漫长的劳动生活中创造出来的，神话是对不同时期人类文明的反映。

### 任务三 创编神话故事（一课时）

## 第一课时 和最喜爱的神话人物过一天

### 一、学习目标

1. 选择一个自己喜欢的神话或童话人物，根据人物的特点，围绕“我和×××过一天”展开想象，写出一天之中发生的有新意的故事。

2. 根据本单元所学内容，在创作过程中提升想象力和表达力。

### 二、教学过程

（一）选出好材料

1. 选出好人物。

（1）在纸上写至少3个人物，并用简洁的语言写出人物特点（表3-14），并小组交流。

**表3-14 人物特点表**

| 人物 | 特点 |
|---|---|
| | |
| | |
| | |

（2）如果故事中的人物来到你的世界，与你一起过一天，你会选择谁呢？

（二）选出好事件

1. 以《我和孙悟空过一天》为例，根据人物特点，想一想：（1）你们会度过怎样的一天？将中心词填入图表中间的横线上。（开心的，神奇的，惊险的，美妙的，刺激的，搞笑的，深情的……）（2）这一天会发生哪些事情？注意根据人物的特点合理想象故事内容。

2. 根据自己选择的人物及人物特点，完成下面的构思表（表3-15）。

**表3-15 “我和×××过一天”构思表**

<table>
<tr><td colspan="4">我和__________过一天</td></tr>
<tr><td>时间</td><td>地点</td><td>事情</td><td>人物特点</td></tr>
<tr><td></td><td></td><td></td><td rowspan="4"></td></tr>
<tr><td></td><td></td><td></td></tr>
<tr><td></td><td></td><td></td></tr>
<tr><td></td><td></td><td></td></tr>
<tr><td colspan="4">中心词：（　　　　）的一天</td></tr>
</table>

3. 小组内交换构思表。说说你对谁的故事充满期待，他的故事有趣吗？为什么？你还有哪些建议给小组同学，也来说一说。

（三）构思好故事

1. 拿出一个示例与同学讨论：这个故事有新意吗？大家发现情节的波折和人物的变化了吗？

2. 提炼以下评改注意事项：

（1）我是不是围绕中心词列出了两三个事件？

（2）我是不是按照一定的时间顺序安排了事件？

（3）我是不是尝试做到情节有波折，人物有变化，让故事有新意？

3. 根据以上评改注意事项，完善自己的构思表。调整材料顺序，增删内容，让故事有新意，更加吸引人。

**【教学实施要点】**

1. 选出好材料环节，通过学生的头脑风暴，组内互换素材，唤起学生与学生之间的共同记忆，这样既可以丰富故事内容，让学生写作的选材更加多样；也可以让学生了解人物特点，感知人物形象的鲜明性，为后面的故事创作做好铺垫。

2. 选出好事件环节，师生通过讨论共同完成第一个“例题”，让学生体会收集素材时先紧扣主题，然后根据人物特点合理想象故事内容，这样的想象不会偏离目标，最后独立完成自己所选择人物的素材收集，收集之后的小组交流评议环节是为了同学间相互印证、发现和修改。

3. 构思好故事环节，先是让学生根据已有经验独立填表，填表时学生会尝试运用已经积累的知识解决问题；然后在汇报交流填表结果时，让学生明确方向，在教师提供的范例中发现怎样可以使故事有新意，与学生一起提炼出操作性很强的评改清单；接着运用新知识，让学生根据清单修改完善构思；最后在交流分享反思中，将前面学到的新知识融会贯通。

### 单元测评（一课时）　创编未来神话

#### 一、学习目标

1. 从“众神共战疫情”“众神共度环境危机”中自选一个话题，或是自创话题，创作未来神话。

2. 能在交流与创作过程中，进一步感悟神话的特点，领略神话神奇烂漫的想象，感受神话人物身上所承载的民族精神。

#### 二、教学过程

（一）神话秘密，我汇报

1. 聊聊神话给你留下的整体印象。

2. 回顾神话的神奇密码。

3. 回顾神话故事中的文明印记。

（二）神话情境，我寻找

**话题一：众神共度环境危机**

人类从最初的势单力薄、互不相通、蒙昧无知，到现在的数量庞大、全球联通、科技发展，人类文明进程已经跨入了高度发展的信息时代。然而环境污染、生态失衡、能源危机等问题却严重地影响了人类的生存。

如果古代众神们看到了如今的地球，他们会怎么想？怎么做呢？赶快发挥你的想象力，写下你原创的未来神话吧！

（三）未来神话，我创编（图 3-8）

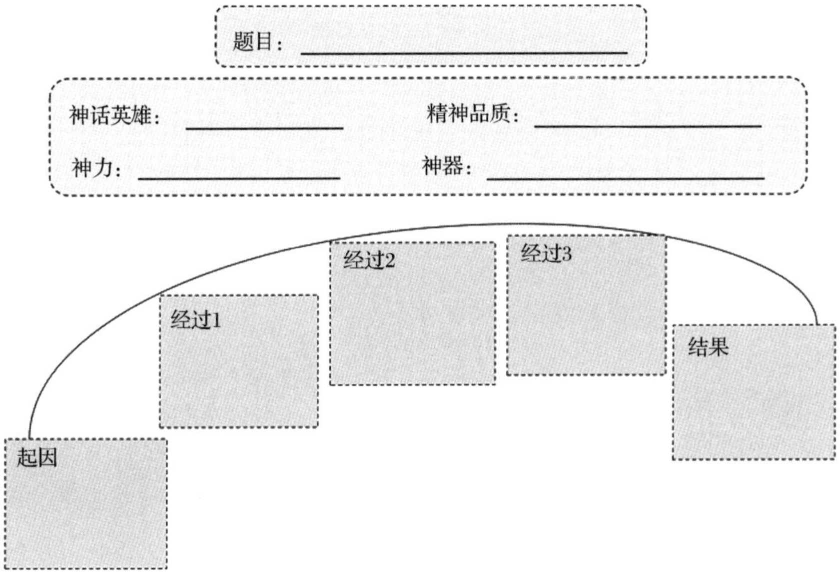


**图 3-8**

1. 小组自选话题，自由交流。
2. 每组派代表，全班交流。
3. 修改自己的故事支架。

（四）未来神话，我评价（表 3-16）

**表 3-16　未来神话星级评价表**

| 星级评价表 | |
|---|---|
| 作品名称： | 组别： |
| 评价标准 | 星级评价（1 星 ~5 星） |
| 1. 想象：神奇瑰丽，用上多种神奇密码…… | |
| 2. 人物：个性鲜明，具有勇敢智慧、无私奉献等精神品质…… | |
| 3. 情节：曲折完整，极度夸张，超乎常理，化生情节…… | |
| 4. 表达：语句通顺，语言生动，加上动作、表情…… | |

续表

| 星级评价表 | | |
|---|---|---|
| 作品名称： | 组别： | |
| 评价标准 | | 星级评价(1 星 ~5 星) |
| 5. 合作：配合默契，互相帮助…… | | |
| 一句话点评：____________________ | | |
| 点评人： | 日期： | |

引导学生从想象、人物、情节、表达、合作等五个方面去点评。

**【教学实施要点】**

1. 板块一"回顾已学知识"，旨在引导学生在学习过大量中外神话之后，回忆起对神话这一文体的感性体验，建立起对神话这一文体的理性认识，并再次回顾常见的神奇密码，为接下来的创作未来神话做铺垫。

2. "众神共战疫情""众神共度环境危机"两大话题契合当今社会的焦点话题、时代难题，很具有开放性和挑战性，能够激发学生的创作欲望。同时，学生也可以创设自己喜爱的话题进行创作。

3. 板块三"借助支架，构思故事"中，表格为学生提供了创编神话的支架，为学生的大胆想象和创意表达提供抓手。与此同时，学生也可以跳脱出这个表格，进行个性化的创作。

（设计：苏州市平江实验学校　殷业凤）

**"文学阅读与创意表达"学习任务群（五年级）**

# 案例三　请到姑苏来赏景

## 第一部分　单元设计

### 一、设计依据

《义务教育语文课程标准(2022 年版)》"文学阅读与创意表达"学习任务群关于第三学段的学习内容第二条提出：阅读表现人与自然的诗歌、散文等优秀文学作品，感受大自然的奇妙，体会人与自然和谐相处的意义；用口头或者书面的方式表达对自然的观察与体验，抒发自己的情感。学生在1—4 年级的阅读与生活中已经积累了关于自然景致的诗词与美文，对大自然的美景，对人与自然的相处有了独特的体验；也学习过一些写景抒情的表达。但对大自然的四季景物的变化，对身边景物的观察、描摹随意零散，缺少整理和展示的机会。本单元创造性设计“请到姑苏来赏景”任务群，引领学生阅读自然，欣赏自然，表达自然，用生动优美的语言展示自己观察自然，品鉴姑苏四时美景后独特的发现。

## 二、主题内容与目标

（一）单元主题

请到姑苏来赏景。

（二）学习内容

1. 文本阅读:《古诗词三首》《渔歌子》《四季之美》《鸟的天堂》《月迹》。

2. 拓展阅读:苏轼《东栏梨花》、陆游《夏日六言》、范成大《四时田园杂兴》。

（三）学习目标

1. 诵读描写四季景物的古诗词，开展诵读会，交流分享自己喜欢的写景诗词，体会其中的静态描写和动态描写，领略诗人笔下四时景致的不同韵味。

2. 阅读作家笔下的写景散文，通过述说四时美景，为景点代言，寻找景物的变化等方式，感悟文本所描绘的景物之美，所运用的文字之美，使美真正内化于心。

3. 在任务情境中感知姑苏城四时景物变化的妙趣，观察并按照一定顺序描写生活中的景致，写出景物的动态变化，分享自己感受到的四时的情趣，激发对苏州的喜爱之情。

## 三、学习情境与任务框架

（一）学习情境

四时景物，各有不同，相映成趣。在诗词大会上，想象四时景致具体、丰富的画面，通过朗读与传诵，领略作者笔下自然景致的不同情趣。充当解说者，借助四季明信片，为鸟的天堂代言。寻访月的足迹，捕捉最扣人心弦、最吸引作者的景象来表现自然的美妙。设计、分享图文并茂的“姑苏四时美篇”，随时随地记录偶然遇见的精彩瞬间，不断收集生活中的美景，留存四时独有之情趣。

（二）任务框架

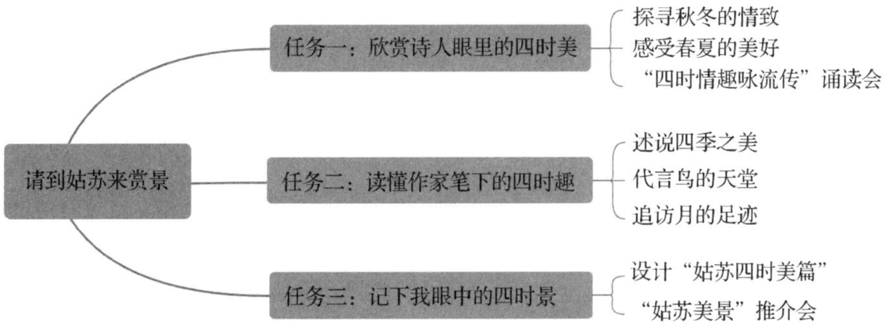

## 四、活动设计与教学提示

### （一）学习活动与课时安排（表3-17）

表3-17 “请到姑苏来赏景”学习活动与课时安排表

| 单元任务 | 学习活动 | 学习内容 | 课时安排 |
| --- | --- | --- | --- |
| 请到姑苏来赏景 | 任务一：欣赏诗人眼里的四时美 | 1. 探寻秋冬的情致。诵读、理解《枫桥夜泊》《山居秋暝》《长相思》的意思；想象画面，初步体会诗句中的静态描写和动态描写，感受作者传递的情感。<br>2. 感受春夏的美好。拓展诵读《夏日六言》《四时田园杂兴》《渔歌子》，与描写秋冬景色的诗词进行比较阅读，体会“一切景语皆情语”。<br>3. “四时情趣咏流传”诵读会。以“飞花令”“诗词魔方”等形式，诵读经典诗词，感受四时意境。 | 3 |
| | 任务二：读懂作家笔下的四时趣 | 1. 述说四季之美。联系生活经验，读出《四季之美》中独有的韵味；制作四季明信片，抓住景物的动态变化，述说自己喜欢的季节。<br>2. 代言鸟的天堂。比较阅读《鸟的天堂》前后两部分的景物，体会作家的情感；为图片、视频选择合适的配乐，以诵读、话说的形式，为“鸟的天堂”代言。<br>3. 追访月的足迹。自读《月迹》，用思维导图记录孩子们寻找月亮的踪迹，体会不同的美的感受以及孩子们的心理变化；比较阅读本单元诗文，总结写景诗文的学习方法及描写手法，发现本文的别出心裁，用恰当的朗读表达出来。 | 3 |
| | 任务三：记下我眼中的四时景 | 1. 设计“姑苏四时美篇”。记录下扣动自己心弦的偶遇的苏城美景，设计“姑苏四时美篇”脚本，放飞想象，写出景物的动态变化，表达独有的情趣。<br>2. 笔绘姑苏景。同伴互助，互评互改，选择典型，集体点评。 | 1 |
| 单元测评 | “姑苏美景”推介会 | 1. 搜集描写姑苏美景的诗词及美文，诵读具有代表性的作品，录音分享。<br>2. 图文、视频分享自己眼中的姑苏四时景，交流在苏城中发现的美，描绘的趣。<br>3. 小组展示互评、现场展示评价、家长参与评价。 | 1 |

### （二）设计说明与实施要点

关于“文学阅读与创意表达”学习任务群的教学，《义务教育语文课程标准（2022年版）》提出：学生在语文实践活动中，通过整体感知、联想想象，感受文学语言和形象的独特魅力，获得个性化的审美体验；了解文学作品的基本特点，欣赏和评价语言文字作品，提高审美品位；观察、感受自然与社会，表达自己独特的体验和思考，尝试创作文学作品。

统编版教材五年级上册第七单元的人文主题为：“四时景物皆成趣”，围绕这一主题，教材精选了《古诗三首》《鸟的天堂》《四季之美》三篇精读课文，一篇略读课文《月迹》，还设置了一篇习作和语文园地板块。几篇课文通过具体生动的描写，表现出了景致的情趣。本单元的语文要素是“初步体会课文中的静态描写和动态描写”，这是统编版教材第一次以单元编排的方式对学生进行专门的文学品鉴能力的培养。单元内的这几篇课文，都有比较鲜明的静态描写和动态描写。

“请到姑苏来赏景”任务群通过一系列的学习情境，聚焦培养学生感受经典写景诗文的魅力，想象文字中四时美景的绮丽，结合生活情境，一起话说美丽姑苏，激发对自然，对苏城的热爱之情。任务群设计以语文实践活动为主线，以学习任务为载体，整合学习内容、情境、方法和资源等，设计语文学习任务群，注重整体规划。教学设计过程中基于语文素养的培育，立足于整体关照，在环环相扣中带领学生赏四时之景，感动静之趣。整体规划了三个任务单元八个连贯的语文实践活动：

任务一“欣赏诗人眼里的四时美”，课内课外相结合，让学生通过诵读、背诵、理解描写四季情致的古诗，积累、内化于心，感悟诗词中描绘的景物之美；通过比较阅读描写不同季节的古诗，感受动静结合之妙，体会到“一切景语皆情语”。任务二“读懂作家笔下的四时趣”，聚焦作家笔下的美景，通过品读文本，感受四时之美；内化文本，抓住景物的变化，学习用思维导图、明信片、代言词等进行美景再现，形成自己独特的表达，让人如临其境。任务三“记下我眼中的四时景”，让学生把目光投向自然，发现身边的美，用心捕捉不同的景，发现景物的动态变化，感受姑苏四季独有的情趣，制成图文并茂的“美篇”，参加“姑苏美景”推介会。

此任务用八个课时完成，课内课外相结合。教师设计学习情境，重组、整合教材的相关内容，在结构化的任务中引导学生深度建构。通过读与诵的融合，读与说的结合，读与写的互动，让学生感受景美，感悟文美，将学习与生活联通，激发学生对姑苏每一处风景的热爱之情。聚焦目标先行，预先制订评价标准，将评价贯穿于学习始终，实现教学评一体。

### 五、资源支持与技术支持

#### （一）学习资源

1. 文本资源：五年级上册第七单元《古诗词三首》《渔歌子》《四季之美》《鸟的天堂》《月迹》；拓展阅读：陆游《夏日六言》、范成大《四时田园杂兴》。
2. 音频资源：轻柔背景音乐、活泼背景音乐。
3. 图片资源：山林秋色、雪夜羁旅、四季景物、姑苏美景等。
4. 视频资源：《鸟的天堂》。

#### （二）工具技术

1. 古诗、散文学习任务单、问题清单。
2. 诵读会评价表、四季明信片评价表、代言人评价表、“姑苏四时美篇” 评价表等。
3. 小组线上分享交流 QQ 群，家长共同参与。

六、过程评价与单元测评（表3-18）

表3-18 “请到姑苏来赏景”过程评价与单元测评表

| 评价 | 内容 | 基本标准 |
| --- | --- | --- |
| 过程评价 | 任务一：欣赏诗人眼里的四时美 | 1. 能正确、流利、有感情地诵读诗词，能用不同语气读出景物的变化，感受不同的情趣。<br>2. 能借助注释，自主理解诗词的意思，想象诗词所描绘的景象，感受作者传递的情感。 |
| | 任务二：读懂作家笔下的四时趣 | 1. 制作四季明信片，能聚焦“动人一瞬”，写出情趣，说清自己对某个季节的喜爱。<br>2. 能为图片、视频选择合适的配乐，以诵读、话说的形式，介绍清楚“鸟的天堂”的特点。<br>3. 能用比较阅读的方式，总结写景诗文的学习方法，掌握多种描写景物的手法。 |
| | 任务三：记下我眼中的四时景 | 1. 能够细致观察姑苏某处景致，发现景物的变化。<br>2. 能按照一定的顺序描写姑苏独特的美景，写出动态变化，使画面更加鲜活，分享自己感受到的四时的情趣。<br>3. 在观察、写作和修改的过程中，享受发现美、表现美的乐趣。 |
| 单元测评 | “姑苏美景”推介会 | 1. 查阅资料，展示图片、视频、音频资料，自信、大方地诵读文人笔下的姑苏美景。<br>2. 通过线上、线下两种渠道，展示自己设计的“美篇”，将姑苏四时美景的妙处讲述清楚。 |

# 第二部分 课堂实践

## 任务一 欣赏诗人眼里的四时美（三课时）

### 第一课时 探寻秋冬的情致

**一、学习目标**

1. 能想象诗词的画面，用不同语气、语调、节奏读出诗词宁静、忧愁、壮阔、思念等不同的意境。

2. 能借助注释，自主理解诗词的意思，初步体会诗句中的静态描写和动态描写。

3. 能感受作者在古诗中传递的情感。

**二、教学过程**

（一）以“画”为径，描绘《山居秋暝》图

1. 猜谜导入，了解诗人王维。

2. 对照注释，交流诗句的意思。

3. 品读古诗，“画”“山居秋夜图”。

（1）读读古诗，分类圈画出诗中描写的景物。

（2）讨论：诵读想象诗中描写的画面，注意把动态画面表达清楚。

（3）思考：诗人是抓住景物的哪些特点来表达意境美的？

（二）读中想象，体会《枫桥夜泊》意境

1. 自学诗句，理解诗歌意思。

2. 展开想象，诗中描写了一幅怎样的画面？体会诗歌意境，读出诗之韵味。

3. 探究诗句，理解动静结合的写法。

（1）找一找诗中的景物在发生哪些变化，自由谈一谈。

（2）有感情朗读，想象画面，体会作者愁苦。

（三）三读《长相思》，品味词中情

1. 一读《长相思》，读准音，说说它与三首古诗有什么不同。结合《清平乐 · 村居》，了解《长相思》是一首词，分上阕和下阕，句子也有长短之分。

2. 二读《长相思》，解其意。读出词人“一唱三叹”的心情。

3. 三读《长相思》，寻找词中的“对比冲突”。

（四）拓展阅读，动静结合“绘”图画

1. 拓展阅读《鹿柴》《鸟鸣涧》《竹里馆》。

2. 比较三首小诗，想象画面，了解诗人如何通过动静结合描绘山林景象。

3. 结合生活体验，选择其中一个场景，说说自己想象到的画面。

**【教学实施要点】**

1. 学生不是第一次接触古诗词，激发学生的兴趣尤为重要，教师要用不同的教学方法，激发孩子的诵读积极性。

2. 入境才能移情。让学生画一画诗中景象，想象词人的表情、动作，比一比诗词中的异同，这样，其中的情致才能真正走进学生的心灵深处。

### 第二课时　感受春夏的美好

**一、学习目标**

1. 拓展诵读《夏日六言》《四时田园杂兴》《渔歌子》。

2. 与描写秋冬景色的诗词进行比较阅读，体会“一切景语皆情语”。

**二、教学过程**

（一）拓展阅读描写春夏景色的三首诗

1. 诵读诗句，借助注释理解诗句。

2. 想象春夏美好画面，感受词人的心情。

（1）如果此时此刻，你就身处其中，会看到什么？听到什么呢？

（2）请你用自己的话把这诗中图景描绘出来。

（二）比较阅读描写四季景色的诗词

1. 比较阅读诗词，关注“时间”“地点”“景物”“心情”。

2. 小组交流，完成诗词阅读学习单（表3-19）。

**表3-19 诗词阅读学习单**

| 诗词 | 时间 | 地点 | 景物 | 心情 |
| --- | --- | --- | --- | --- |
| 《山居秋暝》 | | | | |
| 《枫桥夜泊》 | | | | |
| 《长相思》 | | | | |
| 《渔歌子》 | | | | |
| 《夏日六言》 | | | | |
| 《四时田园杂兴》 | | | | |

3. 交流描写四季景物诗词的异同点。

（三）分享四季诗词中的情趣

1. 以小组为单位，讨论四季景致诗词的描写手法及诗人的写作背景。

2. 选择其中最喜欢的一首诗，说说喜欢的理由。

**【教学实施要点】**

1. 诵读古诗词，关键是要引导学生在理解诗词的基础上，再了解诗人和写作背景，让学生和诗人对话，将诗歌的对比阅读赏析由易到难推进，比较异同，探究发现这一类诗在情感与表达等方面的共性特点与规律，使学生较好地理解"一切景语皆情语"，突破教学难点。

2. 教师要做学生阅读的引领者，要特别注重学生诵读诗词的基本方法的习得，让学生通过教育活动不断进行实践。

## 第三课时 "四时情趣咏流传"诵读会

### 一、学习目标

1. 以"飞花令""诗词魔方"等形式，诵读经典诗词。

2. 在背诵积累中，感受四时美好意境。

### 二、教学过程

（一）"飞花令"里读诗词

1. 单字飞花：以"花""水""月""雪"为令，进行小组内比赛。

2. 双字飞花：小组胜出者，进行"双字飞花"比赛，产生擂主。

3. 现场抽令，挑战擂主。

（二）"诗词魔方"会四季

1. 图片魔方：根据魔方提示的四时画面，对出正确的诗句。

2. 文字魔方：根据魔方提示的文字，对出正确的诗句。

（三）跟着诗人诵四时

1. 以诵读、传唱、解说等形式，分享自己最喜欢的一首描写四时景致的诗。

2. 追寻诗人的足迹,绘制路线、景点风光图。

3. 交流景点风光图。

【教学实施要点】

1. 带孩子从听、读、学多方面入手,利用经典的飞花令、诗词魔方玩法,帮孩子学透古诗词,汲取诗词的营养。

2. 绘制诗人笔下出现的景点时,可以分季节实施,发挥小组的作用,组员进行合理分工,锻炼学生的合作、探究能力,让孩子在书香墨海之间开启一场唯美动人的诗词文化之旅。

### 任务二 读懂作家笔下的四时趣(三课时)

## 第一课时 述说四季之美

### 一、学习目标

1. 能联系生活经验,感受文章宁静、祥和的意境,述说四季独有的韵味,有感情地读出来。

2. 学习作者“删繁就简,抓住动人一瞬来写难察之变”的写作方法,写出景物的动态变化,表达自己感受到的四季之美。

3. 品赏并积累文章独特的意象,体会其特有的美感,制作四季明信片,抓住景物的动态变化,述说自己喜欢的季节。

### 二、教学过程

(一) 比较不同,初悟四季之美

1. 借诗句,忆四季。各用一句诗来形容春夏秋冬四季。

2. 自读课文,结合朗读初悟四季之美。

3. 梳理课文,初悟四季不同的美,说出自己的感受,体会文字背后的细腻情感。

(二) 聚焦“动人一瞬”,体悟“难察之变”

1. 聚焦“动人一瞬”,学习春之美。

(1)春天的黎明美在哪里,抓住关键词句,感受春的动态美,想象画面。

(2)试着用自己的话把动态之美描述出来。

2. 自主阅读第2—4自然段,完成学习任务单(表3-20)。

表3-20 “述说四季之美”学习任务单

| 季节 | 动人一瞬 | 难察之变 | 阅读感受 |
|---|---|---|---|
| 春天 | | | |
| 夏天 | | | |
| 秋天 | | | |
| 冬天 | | | |

3. 补充作者资料，入情入境，读出感受。

（1）介绍作者。

（2）我们把四季之美放在一起，四季具体的景色当然不同，但你有没有发现清少纳言笔下的四季之美有共同点？

（3）清少纳言都是在写身边的景物、细微的景物，注重写自己内心的独特感受。

（三）制作明信片，表现四时独特韵味

1. 学习作者，捕捉精彩一瞬，将四季里某个念念不忘的场景记录下来，制作一张明信片。学以致用，图文并茂，写出、画出特有的情景和独特的感受。

2. 交流明信片，述说自己的独特感受，集体评议。

**【教学实施要点】**

1. 老师带领学生围绕"怎样写出动人一瞬"展开探究，让他们自主地学，独立地思，体悟文字蕴藏的情感，发现作家表达的奥秘，让课堂洋溢浓浓的语文味。

2. 绘制明信片时，引导学生个人提炼景物在先，小组合作评议在后，经历读、说、议、再读的过程，提升语感。将读与写结合在一起，培养学生迁移运用的能力。

## 第二课时　代言鸟的天堂

### 一、学习目标

1. 比较阅读《鸟的天堂》前后两部分的景物，体会作家的情感。

2. 为图片、视频选择合适的配乐，以诵读、话说的形式，为"鸟的天堂"代言。

### 二、教学过程

（一）聚焦核心，比较"动""静"

1. 初见"鸟的天堂"，整体感知。

2. 比较阅读，合作探究，发现两个部分所写景物的不同点（表 3-21）。

**表 3-21　景物对比表**

| 次序 | 时间 | 见到的情景 | 带给你的感受 |
|---|---|---|---|
| 第一次 | | | |
| 第二次 | | | |

3. 创设情境，比较阅读，深入体会静态描写和动态描写的不同。

情境驱动：学校广播电台要录制一期节目，请同学配乐朗读课文片段。如果请两位同学分别朗读这两段文字，可以配怎样的音乐？为什么？

（1）引导学生选择音乐，并陈述理由。

（2）分小组练习、展示，要求读出两种不同的美。

4. 深度探究，把握"静景"与"动景"的联系。

再次默读课文，深度探究：前一部分写静景的内容与后一部分写动景的内容有什么联系呢？

（二）关注文末，领悟含义

1. 提出疑问，引导深思。

（1）出示文末一句：昨天是我的眼睛骗了我，那“鸟的天堂”的确是鸟的天堂啊！

（2）为什么前面一个“鸟的天堂”加了引号，后面一个没有加？你是怎么理解这句话的？

2. 学生思考、批注之后，引导他们交流。

3. 深情朗读最后一个自然段，进一步体会结尾的含义。

（三）为“鸟的天堂”代言

1. 提供“鸟的天堂”的视频。

2. 自主选择感兴趣的部分，用自己的语言为“鸟的天堂”代言。

3. 根据代言人评价表（表 3-22）给同学打分。

**表 3-22　代言人评价表**

| 层级 | 层级标准 | 要点 |
| --- | --- | --- |
| 3 | 具备 3 条要点 | 1. 讲述鸟的天堂的特点，条理清楚，突出景物的美与妙。 |
| | | 2. 大方得体，表达流畅，声音响亮，条理清晰。 |
| | | 3. 能配上合适的音乐、表情、动作，让代言更传神。 |

**【教学实施要点】**

1. 学生基本上都能抓住“鸟的天堂”的特点进行讲述，但是如何讲得好，讲出大榕树舒展的静态美，讲出群鸟纷飞的动态美，讲出鸟的乐园的幸福美还是比较有难度的。

2. 评价是学生进行反思、不断进步的手段，通过代言人层级评价表让学生明确讲述的要点，培养学生的语言表达能力。

## 第三课时　追访月的足迹

### 一、学习目标

1. 自读《月迹》，用思维导图记录孩子们寻找月亮的踪迹，体会不同的美的感受以及孩子们的心理变化。

2. 比较阅读本单元诗文，总结写景诗文的学习方法及描写手法，发现本文别出心裁之处，用恰当的朗读表达出来。

### 二、教学过程

（一）聚焦“追寻”理文路

1. 根据任务，自读课文。

2. 小组合作，完成任务表（表 3-23）。

表 3-23 文路梳理任务表

| 寻月地点 | 美的感受 |
| --- | --- |
| | |
| | |
| | |

3. 集体交流。

（二）关注奇妙品情趣

1. 默读课文，找出让你觉得有趣的地方。

2. 在细腻的感受和动人的描写处简要写下体会，有感情地朗读。

（1）品味月亮爬上窗帘和镜子的情趣。

（2）感受月亮带来的奇幻的想象之旅。

（3）体会月亮到处都有的意趣与含义。

3. 探究“月迹”：寻找月亮的过程中，月亮仅仅是天上的月亮吗？

（1）小组讨论，全班交流。

（2）小结：月亮不仅仅指天上的月亮，更是美好事物的象征，“我们”寻找月亮其实是对美好事物的追求。

2. 如何理解“它是属于我们的，每个人的”这句话？作者为什么有这样的感受？联系自己的感悟谈一谈。

（三）比较诗文品独特

1. 交流背诵过的写明月的诗句。

2. 比较不同的写月诗文，发现本文的独特之处。

3. 出示吴然对本文的评点，进一步体悟文章的写作特色。

4. 比较阅读本单元诗文，总结写景诗文的学习方法及描写手法。

**【教学实施要点】**

1. 教师要紧扣核心问题，引导学生去触摸文字，感受文字背后的意蕴，把趣和美融进学生的心田。

2. 学生在畅谈自己读文章所感受到的趣和美的过程，就像是“寻月”的过程，要让他们在丰富多样的趣与美的感受中，受到陶冶。

3. 比较阅读的要义，是让学生在这一系列的写景诗文阅读中，凝练写景的方法，在描写自然中触发更多的灵感，心境得到提升。

### 任务三 记下我眼中的四时景（一课时）

#### 第一课时 设计“姑苏四时美篇”

## 一、学习目标

1. 能够细致观察姑苏某处景致，发现景物的变化。

2. 记录下扣动自己心弦的偶遇的苏城美景，设计“姑苏四时美篇”脚本，放飞想象，写出景物的动态变化，表达独有的情趣。

3. 在观察、写作和互评互改的过程中，享受发现美、表现美的乐趣。

### 二、教学过程

（一）观察姑苏美景

1. 用耳、用眼、用心去仔细感受姑苏某处景致，发现景物的变化，注意自己的微妙感受。

2. 拍照、拍视频或手绘美景，做好观察记录（表 3-24）。

**表 3-24　姑苏美景观察记录表**

| 观察时间 | | 观察地点 | | 观察景物 | |
|---|---|---|---|---|---|
| 令你难忘的静态景象 | | | 令你难忘的动态景象 | | |
| 观察中的独特感受 | | | | | |

（二）设计“姑苏四时美篇”

1. 以图文的形式，线上或线下制作“姑苏四时美篇”。

2. 同伴互助，互评互改，选择典型，集体点评。

**【教学实施要点】**

1. 通过引导学生寻找姑苏的美景，并通过拍照和手绘等形式、观察记录单和图片相结合的方式，激发学生内在的学习潜能，为他们的写作做好准备。

2. “笔绘姑苏景”设置专门的集体交流时间，再次引导学生互评互改，培养学生自主批改、互评互改的习惯。

## 单元测评（一课时）　“姑苏美景”推介会

### 一、学习目标

1. 诵读、积累描写姑苏美景的诗词及美文，丰富对四时姑苏之美的感知。

2. 推介自己眼中的姑苏景，分享自己感受到的四时的情趣，激发对苏州的喜爱之情。

### 二、教学过程

1. 搜集描写姑苏美景的诗词及美文。

2. 诵读具有代表性的作品，录音分享。

3. 图文、视频分享自己眼中的姑苏四时景，线上、线下交流在苏城中发现的美、描绘的趣。

4. 师生、家长共同评价（表 3-25）。

表 3-25 “姑苏美景”推介会星级评价表

| 星级评价表 | |
|---|---|
| 星级评价(1 星 ~5 星) | 评价标准 |
| 5 星 | 能用普通话正确、流利、有感情地诵读诗词及美文,表达“姑苏四时美”的主题,抒发自己独特感受;在观察、写作和交流的过程中,享受发现美、表现美的乐趣。 |
| 4 星 | 能用普通话正确、流利地诵读诗词及美文,表达“姑苏四时美”的主题;能按照一定顺序描写观察到的姑苏美景,能和同伴分享。 |
| 3 星 | 能用普通话正确、流利地诵读诗词及美文;能细致观察姑苏某处美景,发现景物的变化。 |
| 我的评语 | |
| 评价人 | |

【教学实施要点】

1. 引导学生平常留意身边的自然美景,努力养成多观察、多记录、多积累的习惯。

2. 新的活动情境,既丰富了学生对姑苏四时之美的感知,又考查了学生搜集筛选信息、诵读、阅读理解、言语表达的能力,考查了学生运用已知经验解决新情境问题的能力。

3. 考查标准分层分级,“学”的不同效果得以验证,教与学的改进也更有针对性。

4. 采用小组展示互评、现场展示评价、家长参与评价等多种方式展开测评。测评结束可以在微信公众号、班级 QQ 群进行集中展示评价,让评价真正促进学生的成长。

（设计:苏州市沧浪实验小学校　宋婷婷）

## 第二节　实践分享

### 任务群视域下的小学语文审美实践

“文学阅读与创意表达”任务群是《义务教育语文课程标准(2022 年版)》提出的六个学习任务群之一。如何在统编版教材的基础上,从任务群视角出发,将“文学阅读与创意表达”学习任务群提出的具体内容落实到语文阅读教学课例中,构建活力十足的语文课堂,培养学生的审美情趣,拓宽学生的审美视野,提升学生的核心素养?笔者以统编版小学语文教材五年级上册第七单元的教学为例,进行了实践探索。

五年级上册第七单元是一个以“四时景物皆成趣”为人文主题的单元。从文章的体裁来看,这几篇文章分别属于诗词、散文,与第三学段“文学阅读与创意表达”任务群的部分学习内容一致。就单元整体而言,要想把内容单元变成学习单元,并以此为基础开展“文学阅读与创意表达”任务群教学,关键要在课程目标、审美课程内容、课程实施方面做出改变。

**一、课程目标的重设:由“知识”指向“素养”**

任务群教学目标是指向学生语文核心素养的,是学生在积极的语言实践中积累、建构,并在真实的语言运用情境中表现出来的文化自信、语言运用、思维能力和审美创造的综合。所以,任务群的教学要以核心素养为导向,从“知识”走向“素养”,通过课程实现育人的目的。

本单元的课文,无论是《古诗词三首》,还是《四季之美》《鸟的天堂》《月迹》等散文,都写出了自然的美,单元习作《________即景》的设计则是引导学生以“书面方式表达对自然的观察与体验,书写自己的情感”的学习实践。设计这个单元的学习任务群必须致力于引导学生感受美、发现美、表现美和创造美。

**二、课程内容的重置:由“零存”指向“整取”**

“文学阅读与创意表达”任务群,强化了阅读与表达的融合,使阅读与写作、阅读与表达有机融合、协同发展。开展学习任务群教学,强调以整体的、系统的视角审视课程内容、情境、方法和资源,加强课内外学习资源的整合。

1. 主题统领大单元。为此,笔者聚焦大单元的特点,结合学生的生活环境,设计了“请到姑苏来赏景”这一任务群主题,旨在引领学生在任务情境中阅读自然,欣赏自然,表达自然,用生动优美的语言展示自己观察自然,品鉴姑苏四时美景后独特的发现。

2. 内容统整小活动。针对五年级上册第七单元,我们着力在三个方面加强教学内容的统整:一是加强单元内各部分的联系,设计系列小活动,如将《古诗词三首》与语文园地“日积月累”中的《渔歌子》联系起来,将《鸟的天堂》《月迹》与“交流平台”联系起来等;二是加强单元内外之间的联系,如将《枫桥夜泊》《山居秋暝》《长相思》与《夏日六言》《四时田园杂兴》联系起来,对单元内课文进行比较阅读等;三是加强阅读与表达之间的联系,如比较阅读后交流感受最深的动态描写和静态描写等等。

**三、课程实施的转变:由“学习”化身“实践”**

学习任务群是以系列化、结构化的实践活动开展的。对此,需要认真学习并践行在文学阅读教学的全过程中,引导学生在任务群下开展学习合作、鉴赏探究、角色扮演等语文实践活动,构建活力课堂,让学生理解文学作品丰富的内涵,着重培养学生的独立自主学习意识以及审美创造能力,提升学生的核心素养,实现理论价值和实践价值的统一。

1. 规划总体驱动主任务。我们根据学情,规划设计了“请到姑苏来赏景”总体驱动主任务。本单元是教材第一次对学生进行专门的文学品鉴能力的培养。学生学习的难点是如何发现美,以及在发现美的基础上如何表达美。“请到姑苏来赏景”这个驱动任务能很好地满足学生的学习需求。通过设计“姑苏四时美篇”,推介姑苏四时美景,展示的画面就是学生从自己的视角观察到的美景,文字、照片、图画,都是对美景的一种有创意的表达。这样的任务,能引领学生经历“发现美—感受美—表达美—分享美”的过程。

2. 设计活动实践子任务。四时景物，各有不同，相映成趣。借助诗词大会，学生可以想象四时景致具体、丰富的画面，通过朗读与传诵，领略作者笔下自然景致的不同情趣。通过充当解说者，借助四季明信片，为鸟的天堂代言，寻访月的足迹，捕捉最扣人心弦，最吸引作者的景象来表现自然的美妙。合作设计、分享图文并茂的“姑苏四时美篇”，随时随地记录偶然遇见的精彩瞬间，不断收集生活中的美景，留存四时独有之情趣。任务群遵循学生阅读文学作品“发现—感受—表达”的规律，聚焦目标，设计了具有内在联系的学习实践活动。

任务一：欣赏诗人眼里的四时美。

活动一：探寻秋冬的情致。诵读、理解《枫桥夜泊》《山居秋暝》《长相思》的意思；想象画面，初步体会诗句中的静态描写和动态描写，感受作者传递的情感。

活动二：感受春夏的美好。拓展诵读《夏日六言》《四时田园杂兴》《渔歌子》，与描写秋冬景色的诗词进行比较阅读，体会“一切景语皆情语”。

活动三：“四时情趣咏流传”诵读会。以“飞花令”“诗词魔方”等形式，诵读经典诗词，感受四时意境。

任务二：读懂作家笔下的四时趣。

活动一：述说四季之美。联系生活经验，读出《四季之美》中独有的韵味；制作四季明信片，抓住景物的动态变化，述说自己喜欢的季节。

活动二：代言鸟的天堂。比较阅读《鸟的天堂》前后两部分的景物，体会作家的情感；为图片、视频选择合适的配乐，以诵读、话说的形式，为“鸟的天堂”代言。

活动三：追访月的足迹。自读《月迹》，比较阅读本单元诗文，总结写景诗文的学习方法及描写手法，发现本文的别出心裁，用恰当的朗读表达出来。

任务三：记下我眼中的四时景。

活动一：设计“姑苏四时美篇”。记录下偶遇的扣动自己心弦的苏城美景，设计“姑苏四时美篇”脚本，放飞想象，写出景物的动态变化，表达独有的情趣。

活动二（单元测评）：“姑苏美景”推介会。先合作搜集描写姑苏美景的诗词及美文，诵读具有代表性的作品，录音分享。接着用图文、视频分享自己眼中的姑苏四时景，交流在苏城中发现的美，描绘的趣。最后，小组展示互评、现场展示评价、家长参与评价。

本任务群从学生所思所想出发，以能思能想启迪，向应思应想前进。通过读与诵的融合，读与说的结合，读与写的互动，让学生感受景美，感悟文美，将学习与生活联通，激发学生对姑苏每一处风景的热爱之情，培养了审美创造能力，唤醒了想象力和审美体验。此任务群聚焦目标先行，预先制订评价标准，将评价贯穿于学习始终，最终实现教学评一体。

（撰写：苏州市沧浪实验小学校　宋婷婷）

# 第四章 “思辨性阅读与表达”学习任务群

本学习任务群旨在引导学生在语文实践活动中，通过阅读、比较、推断、质疑、讨论等方式，梳理观点、事实与材料及其关系；辨析态度与立场，辨别是非、善恶、美丑，保持好奇心和求知欲，养成勤学好问的习惯；负责任、有中心、有条理、重证据地表达，培养理性思维和理性精神。

——摘自《义务教育语文课程标准(2022 年版)》

## 第一节 教学案例

**“思辨性阅读与表达”学习任务群（二年级）**

### 案例一 发现奇妙的变化

#### 第一部分 单元设计

**一、设计依据**

《义务教育语文课程标准(2022 年版)》“思辨性阅读与表达”学习任务群关于第一学段的学习内容提出：阅读有趣的短文，发现、思考身边的鸟兽虫鱼、花草树木、家用电器等日常事物的奇妙之处，说出自己的想法；大胆提出生活和学习中遇到的问题，通过阅读、观察、请教、讨论等方式，积极思考、探究，乐于分享自己解决问题的方法，说出一两个理由。本单元从三篇有趣的科普童话故事入手，引导学生在阅读、讲述、比较、质疑、辩论的过程中深度理解其中蕴含的奇妙变化，同时结合自己在生活中遇到的真实问题，体验探究变化的奇妙，表达想法的乐趣，逐步建构理性思维，养成理性思考的习惯。

## 二、主题内容与目标

（一）单元主题

发现奇妙的变化。

（二）学习内容

1. 重点阅读:《小蝌蚪找妈妈》《我是什么》《植物妈妈有办法》(统编版小学语文教材二年级上册第一单元)。

2. 拓展阅读:《企鹅寄冰》、《小毛虫》、《一粒种子的旅行》(绘本)和《小水滴的旅行》(绘本)。

（三）学习目标

1. 阅读有趣的科普类短文,发现动植物与事物的形态变化,通过交流、讨论等方式,积极思考探究变化的奇妙之处,并说出自己的想法。

2. 结合自己的生活,去观察周围的植物、动物生长变化和日常事物的变化过程,能体会每一种变化里隐藏着的奇妙知识,能说说自己观察的结果和想法。

## 三、学习情境与任务框架

（一）学习情境

小蝌蚪会"女大十八变"? 水会"七十二变"? 大自然中藏着很多很多奇妙的变化,你发现了吗? 大自然中的种子宝宝没有脚没有翅膀,却能四处旅行,它们是怎么做到的呢? 一起来读一读有趣的科普故事,去发现藏在故事中的奇妙变化,说出他们会变化的原因;一起找一找身边事物的变化,和同学分享自己的发现,并大胆说出自己的想法。

（二）任务框架

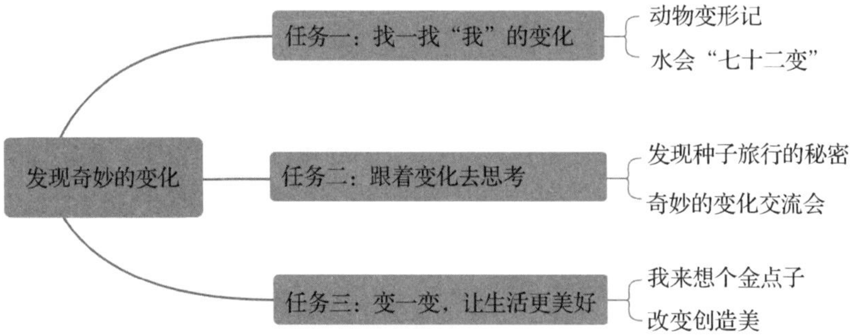

## 四、活动设计与教学提示

### （一）学习活动与课时安排（表4-1）

**表4-1 “发现奇妙的变化”学习活动与课时安排表**

| 单元任务 | 学习活动 | 学习内容 | 课时安排 |
| --- | --- | --- | --- |
| 发现奇妙的变化 | 任务一：找一找“我”的变化 | 1. 动物变形记。阅读《小蝌蚪找妈妈》《小毛虫》，找一找它们生长过程中的变化。结合课文插图完整、有条理地讲一讲小蝌蚪找妈妈的故事；借助示意图讲述小毛虫的生长过程。联系生活，说说身边动物生长过程中的不同样态的故事。<br>2. 水会“七十二变”。阅读《我是什么》，找一找水的变化形态，说一说水的变化。绘制思维导图梳理水的变化，借助导图说说水的形态变化。做一做家庭小实验：如用烧开水、带水珠的玻璃片冷冻等方式观察水的变化过程，探究水的形态变化的原因。结合以上活动，有条理地讲述水变化的过程及原因。拓展阅读《小水滴的旅行》，讲一讲小水滴旅行的故事。 | 2 |
| | 任务二：跟着变化去思考 | 1. 发现种子旅行的秘密。阅读《植物妈妈有办法》，说一说植物种子的不同传播方法；拓展阅读《一粒种子的旅行》，用图表梳理所了解到的植物传播种子的方法。开展讨论会：种子宝宝换个方式去旅行，行不行？通过讨论，知晓种子旅行的秘密。<br>2. 奇妙的变化交流会。交流会主题①“奇妙的变化真多呀”：联系自然与生活，交流自己观察与发现的奇妙的变化，能简要说出变化背后的原因。交流会主题②“有变化才有趣”：联系生活，说一说变化给我们带来的好处与乐趣。 | 2 |
| | 任务三：变一变，让生活更美好 | 1. 我来想个金点子。阅读《企鹅寄冰》，说一说故事中发现的奇怪现象，议议其中的原因，为企鹅想想办法，并尝试续写故事。<br>2. 改变创造美。说一说生活中哪些现象亟须改变，请你写一封建议书，要说清楚理由。 | 2 |
| 单元测评 | 改变，让我们更出色 | 1.《没头脑和不高兴》阅读交流会。交流书中最感兴趣的一部分，小组内交流；梳理“没头脑”和“不高兴”身上发生的事情，并探究原因；对比“没头脑”和“不高兴”改正缺点前后的生活，说一说故事带给我们的启示。<br>2. 找一找身边的“没头脑”和“不高兴”，用故事中学到道理来劝说他（她）改变。 | 1 |

### （二）设计说明与实施要点

新时代下，立德树人成为教育的根本任务。结合《义务教育语文课程标准（2022年版）》中“思辨性阅读与表达”任务群的要求来看，我们要培养的时代新人既是有见识的阅读者又是负责任的表达者。本任务群重在发展学生的理性思维，有理有据地思考问题、表达观点，运用语言规律和逻辑规则进行探究和发现，对学生适应未来社会发展非常重要。

二年级上册第一单元共有三篇课文，《小蝌蚪找妈妈》以童话的形式介绍了一种动物的成长变化，奇妙之处在于小蝌蚪幼时与成年是两种不同的形态。《我是什么》是一篇充满趣味的科学童话，通过图文生动地向学生揭示了大自然中水的三种形态变化。《植物妈妈有办法》是一首儿童诗，介绍的是种子传播的不同方式。这三篇课文分别从动物、自然现象、植物三个不同的角度，让学生感受自然界的奇妙变化。口语交际“有趣的动物”紧扣“有趣”，让学生介绍不同动物的特点。“我爱阅读”安排了童话故事《企鹅寄冰》，告诉学生同一种物质在不同温度下的变化。“快乐读书吧”通过引导学生阅读童话故事，感受成长的变化。本单元以“自然界的变化”为抓手，从物种的变化到物质的变化，向孩子们介绍了大自然的一切都蕴含着变化。结合“思辨性阅读与表达”学习任务群第一学段的学习内容，提炼了单元任务群主题“发现奇妙的变化”，设计三个任务。任务一“找一找‘我’的变化”，旨在让学生通过阅读本单元课文及相关的拓展阅读后，能发现动物和水的变化，并通过讲一讲《小蝌蚪找妈妈》的故事，说说小毛虫的生长过程，感受动物生长过程中的奇妙变化；通过梳理水的变化示意图、亲手做一做实验等活动感受水的形态变化及其原因。通过以上活动，小组合作绘制水的变身图并介绍水的不同形态及其特点，通过学—思—问的层级过程，落实“思辨性阅读与表达”任务群发展学生思维的特点。任务二“跟着变化去思考”，旨在让学生通过阅读本单元课文及相关的拓展阅读，了解植物传播种子的方法，知晓不同的植物根据其自身特点，传播种子的方法也不同，激发学生观察自然生活中的变化的兴趣以及思考的乐趣，并能积极地参与交流会，把生活中观察到的奇妙的变化与变化带来的好处与乐趣讲给大家听，大胆地说出自己的想法。任务三“变一变，让生活更美好”，则是引导学生发散思维，带着思考阅读故事《企鹅寄冰》，说一说故事中发现的奇怪现象，议议其中的原因，为企鹅想想办法，并尝试续写故事。这一任务也与任务一中认识水的三种形态变化相呼应，是在任务一学习后转向高阶思维的实践运用。在“我来想个金点子”中，引导学生以变化的眼光聚焦生活中的真实问题，用写建议书的方式解决生活中亟须改变的问题。

本任务群三个任务之间呈现螺旋递进的关系，遵循学生学习逻辑和生活逻辑的统一。三个任务将学习内容与学生的真实生活紧密相连，最后能运用习得的方法思考探究生活中的“变化”，解决真实情境中的问题，使学习有了现实的价值和意义。这些学习内容融入一个个具体的活动实践中，激发学生观察自然生活中变化的兴趣以及思考的乐趣，并形成自己的观点，有理有据地表达，在运用语言文字的实践过程中收获思维的成长。

### 五、资源支持与技术支持

#### （一）学习资源

1. 文本资源：二年级上册第一单元《小蝌蚪找妈妈》《我是什么》《植物妈妈有办法》；拓展阅读《企鹅寄冰》、《小毛虫》、《一粒种子的旅行》（绘本）和《小水滴的旅行》（绘本）。

2. 网络资源：拓展阅读文本、动物图片、科普类视频等。

（二）工具技术

网络搜索、评价标准等。

## 六、过程评价与单元测评（表4-2）

表4-2 “发现奇妙的变化”过程评价与单元测评表

| 评价 | 内容 | 基本标准 |
| --- | --- | --- |
| 过程评价 | 任务一：找一找“我”的变化 | 1. 能根据图片说清青蛙和小毛虫的生长变化；能借助插图完整、有条理讲述《小蝌蚪找妈妈》的故事，能借助示意图说清小毛虫的生长过程；能联系生活说一个身边动物生长过程中的不同样态的故事。<br>2. 结合课文找一找水的几种形态变化；借助思维导图说说水的变化形态及原因；能认真记录实验过程，完成实验小报告；能把小水滴旅行的故事讲清楚、讲有趣。 |
| | 任务二：跟着变化去思考 | 1. 能有条理地说清课文中3种植物种子的不同传播方法，并结合拓展阅读再了解3种植物中的传播方法；借绘制图表梳理以上6种植物传播种子的方法；能积极思考参与讨论，大胆发表自己的看法。<br>2. 任选一个主题交流自己的发现与观点。主题①要求说出一种自然界或生活中的奇妙的变化，说清楚事物的变化，说明白变化的奇妙；主题②要求有理有据地说一种生活中人或物的变化给我们带来的好处与乐趣。 |
| | 任务三：变一变，让生活更美好 | 1. 说清故事中奇怪现象的原因，联系现代生活，能为企鹅想出解决问题的办法；能围绕“企鹅是如何解决问题的”来续写故事，故事编写符合逻辑，语言表达生动有趣。<br>2. 说一处生活中亟须改变的现象，写一封建议书说清如何改变及其理由；在童话故事中感受改变带来的奇遇。 |
| 单元测评 | 改变，让我们更出色 | 1. 能梳理故事情节，有条理地交流最感兴趣的部分。<br>2. 能主动探究人物闹笑话的原因，将故事前后进行对比，说清楚故事的启示。<br>3. 能礼貌、诚恳、有理有据地劝说他人改正缺点。 |

# 第二部分　课堂实践

## 任务一　找一找“我”的变化（两课时）

### 第一课时　动物变形记

## 一、学习目标

1. 认识“塘、脑”等14个生字，会写“两、宽”等10个字，会写“雪白、肚皮”等词语。

2. 了解小蝌蚪的生长变化，结合课文插图完整、有条理地讲一讲小蝌蚪找妈妈的故事。

3. 了解小毛虫的生长变化，借助示意图讲述小毛虫的生长过程。

4. 联系生活，说说身边动物生长过程中的不同样态的故事。

## 二、教学过程

（一）你认识它们吗？

1. 出示图片与动物名字，对应连一连。

鲤鱼　乌龟　蝌蚪　青蛙　蝴蝶　小毛虫

2. 了解蝌蚪、青蛙外形特点。

（1）读一读词组：大大的脑袋　黑灰色的身子　长长的尾巴

（披着）碧绿的衣裳（露着）雪白的肚皮（鼓着）一对大眼睛 宽宽的嘴巴

相机学习生字"脑、肚、眼、睛"，观察字形为左右结构，书写时要注意左窄右宽。

（2）你知道哪一组是描写小蝌蚪的外形，哪一组是描写青蛙的外形吗？你是怎么知道的？出示课文相关句子：第 1 自然段与第 4 自然段，读一读。

（二）不一样与一个样

1. 自读课文，说出蝌蚪和青蛙的关系。

2. 读课文 2—6 自然段，圈画出描写时间和小蝌蚪样子发生变化的句子：

小蝌蚪游哇游，过了几天，长出了两条后腿。

小蝌蚪游哇游，过了几天，长出了两条前腿。

小蝌蚪游哇游，过了几天，尾巴变短了。

不知什么时候，小青蛙的尾巴已经不见了。

3. 按小蝌蚪生长变化的顺序给书后的图片排序。借助图片说说小蝌蚪是怎样长成青蛙的。

（三）我向蝌蚪学找人

1. 梳理蝌蚪找妈妈的信息，填写表格（表 4-3）。

**表 4-3　文中主要人物信息表**

| | |
|---|---|
| 询问信息 | 鲤鱼阿姨 ➡ 四条腿、宽嘴巴 |
| 补充信息 | 乌龟 ➡ 大眼睛、绿衣裳 |

续表

| | |
|---|---|
| 找到妈妈 | 青蛙 → 披着碧绿的衣裳<br>露着雪白的肚皮<br>鼓着一对大眼睛 |

2. 根据图片与表格信息讲一讲小蝌蚪找妈妈的故事。

3. 思考:为何小蝌蚪一开始找错了妈妈? 后来又是怎么找到妈妈的呢?

(四) 毛毛虫的三生三世

1. 自读《小毛虫》,找一找小毛虫的生长变化。

2. 画个导图说说小毛虫的生长变化:毛毛虫—茧—蝴蝶。

3. 想一想,还有哪些动物在生长过程中也会变化? 交流探讨。

**【教学实施要点】**

1. 讲小蝌蚪找妈妈的故事时,要给学生提供支架,可以借助图片明确小蝌蚪的生长顺序,利用表格梳理故事中的主要人物和信息,指导学生将故事讲完整,讲生动。

2. 在引导学生思考“为何小蝌蚪一开始找错了妈妈? 后来又是怎么找到妈妈的呢?”这一环节时,要联系表格中梳理的信息,引导学生归纳并整理信息,初步了解信息的不完整会造成偏差,将多种信息综合在一起有利于了解事物的全貌。学生能初步表达以上观点即可,不做过高要求。

## 第二课时　水会“七十二变”

### 一、学习目标

1. 结合《我是什么》,找一找水的几种不同的形态,说一说水的变化。

2. 拓展阅读《小水滴的旅行》,绘制思维导图梳理水的变化,借助导图说说水的变化形态及原因。

3. 做一做家庭小实验,观察水的变化过程,完成实验小报告,有条理地讲述水变化的过程及规律。

### 二、教学过程

(一) 猜猜它是谁?

1. 出示谜面,猜猜它是什么? 谜底出示:云、雪、雹。

2. 阅读《我是什么》,猜一猜“我”是谁?

3. 出示第三小节再猜,“我”是什么? 学习句中生字:池、溪、河、江、海、洋,指导书写生字“海”。

4. 拓展学习与水有关的字:汽、滴、淹没、灌溉。

(二) “我”会变

1. “我”会变成什么? 读一读课文第 1、2 自然段,找一找文中水的变化形态。

水→汽→云
　　　　↓
　（雨、雪、冰雹）

2. 你知道“我”还会变成什么？（霜、雾、露、彩虹）

仿照第2小节句式说一说：有时候我变成＿＿＿＿＿＿＿＿＿＿＿＿＿＿，人们就叫我“＿＿＿＿＿＿”。

3. 我用导图来梳理：结合文本，联系生活，绘制思维导图梳理水的变化形态。

（三）我们亲自做一做

1. 探究原因：动手做一做家庭小实验，记录实验小报告，交流实验发现。

（1）观察水壶烧水时的热气，感受水从液态变成气态的过程；用玻璃片靠近水蒸气，看水的凝结过程。

（2）把将凝结成水珠的玻璃片放入冰箱的冷冻柜，三分钟后观察水变成小冰晶的过程；再把它放置在室外看冰晶融化过程。

2. 完善思维导图，补充水的形态变化的原因，交流展示。

（四）小水滴的旅行

1. 阅读绘本《小水滴的旅行》，向家长讲一讲小水滴旅行的故事。

**【教学实施要点】**

1. 本课时的任务是通过阅读文本、联系生活、动手实验等活动引导学生了解水的形态变化，并探究其原因，能说清楚不同温度下水的不同形态。

2. 指导学生通过绘制思维导图进行梳理，并根据自己的发现逐步补充完善，体现探究的过程。

## 任务二　跟着变化去思考（两课时）

### 第一课时　发现种子旅行的秘密

#### 一、学习目标

1. 阅读《植物妈妈有办法》，了解课文中三种植物种子的不同传播方法。

2. 拓展阅读《一粒种子的旅行》，用图表梳理、归类所了解到的植物传播种子的方法。

3. 通过讨论探究种子旅行的不同方式的原因。

#### 二、教学过程

（一）看看植物妈妈的朋友圈

1. 植物妈妈在朋友圈晒孩子照片啦！你认识它们吗？出示植物名称和图片连一连，再喊一喊它们的名字：蒲公英、苍耳、豌豆。

2. 看图连一连，这些植物的宝宝在哪里？

（二）植物旅行大揭秘

1. 植物宝宝没有脚，没有翅膀，怎么去旅行？

读一读妈妈们的介绍，去植物妈妈的朋友圈看一看。

2. 听我来介绍。自由阅读《植物妈妈有办法》2—4 小节，说说蒲公英、苍耳和豌豆宝宝的旅行方式。

（三）植物旅行大展示

1. 补充绘本《一粒种子的旅行》片段阅读。

2. 说一说通过绘本阅读你还知道了哪些种子的传播方式。

3. 请你做一做“植物旅行大展示”节目小主播，向我们介绍一下这些植物的旅行。

4. 做个导图来交流。

（1）出示一些生活中常见的植物种子图片：樱桃、柳树、凤仙花、黄豆、椰子、芡实等。你知道它们是怎么旅行的吗？请你来梳理分类。

（2）师生合作完成“种子旅行表”（表 4-4），展示交流。

**表 4-4 种子旅行表**

| 借助风 | 动物帮忙 | 自己弹射 | 水中漂流 |
|---|---|---|---|
| 蒲公英 | 苍耳 | 豌豆 | 睡莲 |
| 柳树 | 树莓 | 凤仙花 | 椰子 |
| 芦苇 | 樱桃 | 黄豆 | 芡实 |

（四）植物圈大讨论

1. 苍耳妈妈不在家，拜托蒲公英妈妈带苍耳宝宝和蒲公英宝宝一起去旅行，猜一猜：苍耳宝宝能成功去旅行吗？为什么？

2. 开一个植物圈讨论会：种子换一种方式去旅行，行不行？为什么？

3. 种子旅行有秘密：说一说不同的种子传播方式不同的原因。

**【教学实施要点】**

植物圈讨论会旨在激发学生思考探究的乐趣，让学生通过阅读、比较、归类、交流等方式初步了解由于种子的大小、轻重、外形等情况不同，所以植物传播种子的方式也不同，引导学生发现植物的奇妙之处，体会思考探究的快乐，打开思维之门。

## 第二课时 奇妙的变化交流会

### 一、学习目标

1. 观察“识字加油站”中的生字词语，交流识字好办法。

2. 比一比“字词句运用”中的加点字，体会动词的不同意思；借助加点词语的连接作用，说句子。

3. 交流生活中观察发现的奇妙的变化，以“奇妙的变化真多呀”为主题进行交流，体验思考探究的乐趣。

4. 结合口语交际“有趣的动物”，以“有变化才有趣”为主题进行思考交流，再联系生活说一说。

## 二、教学过程

(一)字词句大变化

1. 识字加油站。

(1)去户外观察大自然,你会准备什么?

(2)交流识字好办法。

部件加一加:针　帐　图　登　壶

偏旁换一换:鞋

编儿歌来记一记:篷

2. 词语大不同。

(1)读三组词语,再演一演。

(2)交流加点词语的不同意思。

3. 句子大变身。

(1)读例句,结合句子说说加点词语有什么妙处。

(2)我来说句子:联系生活,用加点词语说句子。

(二)奇妙的变化大发现

1. 以"奇妙的变化真多呀"为主题进行小组交流:生活中你还观察到了哪些奇妙的变化?

2. 各小组推荐一例"奇妙的变化"进行全班交流。

(三)"有变化才有趣"大讨论

1. 结合口语交际"有趣的动物"说一说动物不同情况下的不同表现,说出有趣之处。

2. 生活中还有哪些变化给我们带来乐趣与好处呢?

**【教学实施要点】**

1. 在奇妙的变化大发现交流活动中,鼓励学生将自己发现的变化说清楚,并初步说一说变化的原因。

2. 在"有变化才有趣"讨论中,结合口语交际"有趣的动物"说一说小动物在不同情况下的不同表现,说出有趣之处,可以鼓励其他学生补充或提问,不断完善后,请学生有条理地说一说"有趣的动物",并评价。

### 任务三　变一变,让生活更美好(两课时)

### 第一课时　我来想个金点子

## 一、学习目标

1. 阅读《企鹅寄冰》,说一说故事中发现的奇怪现象,议一议其中的原因。

2. 为企鹅想想办法,并尝试续写故事。

**二、教学过程**

（一）冰去哪儿了？

1. 阅读《企鹅寄冰》，提出疑惑之处。

2. 齐动脑，一起来解答疑惑。

（二）我们一起想办法

1. 为企鹅想个好办法，完成寄冰任务。

2. 选用金点子，续写故事。

3. 交流展示。

（三）是雪还是花？

1. 朗读古诗《梅花》，读准字音，读出节奏。

2. 结合插图，说一说古诗的意思。

3. 思考：为什么远望就知道洁白的梅花不是雪花？

4. 学比较分辨事物：说一说雪和梅花的相同之处和不同之处。

5. 拓展诵读古诗《雪梅》（宋卢钺）。

**【教学实施要点】**

1. 阅读《企鹅寄冰》时，引导学生回顾任务一第二课时的学习经验解答疑惑。

2. 续写《企鹅寄冰》故事时，引导学生联系生活，大胆想象，编写故事符合逻辑、生动有趣。

3. 引导学生思考比较雪和梅花的异同，初步理解两首古诗的意思。

## 第二课时　改变创造美

**一、学习目标**

1. 结合自己生活搜集亟须改变的现象，小组讨论交流，提出合理建议。

2. 针对亟须改变的现象，写一封建议书，要说清楚理由。

3. 阅读童话故事《小鲤鱼跳龙门》，交流改变带来的奇遇。

**二、教学过程**

（一）交流亟待改变的现象

1. 晒照片：交流在校园或班级内搜集到的亟待改变的现象，说一说目前存在的问题。

2. 共商量：说说如何改变才合适，列出三条以上合理建议。

（二）写一封建议书

1. 小组合作：在讨论的基础上，就一个亟待改变的现象，给学校相关部门或者相关人士写一封建议书。

2. 全班交流，改进建议书。

3. 课后派送建议书。

（三）读童话故事，感受改变带来的奇遇

1. 出示“快乐读书吧”中的几本书。

2. 借助书名、封面封底图片，猜一猜故事情节。

3. 指导阅读《小鲤鱼跳龙门》。

（1）出示故事的第一部分，快速阅读。

（2）梳理第一部分中的人物、生活地点、事件。

（3）猜一猜：接下来小鲤鱼们会怎么做呢？

（4）出示故事的结局部分，快速阅读。

（5）梳理故事开头与故事结尾中你所看到的改变。

（6）这些改变是如何获得的？要经历哪些困难呢？课后自主阅读故事的经过部分。

**【教学实施要点】**

1. 在“交流亟待改变的现象”环节中，要选择校园或班级中的真实现象来交流，教师引导学生做出合理的建议，写一封建议书，鼓励学生送达学校相关人士或者相关部门，培养学生用语文解决生活中的真实问题的能力。

2. 指导阅读《小鲤鱼跳龙门》，借助开头与结尾的阅读，对比小鲤鱼的生活环境、所见景色以及心情感受，从而引导学生在童话故事中发现改变带来的美好。

### 单元测评（一课时）：改变，让我们更出色

#### 一、学习目标

1. 自主阅读《没头脑和不高兴》，交流书中最感兴趣的一部分。

2. 梳理“没头脑”和“不高兴”身上发生的事情，并探究原因。

3. 对比“没头脑”和“不高兴”改正缺点前后的生活，获得启示。

4. 联系生活，劝说身边的“没头脑”和“不高兴”。

#### 二、教学过程

1. 自主阅读《没头脑和不高兴》，交流书中最感兴趣的一部分，小组内交流。

2. 同桌合作梳理“没头脑”和“不高兴”身上发生的事情，并探究原因。

3. 对比“没头脑”和“不高兴”改正缺点前后的生活，说一说故事带给我们的启示。

4. 找一找身边中的“没头脑”和“不高兴”，你能用故事中学到的道理来劝说他（她）改变吗？

**【教学实施要点】**

1. 本课时设计的《没头脑和不高兴》读书交流会是读后交流会，可以引导学生交流故事探究原因，感悟故事带来的启示。

2. 在找一找身边中的“没头脑”和“不高兴”环节中，鼓励学生尝试劝说他（她）改正缺点，注意劝说要礼貌、诚恳，有理有据。

（设计：苏州市金阊外国语实验学校　李月虹）

“思辨性阅读与表达”学习任务群（三年级）

# 案例二 做美的发现者

## 第一部分 单元设计

### 一、设计依据

《义务教育语文课程标准(2022 年版)》“思辨性阅读与表达”学习任务群关于第二学段的学习内容共有三方面。其中第一方面为“阅读有关科学的短文,尝试发现日月星辰、风雨雷电、山川草木等大自然的奥秘,依据事实和细节,运用口头和图文结合的方式表达自己的观点和思考”。第二方面为“阅读解决生活问题的故事,尤其是中华智慧故事,结合自己在生活中遇到的问题学习思考的方法,尝试运用列提纲、画思维导图等方式,表达故事中的道理”。第三方面为“在日常学习和生活中,主动记录、整理、交流自己发现的问题和思考,学习辨析、质疑、提问等方法”。本单元从三篇有关自然的课文入手,引导学生在阅读比较、观察梳理、讨论辨析的过程中发现大自然的美妙与奇特,同时发现生活中需要改进的问题,引领学生积极主动地观察自然与生活,主动思考,进行相应的创造性活动,解决生活问题,从而引导学生学习发现、思考、探究问题的思路与方法。

### 二、主题内容与目标

(一) 单元主题

做美的发现者。

(二) 学习内容

1. 文本阅读:统编版小学语文教材三年级上册第七单元《大自然的声音》《读不完的大书》《父亲、树林和鸟》。

2. 拓展阅读:《九只鸟(节选)》(冰波)、《给燕子留个门》(干亚群)。

3. 口语交际:身边的小事及习作《我有一个想法》。

(三) 学习目标

1. 通过拍照、录音,引导学生发现大自然的美妙与奇特;运用配画、配文、配说、朗诵等方式来表达对大自然的欣赏与赞美之情,提升语言表达力。

2. 通过导图梳理与图片分享,发现与感受生活中的美,学会欣赏美,培养留心观察生活的习惯与意识。

3. 发现生活中需要改进的问题,尝试提出改进的建议并记录下来,人人争做美的创造者。

## 三、学习情境与任务框架

### （一）学习情境

大自然是一本看不完的大画册，是一部读不完的大书，里面藏着无穷的奥秘，有着无尽的乐趣。有了大自然的无私馈赠，我们的生活才能有声有色，多姿多彩。我们一起走进大自然，用眼观察，用耳倾听，用笔记录，用心感受，发现大自然的神奇与美妙，发现生活中美好的画面，学会欣赏美，呵护美，为日常生活中发现的问题提出改进的建议与解决的方法，做美的发现者与守护者。

### （二）任务框架

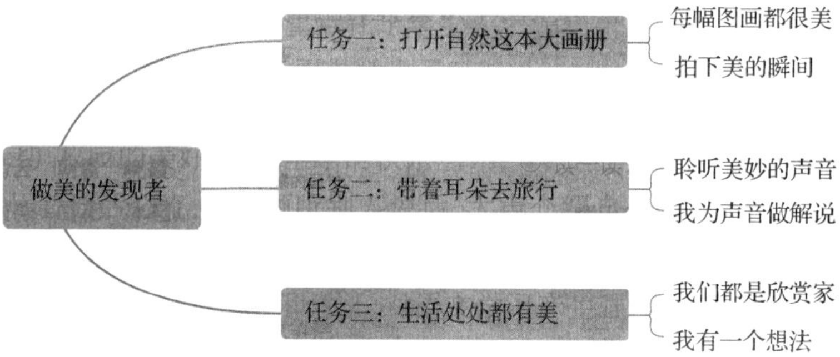


## 四、活动设计与教学提示

### （一）学习活动与课时安排（表 4-5）

**表 4-5 “做美的发现者”学习活动与课时安排表**

| 单元任务 | 学习活动 | 学习内容 | 课时安排 |
| --- | --- | --- | --- |
| 做美的发现者 | 任务一：打开自然这本大画册 | 1. 每幅图画都很美。收集与选择旅游时的美景照，给照片中的美景取个名字，与同学分享，走进大自然；学习课文《读不完的大书》，一边读、一边展开想象，找找课文里大自然的图画，并给画取名字；再读图画，关注细节，阐述两到三个理由介绍图画的美。<br>2. 拍下美的瞬间。走进自然，用镜头捕捉生活中大自然的美；学习作者介绍自然美景的手法，把自己的想法记下来，给拍的美照配上两三句话。 | 2 |
| | 任务二：带着耳朵去旅行 | 1. 聆听美妙的声音。聆听小区里或是学校里的各种声音，用拟声词记录下来；指导学生以思维导图的方式对拟声词进行归类梳理，说说自己的发现与感受；选择课文《大自然的声音》中喜欢的段落进行诵读，并概括所诵声音的特点与其给人带来的美好感受。<br>2. 我为声音做解说。再次聆听大自然的声音，并用音频与视频方式记录，学习作者的表达方式给这段声音配上形象化的解说，学会用多种感官感受大自然的美。 | 2 |

续表

| 单元任务 | 学习活动 | 学习内容 | 课时安排 |
|---|---|---|---|
| 做美的发现者 | 任务三:生活处处都有美 | 1. 我们都是欣赏家。学习《父亲、树林和鸟》,发现文本中“树林”“父亲”“小鸟”“我”的美,并用导图呈现出来,感受到人与自然的和谐之美;用学到的绘导图的方式阅读拓展文本,深化感受;结合“口语交际”,留心生活,用拍摄或上网搜集的方式,找一找大自然给我们生活带来的美好场景与画面,感受大自然之美好,学会欣赏美,做美的欣赏者。<br>2. 我有一个想法。留心观察小区、校园、教室等生活场所,找一找什么地方可以借用自然的礼物来改进,拍一拍、记一记,完成“创美大赛方案策划书”初稿;与小组同学交流,相互分享与帮助,完善“策划书”;参加班级的“策划书”评比活动,评选出最佳方案;把自己的想法记下来,与同学分享交流。 | 2 |
| 单元测评 | 发现,让生活更美好 | 1. 发现大自然美丽画面。梳理文本与联系生活,发现大自然最美丽的画面,以喜欢的形式进行分享汇报,说说发现的过程和收获。<br>2. 发现身边小事中的美好瞬间。观察生活,发现身边小事中的美好瞬间,以讲小故事的方式进行交流分享。 | 1 |

（二）设计说明与实施要点

语文课程培养学生语言文字运用能力的同时,要发展学生思维能力,提升思维品质,促进学生形成自觉的审美意识,培养其高雅的审美情趣。结合“思辨性阅读与表达”学习任务群的要求,本任务群重在发展学生的梳理材料、观察生活、辨析是非的理性思维,引导学生学习发现、思考、探究问题的思路与方法,为时代培育新人。

本任务群以统编版小学语文教材三年级上册第七单元课文为主要学习材料,依据单元导读“大自然赐给我们许多珍贵的礼物,你发现了吗”确定大任务为“做美的发现者”。三大任务分别为“打开自然这本大画册”“带着耳朵去旅行”“生活处处都有美”。三个任务都围绕“发现”展开,指向“美好”这个主旨,意在引领学生发现大自然的美妙与奇特,学会感受美,欣赏美,呵护美,并能用自己的双手与智慧为生活创造更多的美。这正体现了思辨性阅读与表达任务的价值追求,即引领学生积极主动地观察自然与生活,主动地思考,进行相应的创造性活动,解决生活中的问题。

任务一“打开自然这本大画册”。以课文《读不完的大书》为主要学习内容,通过读课文发现大自然这本画册里的美,用镜头捕捉大自然美的瞬间并学习作者的描写方法进行介绍,从而引领学生在语言文字中和大自然中去发现与感受大自然的美好和乐趣,提升学生对语言的理解力、感悟力,以及对美的赏析力与表达力。

任务二“带着耳朵去旅行”。以课文《大自然的声音》为主要学习内容,通过对文本语言的朗读与概括,体会大自然声音的特点与给人带来的美好感受,提升对文体的感悟;通过记录与梳理大自然里的各种声音并学习作者的描写方法进行解说,提升学生的语言表达力。

任务三“生活处处都有美”。以课文《父亲、树林和鸟》、拓展文本、口语交际、习作等组合学习内容，通过朗读与导图的方式，指导学生发现文本中“树林”“父亲”“小鸟”“我”的美，学会欣赏美；阅读拓展文本，用学到的绘导图的方式欣赏人与自然的和谐之美；结合“口语交际”，留心生活，用拍摄或搜集的方式，找一找大自然给我们生活带来的美好场景与画面，感受大自然馈赠之美好；留心观察生活，完成“创美大赛方案策划书”并记录下来，用双手与智慧创造美好生活。

本任务群三个任务以大自然和生活为情境，将课文与生活打通融合。三个任务呈递进深入关系，带领学生从整体全面的阅读梳理到细微处的观察思考，学会梳理观点，探究问题的思路与方法，形成审美意识。最后积极思考，解决生活中的问题，提升参与社会生活意识，做美的发现者与创造者。

## 五、资源支持与技术支持

### （一）学习资源

网络资源：大自然绚丽多姿的视频与图片；大自然中美妙声音的视频音频；大自然给生活带来的美好感受的视频与图片；人们借用大自然改进生活的案例图片与视频；“方案策划书”设计案例，依据“方案策划书”形成的习作范例。

### （二）工具技术

网络搜索、评价标准等。

## 六、过程评价与单元测评（表 4-6）

**表 4-6 “做美的发现者”过程评价与单元测评表**

| 评价 | 内容 | 基本标准 |
|---|---|---|
| 过程评价 | 任务一：打开自然这本大画册 | 1. 能整理与选择旅游时拍摄的两张美景照，用两三句话介绍照片中的美景并给其取名。<br>2. 能概括主要段落，根据介绍的主要景物给“图画”取名。<br>3. 找出段落中描写精彩的语句，能用自己的语言与同学交流欣赏感受。<br>4. 能给拍摄的照片配上相应的文字，既包括画面内容，也包含自己的独特感悟。 |
| | 任务二：带着耳朵去旅行 | 1. 能记录下 20 个左右的大自然的拟声词，并进行分类。<br>2. 诵读段落，能用关键词概括声音的特点，与同伴交流朗诵感受。<br>3. 能给记录的大自然声音的视频或音频配上解说，语句通顺，解说的内容与声音相吻合。 |

续表

| 评价 | 内容 | 基本标准 |
| --- | --- | --- |
| 过程评价 | 任务三：生活处处都有美 | 1. 能借助导图，梳理出文本中“树林”“父亲”“小鸟”“我”的美好之处，能运用文中有关词句来说清“父亲一生喜欢树木和歌唱的鸟”的原因。借用此法，整理出拓展文本中蕴含的美好之处。<br>2. 能拍摄或上网搜集找到大自然给我们生活带来的美好场景与画面，说说图片美的理由，至少两到三点。<br>3. 能发现生活中需要改进的问题，提出改进的建议与解决的方法，填写“创美大赛方案策划书”，评选出最佳方案；把自己的想法记下来，与同学分享交流。 |
| 单元测评 | 发现，让生活更美好 | 1. 能梳理课文信息和联系生活，以导图归纳、文字记录、视频制作、美图展示、美文诵读等方式展示大自然最美丽的画面。<br>2. 能留心观察生活，以讲小故事的方式交流身边小事中的美好瞬间。<br>3. 能梳理出发现的过程，学习发现、思考、探究问题的思路与方法，养成积极思考的习惯。 |

# 第二部分　课堂实践

## 任务一　打开自然这本大画册（两课时）

### 第一课时　每幅图画都很美

#### 一、学习目标

1. 能整理与选择旅游时拍摄的两张美景照，用两三句话介绍照片中的美景，走进美好的大自然。

2. 能梳理出主要段落的景物导图，学习抓住主要景物的特点和给美景图取名的方法。

3. 在小组分享交流中，能安静聆听，主动表达自己的想法，点评组员的观点，提升思维能力和语言表达能力。

#### 二、教学过程

（一）我拍到的最美风景

交流旅游时拍的风景照。

交流要求：用两三句话介绍照片的拍摄时间与地点、主要景物的特点与游玩感受，并以此为照片取名。

1. 组内交流，相互分享。

交流要求：认真聆听，主动参与介绍，能给组员提供合理的建议。

2. 班内交流，各组推选一位同学班内交流。

（二）大自然画册中最美的画

过渡:作家朱维之在课文《读不完的大书》中这样写道:“大自然是一本看不完的大画册,是一部永远读不完的大书,里面有无穷的奥秘,有无尽的乐趣。”

1. 纵观世界万物,将画面定格。

出示第一组词语：高远的天空　广阔的大地　空中的浮云飞鸟　地上的走兽昆虫
林间的花草树木　水里的虾蟹游鱼

（1）补充相同结构的词组。

（2）用一个词概括这些事物:世界万物。

（3）朗读第一自然段。

出示相关段落:我五六岁时,就喜欢到大自然去寻找好玩的东西。高远的天空,广阔的大地,空中的浮云飞鸟,地上的走兽昆虫,林间的花草树木,水里的虾蟹游鱼……世界万物,不仅好玩,还让人沉思和遐想。

出示第二组词语：小麻雀　老鹰　蚂蚁　动物
花儿　叶子　竹子　竹笋　棕榈　花草树木
梨树　桃树　橘子树　柚子树　果树

（1）找出三行词语的归类特点。

（2）再看每组词,有什么发现?

（3）重点学习生字:麻　蚂　蚁　笋　梨

2. 细赏自然美景,用导图表达。

（1）读读2—5 自然段,找到一个喜欢的自然段,用导图的方式梳理出主要景物与其特点,概括其给我们带来的美好感受(图4-1)。

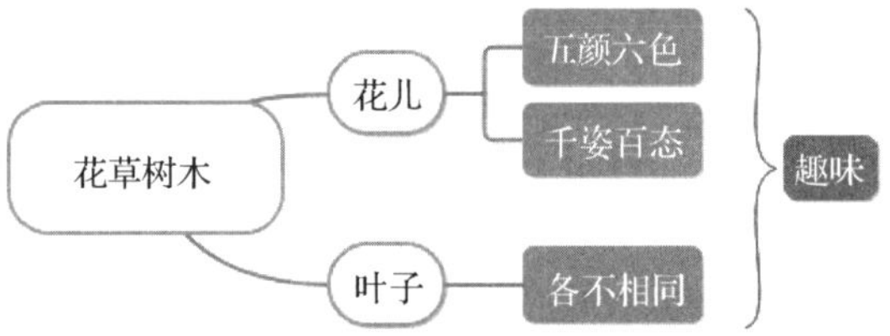


**图4-1**

（2）根据导图给2—5 自然段的美景图取名，学习抓住主要景物的特点取名的方法。

3. 朗读欣赏美景,用声音传递。采用喜马拉雅上传各自的朗读,和小伙伴一起分享。

**【教学实施要点】**

1. 介绍旅游时的美景照,要介绍清楚拍摄时间与地点、主要景物的特点与游玩感受,既要提升语言表达力,也要唤醒记忆,感受大自然的美好。

2. 词语的学习中,第一组词语是对“世界万物”有一个整体的认知,第二组词语是根据段落内容对“世界万物”进行了细化分类,培养学生梳理概括能力。

3. 用导图对重点段落进行梳理,能更清晰地呈现主要景物与其特点,难点是要概括学习的感受，以此来体会大自然的美好。

## 第二课时　拍下美的瞬间

### 一、学习目标

1. 再读文中图画，关注细节，阐述两到三个理由介绍图画的美。

2. 观察身边大自然的美，用镜头捕捉拍摄，学习作者介绍手法，把自己的想法记下来，给拍的美照配上两三句话。

3. 在小组分享交流中，能安静聆听，主动表达自己的想法，点评组员的观点，提升思维能力和语言表达能力。

### 二、教学过程

（一）最美图画发布会

要求：从2—5自然段中找出最有趣、最好玩的、最美的图画，并能阐述两个及以上的理由，学习作者的语言特点，评选出“火眼金睛”。

1. 小组交流：认真聆听，主动参与介绍，能给组员提供合理的建议。

2. 班内交流：每个小组选出一位同学进行班内的交流与分享。

3. 完成小组评价表，养成认真聆听、主动表达的学习习惯。

4. 评选出“火眼金睛”。

（二）眼中最美大自然

观察身边大自然的美，用镜头捕捉拍摄，学习作者介绍手法，把自己的想法记下来，给拍的美照配上两三句话。

1. 小组交流：认真聆听，主动参与介绍，能给组员提供合理的建议。

2. 班内交流：每个小组选出一位同学进行班内的交流与分享。

3. 第二次完成小组评价表，巩固认真聆听，主动表达的学习习惯。

4. 第二次评选出“火眼金睛”。

**【教学实施要点】**

1. 在欣赏2—5自然段的美景时，既要避免简单重复课文语句，又要借用文本语言，展开想象，表达自己的感受与体会。

2. 交流介绍自己拍摄的美图，以学生真实生活为依据，留心观察生活，关注一叶一花的细微处的自然之美，从而体会生活处处皆有美，大自然的美无处不在。

3. 两个环节都以小组合作学习的方式展开，提高了学生表达的参与性，做到人人都参与。因此，要制订好小组学习评分表，以此来正确评价学生参与的质量以及参与的有效性。

## 任务二　带着耳朵去旅行（两课时）

### 第一课时　聆听美妙的声音

**一、学习目标**

1. 能记录下20个左右的大自然的拟声词，并进行分类。

2. 诵读段落，能用关键词概括出声音的特点，与同伴交流朗诵感受。

3. 在小组分享交流中，能安静聆听，主动表达自己的想法，点评组员的观点，提升思维能力和语言表达能力。

**二、教学过程**

（一）区分声音的类别

1. 展示分享自己聆听到记下来的大自然声音的拟声词。

2. 分类梳理记录下来的拟声词，讲清分类的标准。

（二）聆听美妙的声音

出示词语：轻轻柔柔　呢喃细语　温柔
雄壮　充满力量　威力
敲敲打打　滴滴答答　叮叮咚咚
淙淙　潺潺地　哗啦啦
叽叽喳喳　吱吱

1. 找找声音的规律。

第一组：描写轻的声音，补充相应的拟声词。

第二组：描写响的声音，补充相应的拟声词。

第三组：描写水的声音，补充相应的拟声词。

第四组：描写水流动的声音，补充相应的拟声词。找找第四组拟声词的排序规律，读出变化。

第五组：描写动物的声音，补充相应的拟声词，并读出声音的特点来。

2. 发现动物声音的特点。

将自己找到的表示动物声音的拟声词在小组里与同学交流，一起找找特点。（口字旁的字居多）算一算，口字旁的拟声词占比是多少。

（三）最美声音评选会

1. 找出文中的三位音乐家。

2. 读读音乐家的作品，从2—4自然段中找出最有趣、最好听的乐曲，概括声音的特点。

3. 再次欣赏乐曲，找到两个及以上的理由与组员分享，参加最美声音评选会，学习作者的语言特点。

（1）小组交流：认真聆听，主动参与介绍，能给组员提供合理的建议。

（2）班内交流：每个小组选出一位同学进行班内的交流与分享。

（3）完成小组评价表，养成认真聆听、主动表达的学习习惯。

（4）评选出“金耳朵”。

**【教学实施要点】**

1. 收集整理大自然声音的拟声词，学生会存在两个主要问题，一是有些声音不知用什么拟声词来表达，二是有些拟声词不会写。这些真实存在的问题，正是学生学习发生的动因，可以通过请教与查阅工具书等方法来解决。

2. 词语的学习中，既有不同事物不同的声音，也有声音高低急缓的区分，这正体现了声音如乐曲般的美妙。同时，重点学习动物的拟声词，体会声音的趣味性与丰富性。

3. 在欣赏与评选最美声音时，仍要避免简单重复课文语句，要借用文本语言，展开想象，有自己独特的感受，表达自己独特的见解。

## 第二课时　我为声音做解说

### 一、学习目标

1. 学习作者的语言表达方式，积累优美的语句。

2. 能给记录的大自然声音的视频或音频做解说，语句通顺，解说既包括音频内容，又包含自己的独特感悟。

3. 在小组分享交流中，能安静聆听，主动表达自己的想法，点评组员的观点，提升思维能力和语言表达能力。

### 二、教学过程

（一）揭开音乐家创作的秘密

出示词组：手风琴

音乐家　歌手

轻轻柔柔的呢喃细语　雄伟的乐曲　充满力量的声音

热闹的音乐会　轻快的山中小曲　波澜壮阔的海洋大合唱

1. 第一行词组：有关乐器的。同学们学过哪些乐器，我们还知道哪些乐器？

2. 第二行词组：对音乐方面有造诣或有成就的人，补充其他称呼，如指挥家、作曲家、歌唱家、演奏家等。

3. 第三行词组：描写大自然声音的特点以及带给人的感受。补充相应的词语，如悠扬、灵动、振奋、激情、悲伤、舒畅、高雅 、沉醉等。

4. 第四行词组：运用了比喻的修辞手法。

5. 揭秘“阅读链接”叶圣陶《瀑布》的描写秘密，找出其中的比喻句。

6. 我们能根据课文或是自己的生活体验也来说一句声音的比喻句。

7. 学习生字：演奏　感受　琴　器

8. 朗读课文，积累优美语句。

（二）“金话筒”评选会

学习课文的语言表达方式，用三句以上的语句给记录大自然声音的视频或音频做解说，语句通顺，解说既包括音频内容，也包含自己的独特感悟。

1. 小组交流：认真聆听，主动参与介绍，能给组员提供合理的建议。

2. 班内交流：每个小组选出一位同学进行班内的交流与分享。

3. 完成小组评价表，巩固认真聆听、主动表达的学习习惯。

4. 评选出最佳“金话筒”。

**【教学实施要点】**

1. 第一课时的词语学习主要是体现大自然声音的美妙，第二课时的词组学习包含了音乐的相关知识，以此丰富对音乐的认知。同时也包含了聆听音乐的美妙感受，揭示语言魅力，为下面的声音解说做铺垫。

2. 为录制的音频做解说，要将之前学习的拟声词与语言表达方法运用上，难点是要将听后的独特感受表达出来。

### 任务三　生活处处都有美（两课时）

## 第一课时　我们都是欣赏家

### 一、学习目标

1. 能借助导图梳理出文本中“树林”“父亲”“小鸟”“我”的美好之处，阅读补充文本，借用导图整理出文本中蕴含的美好之处。

2. 能运用文中有关词句说清“父亲一生喜欢树木和歌唱的鸟”的原因。

3. 在小组分享交流中，能安静聆听，主动表达自己的想法，点评组员的观点，提升思维能力和语言表达能力。

### 二、教学过程

（一）谁是欣赏家

1. 课文的题目罗列出文中的主要景物树林和鸟，主要人物父亲，还少了一个人是谁？为什么不放进题目里？

2. 课文以主要景物和人物来取题，看似没有新意与诗意。如果你取，你会取个什么题目呢？（复习之前抓主要景物取名的方法）

那作者为什么取了这个看似简单的题目呢？

（二）找找他们的美

用导图梳理出文本中“树林”“父亲”“小鸟”“我”的美好之处，选择其中一个方面进行梳理，然后小组内交流，完成整个导图（图 4-2）。

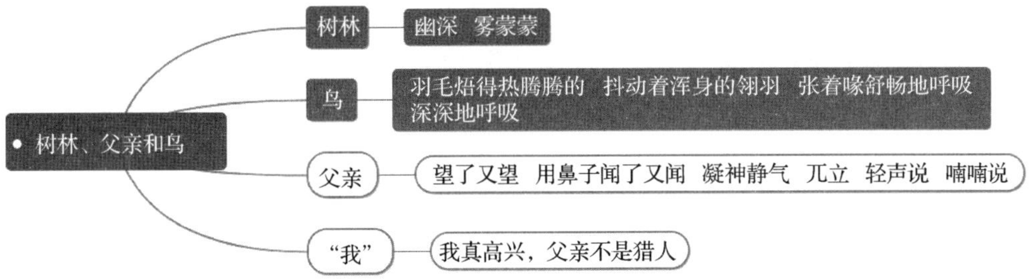


**图 4-2**

1. 从“树林”“父亲”“小鸟”“我”中选择其中一个方面进行梳理。

2. 小组内交流,完成整个导图。

3. 根据导图学习重点词语。

出示词语: 幽深　雾蒙蒙

望了又望　用鼻子闻了又闻　凝神静气　兀立　轻声说

羽毛焐得热腾腾的　抖动着浑身的翎羽　张着喙舒畅地呼吸　深深地呼吸

(1) 理解词意:凝神静气　兀立　焐　翎羽　喙

(2) 学习生字:雾　蒙　抖　翅　膀

4. 学习重点句子。

句一:童年时,一个春天的黎明,父亲带着我从滹沱河岸上的一片树林旁走过。

句二:突然,父亲站住了,朝幽深的雾蒙蒙的树林,上上下下地望了又望,用鼻子闻了又闻。

句三:黎明时,所有的鸟抖动着浑身的翎羽,要抖净露水和湿气。每一只鸟都张着喙,舒畅地呼吸着,深深地呼吸着。

(三) 寻找快活的密码

句一:我真高兴,父亲不是猎人。

1. 找出文中“高兴”的近义词:快活。

2. 找出相关句子。

句二:这是树林与鸟最快活的时刻。

句三:我知道父亲此刻也是最快活的。

3. 找找他们快乐的原因,学会欣赏美好的事物。

4. 能运用文中有关词句说清“父亲一生喜欢树木和歌唱的鸟”的原因。

(四) 扩展阅读,寻找美的欣赏者

阅读文本《九只鸟(节选)》(冰波)、《给燕子留个门》(干亚群),找到美的欣赏者。

**【教学实施要点】**

1. 玩转题目,激发学生思考、谈自己的观点,从题目中初步感知美好的自然主旨。

2. 本课时的重点是用导图梳理文本中“树林”“父亲”“小鸟”“我”的美好之处。这是导图梳理的再学习运用，能清晰地呈现大自然的美好与我们对美的欣赏。

3. 词语的学习后置在课文梳理之后，是借用学生的梳理将相关的词语归类学习。

4. 第二环节“找找他们的美”中三句话是描写“树林”“父亲”“小鸟”的美。第三环节“寻找快活的密码”中三句话围绕“快活”展开，解密“树林”“父亲”“小鸟”“我”快活的原因，学会欣赏美。

## 第二课时 我有一个想法

### 一、学习目标

1. 能拍摄或上网搜集找到大自然给我们生活带来的美好场景与画面，用两到三个理由说说图片的美。

2. 能发现生活中需要改进的问题，提出改进的建议与解决的方法，填写“创美大赛方案策划书”。

3. 将想法梳理好记下来，做到语句通顺。

4. 在小组分享交流中，能安静聆听，主动表达自己的想法，点评组员的观点，提升思维能力和语言表达能力。

### 二、教学过程

（一）收到自然的礼物

用欣赏的眼光将拍摄或上网搜集找到大自然给我们生活带来的美好场景与画面与同学分享，用两到三点理由说说图片的美。

1. 小组交流：认真聆听，主动参与介绍，能给组员提供合理的建议。

2. 班内交流：每个小组选出一位同学进行班内的交流与分享。

3. 教师补充图片，展示大自然带给我们的美好。

（二）我给自然回礼

1. 说出生活中的环境问题，想想我们可以怎么做。

2. 展示改造后的画面，说说前后对比的感受，打开思路。

3. 金点子创美会：学生交流生活中看到的环境问题，初步提出改进建议，听取同学建议，完善改进方案。

（1）小组交流：认真聆听，主动参与介绍，能给组员提供合理的建议。

（2）班内交流：每个小组选出一位同学进行班内的交流与分享。

（3）再次修改，完善策划书。

（4）评选出“金点子创美奖”。

（三）我把想法记下来

1. 将“创美大赛方案策划书”表格内的内容有序记下来，认真书写。

2. 将记下来的想法读给小组同学听。

【教学实施要点】

1. 展示大自然带给我们的美好生活画面时，要结合前面的学习，讲清美好的理由，学会感受美、欣赏美，表达自己独特的想法。

2. 改造生活的环境问题，要从“小”处入手，改造能解决的问题，避免大而泛，只停留在语言层面上，在动脑动手的过程中，获得创造美的幸福感。

3. 将想法记下来要做到静下心来认真书写，文从字顺，语意清晰。

### 单元测评（一课时）：发现，让生活更美好

#### 一、学习目标

1. 梳理课文信息，以导图归纳、摘录思考、诵读欣赏等方式交流最喜欢的部分。

2. 欣赏大自然，以视频制作、美图展示、美文创作等方式展示最美丽的画面。

3. 观察生活，以讲小故事的方式交流身边小事中美好的瞬间。

#### 二、教学过程

1. 回顾单元学习，说说最喜欢的内容，以学生喜欢的形式在小组内进行交流分享，梳理喜欢的理由。

2. 走进大自然，以视频制作、美图展示、美文创作等喜欢的方式记录大自然中最美丽的画面与同学交流，分享发现的过程与收获。

3. 观察生活，积极思考，记录下身边小事中美好的瞬间，以讲小故事的方式传递美好，表达自己的观点。

【教学实施要点】

1. 本课时的设计围绕“发现”进行多层次的展示与交流，从文本学习中找到最喜欢的部分，从大自然中找到最美丽的画面，从生活中看到最美好的瞬间。展示的形式多样化，鼓励学生有独特的表现方式，打开思维，养成思考的习惯。

2. 交流分享中，呈现“发现”的收获时，注重理由的梳理、过程的探索、观点的表达，提升思维能力。

（设计：苏州市三元实验小学校　钱敏月）

# 案例三　问道读书秘妙

## 第一部分　单元设计

### 一、设计依据

《义务教育语文课程标准(2022 年版)》中“思辨性阅读与表达”学习任务群在第三学段的学习内容中提到：阅读哲人故事、寓言故事、成语故事等，感受其中的智慧，学习其中的思维方法。五年级学生自我意识开始崛起，在学习和生活中，追求思维的独立性，喜欢给别人出主意，但是由于思辨能力还处在萌芽时期，思维的逻辑性和深刻性还亟待增强。基于以上情况，本任务群以“问道读书秘妙”为主题，基于统编版小学语文教材五年级上册第八单元课文，拓展相关文本，引导学生从生活中的问题出发，在阅读、比较、交流、质疑、辩论的过程中深度理解有关读书、写作的智慧，逐步建构理性思维，养成理性思考的习惯。

### 二、主题内容与目标

（一）学习主题

问道读书秘妙。

（二）学习内容

1. 重点阅读：五年级上册第八单元课文《古人谈读书》《忆读书》《我的“长生果”》《观书有感(其一)(其二)》。

2. 拓展阅读：《读书要有选择》(苏教版语文教材六年级下册第 11 课)、《怎样读书》(顾颉刚)。

（三）学习目标

1. 立足冰心等名家有关“读书”的文章引发思考：读书应该博览群书还是跟随兴趣？引导学生从多个角度思考读书的方式及其不同的作用。

2. 阅读名家关于“读书”的文章，用表格或导图等方式梳理作者的阅读方法；举行阅读方法分享会，说说怎样的阅读方法更好；学习有理有据地说明观点。

3. 围绕“多读就能写好作文吗？”展开辩论，培养学生收集、整理、选择课内外材料的能力，在辩论中做到倾听认真、应对得当、观点明确，阐述有理有据。

### 三、学习情境与任务框架

（一）学习情境

冰心奶奶说“读书好，多读书，读好书”，那么我们不禁要问，读书应该博览群书还是追随兴趣？什么样的读书方法才是更好的？读书多了，就自然而然会写作文了吗？读书与写作的关系是什么呢？这些关于读书的问题时时刻刻困扰着我们，就让我们一起来讨论吧，相信大家一定会在名人读书的经验中得到启示，在比较中获得真知，在思辨中得到成长。

（二）任务框架

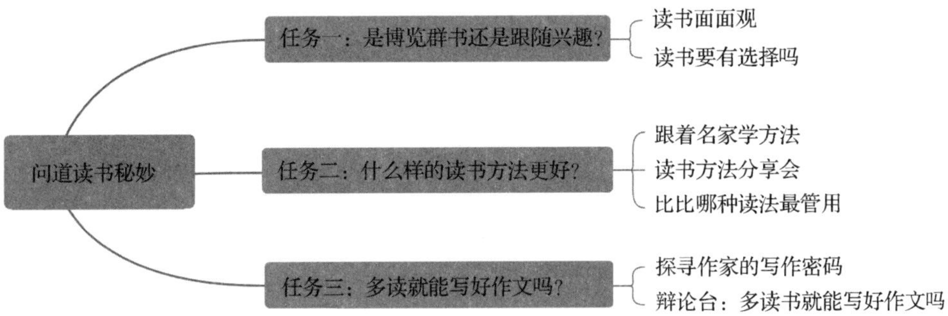


## 四、活动设计与教学提示

（一）学习活动与课时安排（表4-7）

**表4-7 “问道读书秘妙”学习活动与课时安排表**

| 单元任务 | 学习活动 | 学习内容 | 课时安排 |
|---|---|---|---|
| 问道读书秘妙 | 任务一：是博览群书还是跟随兴趣？ | 1. 读书面面观。阅读《忆读书》《我的长生果》《我是怎么成为作家的》等名家作品，提炼并交流名家关于读书的观点，梳理读书收获。<br>2. 读书要有选择吗？班级中有些同学兴趣广泛，博览群书，有些同学则只看自己感兴趣的书。你认为我们应该博览群书还是根据自己的兴趣选择书籍呢？ | 2 |
| | 任务二：什么样的读书方法更好？ | 1. 跟着名家学方法。阅读《古人谈读书》《忆读书》《怎样读书》，梳理他们的读书方法，用思维导图或图文结合的方式记录下来。<br>2. 读书方法分享会。结合自己的读书经历，有理有据地说明自己的读书方法以及它带给你的收获。比比哪种读法最管用。启发学生运用观点与事例的方法来表达，做到言之有理、言之有据。 | 2 |
| | 任务三：多读就能写好作文吗？ | 1. 探寻作家的写作密码。阅读《我的“长生果”》，探索作者写作的秘诀。结合梁实秋《作文的三个阶段》、沈从文《给一个读者》、汪曾祺《我是怎么成为作家的》，梳理作家的写作秘诀，用自己的语言表述并记录下来，并能归纳出读书与写作的关系。<br>2. 辩论台：多读书就能写好作文吗？采用正反方进行微型辩论，要求观点与所举例子一致。学会归纳，能运用观点与材料来谈谈读书与写作的关系。 | 2 |

续表

| 单元任务 | 学习活动 | 学习内容 | 课时安排 |
|---|---|---|---|
| 单元测评 | 你认同“纸上得来终觉浅，绝知此事要躬行”吗？ | 1. 理解“纸上得来终觉浅，绝知此事要躬行”所蕴含的启示。<br>2. 联系学习与生活，谈谈你是否认同“纸上得来终觉浅，绝知此事要躬行”，做到认真听他人说话，有理有据表达。理解我们可以从不同角度提出观点。 | 1 |

（二）设计说明与实施要点

本任务群以五年级上册第八单元课文为主要学习材料，根据学习需要补充其他关于“读书”的阅读文本，聚焦于读书的作用、方法以及它与写作之间的关系。本任务群旨在引导学生通过阅读文本，围绕“读书应当博览群书还是跟随兴趣？”“什么样的读书方法更好？”“多读就能写好作文吗？”进行思考讨论，让学生从文本中提炼观点、反思辨析、理性表达。活动中的“思”与“辩”，目的是培养学生借助自身阅读经历，恰当使用他人事例进行有理有据表达、证明观点的能力以及不迷信、不盲从的理性精神，养成在与学习伙伴的交流过程中，认真倾听、理性表达的习惯。

本任务群以“问道读书秘妙”为大任务，设计了三个子任务，每个任务都是围绕问题展开，紧扣了核心任务中的“问道”二字。问题式的任务主题，正是体现了思辨性阅读与表达任务的价值追求，既是启思，也是追问，更是思辨。

任务一“是博览群书还是跟随兴趣？”以阅读“名家谈读书”的文章作为知识与能力的基础，明晰他们的读书观，并借助文本材料了解其提出观点的依据，进而从学生的阅读实际出发，引发关于“读书要有选择吗？”的讨论，尊重不同的观点，初步培养学生有理有据、大胆表达观点的能力。

任务二“什么样的读书方法更好？”通过阅读一组关于谈读书的文章，从事例与观点两个角度梳理名家的读书方法；结合阅读经历，有理有据地说明自己的阅读方法及作用，并通过搜索、筛选、辨析，选取合适的事例为观点提供支撑材料，增强说服力，让学生明晰观点与事例之间的关系，为思维发展夯实基础。

任务三“多读就能写好作文吗？”通过阅读一组关于读书与写作的文章，了解作家写作的秘诀，从而让学生思考、讨论读书与写作之间的关系，以辩论的形式帮助学生明晰应当如何阅读才能提升写作能力，并在此过程中进一步夯实学生结合事例进行理性表达的能力。

## 五、资源支持与技术支持

（一）学习资源

文本资源：《读书要有选择》（苏教版语文教材六年级下册第 11 课）、《怎样读书》（顾颉刚）、《作文的三个阶段》（梁实秋）、《给一个读者》（沈从文）、《我是怎么成为作家的》（汪曾祺）。

（二）工具技术

网络搜索、PPT 演示文稿、设计过程评价的分级质量标准。

## 六、过程评价与单元测评(表 4-8)

**表 4-8 “问道读书秘妙”过程评价与单元测评表**

| 评价 | 内容 | 基本标准 |
|---|---|---|
| 过程评价 | 任务一:是博览群书还是跟随兴趣? | 1. 圈画出作者关于读书的观点句子,借助关键词概括作者的读书收获。<br>2. 能够结合自己的学习经历,选取古今中外名人的事例,有理有据、自信大方地阐述观点;能够认真倾听对方的发言,有针对性地提出不同的想法。 |
|  | 任务二:什么样的读书方法更好? | 1. 圈画出名家读书的方法及其作用,能进行口头交流表达并做好记录。<br>2. 能够运用 PPT,结合典型事例有理有据、自信得体地说明自己的读书方法及收获。发言有自己的观点。<br>3. 运用观点与事例的方法来表达,做到言之有理、言之有据;能认真倾听并适时回应,能进行追问或有针对性地提出不同的想法。 |
|  | 任务三:多读就能写好作文吗? | 1. 能完整表述并记录作家的写作秘诀;发表意见时能结合事例说说读书与写作的关系。<br>2. 辩论时能认真倾听对方发言,应对得当,发表的观点鲜明,并能够结合所学文本中的有关事例,有理有据地说明观点。 |
| 单元测评 | 你认同“纸上得来终觉浅,绝知此事要躬行”吗 | 能够从多个角度思考问题,对资料进行收集、整理、筛选,倾听他人说话,理解对方观点并能应对得当,有理有据地表达自己的观点。 |

# 第二部分 课堂实践

## 任务一 是博览群书还是跟随兴趣?(两课时)

### 第一课时 读书面面观

#### 一、学习目标

1. 能够认读、正确书写“舅、津、斩”等 13 个生字,认读“宴、浒、栩”等 31 个生字。正确、流利地朗读《忆读书》《我的“长生果”》,快速浏览《我是怎么成为作家的》,了解文章大意。有感情地朗读相关语段。理解《观书有感(其一)(其二)》。

2. 能够围绕“名家读书观点”展开阅读,提炼出名家关于读书的观点,并用文中的关键性语句加以说明。

3. 初步明晰观点与证据之间的关系。

#### 二、教学过程

(一) 读书体会大家谈

1. 结合自己的阅读实践,分享:读过哪些书?哪部作品给你留下深刻的印象?你钟情于哪些文学作品?

2. 描绘本单元的学习愿景:在本单元的学习中,我们将探索作家的读书观,了解他们的读书方法。结合自身的阅读经历,说明自己的阅读方法及作用。最后我们还将举行一个小型的辩论会,来谈谈读书与写作之间的关系。相信通过这些活动,同学们不仅能够了解作家的读书观,还能做到在倾听他人看法的同时进行恰当的应对,并有理有据地表达自己的观点。

(二) 读读名家的读书心得

1. 自主阅读。朗读两篇文章《忆读书》《我的“长生果”》,快速浏览《我是怎么成为作家的》,要求圈出文中生字新词,结合上下文或查字典理解意思。

2. 课内交流。

(1) 着重指导“舅”上半部分的写法,对比“衰”“衷”“哀”识字。

(2) 关注“传”“卷”“差”“奔”等多音字的正确读音,据义定音。

(3) 积累“津津有味”“栩栩如生”“索然无味”“朦朦胧胧”“无病而呻”“如醉如痴”“囫囵吞枣”“不求甚解”“如饥似渴”“牵肠挂肚”“千篇一律”“呕心沥血”。结合具体语境理解词义。

(三) 梳理名家读书观

1. 要求:快速阅读,归纳出文中“我”的读书方式。

(1) 圈画、提炼作家关于读书的观点,完成表4-9。

**表4-9 作家读书观点梳理表**

| 序号 | 作家 | 读书观 |
|---|---|---|
| | | |
| | | |
| | | |
| | | |
| | | |

(2) 结合文本,明晰作家提出这一观点的依据是什么。用自己的话对依据与观点进行概括,完成表4-10。

**表4-10 作家读书观点概括表**

| 序号 | 作家 | 读书观 | 支撑依据 |
|---|---|---|---|
| | | | |
| | | | |
| | | | |
| | | | |
| | | | |

【教学实施要点】

1. 导入部分要在与同学们交流中让学生充分阐述自己的读书观，引导关于读书应当博览群书还是跟随兴趣的初步讨论。

2. 在整体感知课文阶段，要重视听说读写等基础能力要求，培养学生基本语文能力的同时，为之后进行讨论做好准备工作。

3. 在阐述观点时要引导学生关注文本的信息，明确证据与观点之间的关系，在讨论交流中，要形成学习小组，让每一位学生都进行观点阐述。安排组长对每位同学的参与率、发言率和表达的准确性进行记录。

## 第二课时　读书要有选择吗？

### 一、学习目标

1. 能够围绕“读书应当博览群书还是跟随兴趣”展开讨论，对这两种读书观形成客观认识。

2. 讨论过程中能够结合自己的学习经历，选取古今中外名人的事例有理有据、自信大方地阐述观点。

3. 能够认真倾听他人发言，结合事例适时地对他人观点表达肯定与建议。

### 二、教学过程

（一）我们该读哪些书

1. 回顾上节课作家们的读书观，梳理作家说明观点的方法，学生结合事例进行阐述。

2. 结合班级情况，指出同学们在阅读中存在的两种现象即博览群书与跟随兴趣，围绕这一话题展开讨论。

（二）观点碰碰碰

1. 借助思维导图，从阅读经历与名家事例两个方面，为观点梳理支撑材料。

2. 形成讨论小组，向同学们阐述读书观，进行观点碰撞。小组成员借助思维导图向大家阐述自己的读书观。要求做到有理有据，客观准确。

3. 认真倾听小组成员的发言，结合事例适时地表达肯定、疑问与建议。

（三）观点发布台

1. 我说，你听。各组推选一名代表上台阐述“我的读书观——读书应当博览群书还是跟随兴趣”。

2. 你说，我评。同学们从观点清晰明确，事例恰当全面，论述层次清楚，表现自然大方等方面进行评价（表4-11）。

表4-11 “我的读书观”活动评价表

| 姓名 | 读书观 | 观点<br>清晰明确 | 事例<br>恰当全面 | 论述<br>层次清楚 | 表现<br>自然大方 |
|---|---|---|---|---|---|
| | | | | | |
| | | | | | |
| | | | | | |

【教学实施要点】

1. 要先让学生对上节课作家的观点与证据进行回顾、叙述，为之后的学生阐述自己的观点做好形式上的准备。

2. 交流讨论时要立足情境，引导学生充分地说明自己的观点与证据。从个体上来说，要讲充分，从整体上来说要人人讲。

3. 在组内交流与组际汇报时，要制作分级评价标准，从多个方面全面评价学生的论述。

## 任务二　什么样的读书方法更好？（两课时）

### 第一课时　跟着名家学方法

#### 一、学习目标

1. 阅读《古人谈读书》《忆读书》《怎样读书》，理解古文大意及重点字词的意思，背诵《古人谈读书》。

2. 梳理孔子、朱熹、冰心的读书方法，用思维导图或图文结合的方式记录下来。

3. 结合阅读经历，尝试梳理自己的读书方法。

#### 二、教学过程

（一）听古人谈读书

1. 朗读《古人谈读书》，结合注释理解古文大意。

2. 重点理解“敏”，“敏而好学”中指“聪敏”，“敏以求之者也”中指“勤勉”。“厌”指“满足”。“余尝谓”中的“尝”指“曾经”。

3. 背诵名句名篇。

（二）梳理古今名人读书法

1. 结合文章大意，梳理孔子的读书方法，归纳总结：读书要诚实、多问、积累、勤勉、要有上进心，不能只想不学。

2. 抓住“心不在此，则眼不看仔细，心眼既不专一，却只漫浪诵读，决不能记，记亦不能久也”，理解朱熹提出观点与证明观点之间的关系。

3. 回顾《忆读书》，阅读《怎样读书》，抓住关键词句、事例梳理冰心、顾颉刚的读书方法。

（三）我用导图来表达。

以思维导图或是图文结合的方式，梳理名家阅读方法及其收获。

（四）我也想一想

结合阅读经历，梳理自己的读书方法和阅读收获。

【教学实施要点】

1. 教学《古人谈读书》时要注重文言文的基础性知识学习，结合注释让学生理解文章的大意，结合关键语句梳理出孔子、朱熹的阅读方法。

2. 学习《忆读书》《怎样读书》时，要抓住有关事例与读书感悟的段落，明白冰心的阅读方法，理解观点与事例之间的关系。

## 第二课时　读书方法分享会

### 一、学习目标

1. 能够结合读书经历，借助 PPT 分享自己的阅读方法以及它所带来的收获，并能适时地借助名家事例加以佐证。

2. 能够认真倾听他人发言，对赞同的表示肯定，对不认同的观点及内容提出自己的看法。

3. 能够积极参与讨论，自信大胆地表达看法。

### 二、教学过程

（一）读书方法自由谈

结合自己的平时的阅读习惯，谈谈读书方法。要求先总述观点，然后举例说明它所带来的收获，做到有条有理，有理有据说明观点。注意做到事例与观点的一致性。

（二）比比哪种读法最管用

1. 小组交流会。用表格整理班级同学介绍的“我的读书方法”。

2. 小组讨论：哪些读法最管用？要求：一是能借助整合清晰说明自己的观点；二是能进行比较，用对比的方法来说明自己的观点；三是能听取别人的意见，也可以对别人的看法进行补充完善。

3. 我当代表来发言。小组代表上台借助 PPT 进行观点阐述，说明读书方法及其收获，并回答同学们的提问。

4. 组间评价。听讲同学简要记录主讲人的读书方法及其收获，并从以下各方面对其表现进行打分（表 4-12）。

**表 4-12　“读书方法分享会”活动评价表**

| 组号 | 姓名 | 读书方法与收获 | 观点清晰 | 事例充分 | 应对自然 |
|---|---|---|---|---|---|
| | | | | | |
| | | | | | |
| | | | | | |

5. 评选出“最佳讲述人”。我来当点评人，为获奖者发奖并点评。

（三）原来方法无好坏

1. 启思：你们觉得一种好的读书方法能适合读各类书吗？

2. 思辨：阅读目的不同，读书方法的选择就不同。

**【教学实施要点】**

1. 在进行组内交流时，教师要进行巡视指导，倾听交流学生是否做到了观点与事例的一致性，鼓励其他同学发言，提出疑问，表达看法。

2. 进行组际交流前，要提醒主讲人围绕读书方法与收获进行阐述，并与学生说清楚评价的标准。

### 任务三　多读就能写好作文吗？（两课时）

## 第一课时　探寻作家的写作密码

### 一、学习目标

1. 阅读《我的“长生果”》，探索作者写作的秘诀。

2. 结合梁实秋《作文的三个阶段》、沈从文《给一个读者》、汪曾祺《我是怎么成为作家的》，梳理作家的写作秘诀，用自己的语言表述并记录下来。

3. 思考读书与写作之间的关系。

### 二、教学过程

（一）她为何成了作家

1. 阅读《我的“长生果”》，结合课文第7、11、14自然段，梳理作家的读书经历，提炼作家的读书收获。

2. 归纳总结叶文玲从读书中领悟出来的写作秘诀。

（1）阅读大大扩展了她的想象力。

（2）作文，首先构思要别出心裁，落笔也要有点儿与众不同的“鲜味”才好。

（3）作文刚开始的时候离不开借鉴和模仿。

（4）作文要写真情实感。

（二）成为作家的秘诀

1. 阅读《作文的三个阶段》《给一个读者》《我是怎么成为作家的》，同样阅读关键文段，用自己的话说明名家的写作秘诀。

2. 结合作家的阅读经历，用具体的事例说说读书与写作之间的关系。

**【教学实施要点】**

1. 教学《我的“长生果”》和拓展文本时，不仅要让学生了解作者的写作秘诀，还要探究其获得秘诀的过程，明晰事实与观点的关系。

2. 引导学生用自己的话来说明作家们的写作秘诀。

3. 在说明读书与写作之间的关系时要让学生充分地表达观点,可以不成系统,但要围绕事例与观点展开叙述,两者之间要保持一致性。

## 第二课时 辩论台:多读书就能写好作文吗?

### 一、学习目标

1. 能够有理有据地通过自己或他人的事例说明观点,观点鲜明、事例准确。
2. 能够认真倾听他人的发言,有针对性地追问或回应。
3. 能够从多个角度明白读书与作文之间的关系,初步了解必要不充分条件。

### 二、教学过程

(一)一站到底

1. 小调查,符合条件的同学站着,不符合条件的坐下:

(1)你喜欢读课外书吗?(2)你自己觉得读过的书算多的吗?(3)你觉得读书对你的写作有好处吗?(4)你觉得现在的写作水平挺高吗?

(二)小小辩论台

1. 围绕“多读书就能写好作文吗?”来开展组内讨论,结合各类事例说明观点。
2. 统计正反方人数,根据组内讨论情况各选择 4 名学生进行辩论。

(1)观点清晰、事例恰当、表达准确。

(2)认真倾听、针对回应、质疑追问。

3. 学生评价(表 4-13)。

**表 4-13 “小小辩论台”活动评价表**

| 学生(要求) | 学生 1 | 学生 2 | 学生 3 | 学生 4 |
|---|---|---|---|---|
| 观点清晰 | | | | |
| 事例恰当 | | | | |
| 表达准确 | | | | |
| 认真倾听 | | | | |
| 针对回应 | | | | |
| 质疑追问 | | | | |

4. 明晰多读书与写好作文之间的关系,理解必要不充分条件。

多读书不一定就能写好作文,但要写好作文,必须要有广泛的阅读。

(三)我来说说“读与写”

结合语文园地内容,并补充相关内容,进一步理解读与写的关系。

**【教学实施要点】**

1. 学生辩论可以多进行几组,让学生在实践中了解辩论时的注意点。
2. 对于必要不充分条件,学生接触较少,以此为例之后还要多补充一些生活中的例子,使学生对这一逻辑关系有深入清晰的了解。

单元测评(一课时)　你认同“纸上得来终觉浅,绝知此事要躬行”吗?

一、学习目标

1. 自主阅读《观书有感》,能够明白诗词大意。

2. 理解“纸上得来终觉浅,绝知此事要躬行”所蕴含的启示。

3. 联系学习与生活,谈谈你是否认同“纸上得来终觉浅,绝知此事要躬行”,做到认真听他人说话,有理有据表达。

4. 理解我们可以从不同角度提出观点。

二、教学过程

1. 自主阅读《观书有感》,了解诗歌写作背景与诗人,借助注释了解诗歌大意。

2. 结合自己的学习与生活,围绕“纸上得来终觉浅,绝知此事要躬行”整理自己的观点。

3. 形成小型辩论小组,尝试围绕“纸上得来终觉浅,绝知此事要躬行”进行辩论。在阐述观点过程中要认真听取对方的见解,阐述己方意见时要能够结合生活实际,做到有理有据地表达。

4. 谈一谈“知”与“行”之间的关系。

5. 明白要从不同的角度来提出观点,运用恰当的事例证明观点。

【教学实施要点】

1. 本课时设计的学习活动是对这一单元“有理有据地表达”进行的梳理与巩固。首先学生要借助注释理解诗歌大意,随后运用本单元学习到的知识与能力做到有理有据地表达,过程中要能够结合自身学习和生活经历来谈。

2. 在辩论中教师要关注好学生认真听取对方意见和有理有据表达己方意见这两个方面,使学生做到有针对性地表述,有理有据地表达。

(设计:苏州市平江实验学校　梅佳祺)

## 第二节　实践分享

# 例谈“思辨性阅读与表达”学习任务群的价值与实施

2022 年发布并实施的《义务教育语文课程标准(2022 年版)》明确指出“义务教育语文课程主要以学习任务群组织与呈现”,并强调它是由“相互关联的系列学习任务组成,共同指向学生的核心素养发展,具有情境性、实践性、综合性”。由此我们可以看出,学习任务群的重要指向就是培养学生的核心素养,而所谓素养,则具有根本性、实践性、综合性、创新性等特征。我想这就是我们学习任务群应当发挥的作用及其核心的朝向。

## 一、学习任务群的实施背景与要素

当我们从工业化时代逐渐步入泛智能时代，ChatGPT 与“文心一言”这类基于大数据整合的智能软件将飞快地进入我们的日常生活，它们使得知识的获取变得十分方便。因此，对于当下的学生来说，课堂上事实性、概念性知识的传授已经难以激发他们的学习兴趣，而时代的发展与社会的进步则迫切要求他们直接面对生活中的复杂情境，并尝试顺利解决生活带给他们的问题。基于此，我们的教学也必须从知识本位转向素养本位，要着重思考如何培养学生的学科核心素养，即正确价值观、关键能力与必备品格。可以说，核心素养的培养起点在生活，其最终的指向也在生活。而学习任务群作为其载体，它的设计与实施自然也必须从生活中来，再回到生活中去。

基于以上的认识，任务群思想下的单元整体设计与实施应当以生活为基础，强调语文学科与生活的联系，这样便有利于学生在真实的生活情境中提高语文运用能力。另外，以学习任务为载体，也便于让学生在学科实践的过程中完成从知到行，从学到用的转换，有利于学生核心素养的发展。因此，我们在设计与实践过程中，打破了原本以识记与掌握知识为目标、以教师教授为中心、以教材知识为本、以主题内容逻辑为序的常规教学方式，重构了以理解、迁移、运用为最终目的，以学生学习为中心，以生活情境为本，以问题任务逻辑为序的新的教学方式，直指学生学科核心素养的培养。

## 二、“思辨性阅读与表达”的价值定位

思辨性阅读与表达任务群要培养的是学生的理性思维与理性精神。学生在整个学习实践的过程中，通过语文实践如听、说、读、写等来表达理性声音、理性思维，培养语文关键能力。在倾听、思考、反思、表达的过程中培养理性精神，形成正确的价值观与必备的品格。因此，思辨性阅读与表达任务群作为最后一个发展型学习任务群，从某一个角度来看它是前面几个任务群能力培养的运用与反馈，其“思辨”的特质又是开启拓展型学习任务群的前提与保证。

基于以上的认识，笔者根据五年级上册第八单元课文，设计了“问道读书秘妙”这一学习任务群，将其学习目标定为以下三点：1. 立足冰心等名家有关“读书”的文章引发思考：读书应该博览群书还是跟随兴趣？引导学生从多个角度思考读书的方式及其不同的作用。2. 阅读名家关于“读书”的文章，用表格或导图等方式梳理作者的阅读方法；举行阅读方法分享会，说说怎样的阅读方法更好，学习有理有据地说明观点。3. 围绕“多读就能写好作文吗？”展开辩论，培养学生收集、整理、选择课内外材料的能力，在辩论中做到倾听认真、应对得当、观点明确，阐述有理有据。

## 三、思辨性实践：理性思维与精神的培养路径

立足五年级上册第八单元课文，设计“问道读书秘妙”学习任务群。通过情境生发问题，从而形成任务，在具体的教学中安排了三个学习任务：

任务一“是博览群书还是跟随兴趣？”内含两个学习内容，即读书面面观与讨论读书是

否要有选择。在“读书面面观”中，学生阅读《忆读书》《我的长生果》《我是怎么成为作家的》等名家作品，提炼并交流了名家关于读书的观点，梳理读书收获。讨论则是从班级实际出发，讨论应该博览群书还是根据自己的兴趣选择书籍。学生们根据平时的阅读经验，结合学习与生活谈了自己的阅读习惯。

任务一主要是从“读什么书”这一角度出发，在立足学生生活经验的基础上学习文本，引发思考，完成了前期阅读情况的梳理之后，自然进入对读书方法的讨论。

任务二“什么样的读书方法更好？”包含三个学习内容，在“跟着名家学方法”中，学生阅读了《古人谈读书》《忆读书》，并结合补充资料《怎样读书》，梳理他们的读书方法，用思维导图或图文结合的方式记录下来。在“读书方法分享会”中，学生结合自己的读书经历、事实、成果说明自己的读书方法以及它带来的收获。在“比比哪种读法最管用”中，学生调用了以往的学习经验、事实，将其与观点相结合，在表达时做到了言之有理、言之有据，同时也在分享会中认真听取了其他同学的观点。

任务二的三个活动形成了一个逐层进阶、螺旋递升的任务链。学生们通过学习与实践，完成了课内到课外的知识吸收，文本学习到自我表达的技能转化，阅读积累到观点表达的情感升华，倾听与表达的习惯培养。

任务三“多读就能写好作文吗？”包含了两个学习内容，一个是“探寻作家的写作密码”，学生们阅读了《我的“长生果”》，并依据文本内容获取了作者写作的秘诀，随后再结合梁实秋作品《作文的三个阶段》、沈从文作品《给一个读者》、汪曾祺作品《我是怎么成为作家的》，继续梳理其他作家的写作秘诀并用自己的语言表述并记录下来，从而归纳出读书与写作的关系。另一个是围绕“多读书就能写好作文吗？”进行辩论。学生们分成正反双方进行微型辩论，一方面他们认真听取了对方的观点与事例，从其一致性、合理性上进行思考与反驳，另一方面在进行己方观点表达时也做到了观点与所举例子相一致，能运用观点与材料来谈谈读书与写作的关系。

“问道读书秘妙”这一设计通过多个活动培养学生从多个角度思考问题，并能够借助事例、证据，有理有据地进行论述，做到应对得当、观点明确。不仅培养了学生的思辨性阅读与表达能力，还在过程中让学生意识到思辨性阅读与表达的前提是要做到广泛的阅读、事实的搜集和多角度的思考。

在“思辨性阅读与表达”学习任务群中，学生需要在具有真实生活情境要素的学科任务中进行阅读、质疑、推断、比较、讨论、表达。思辨性阅读与表达，阅读是输入，是带有思考的输入，表达即输出，是立足依据的输出。学生在充分的对话过程中培养有理有据地提出问题、说明观点的能力，培养全面思考、理性表达的习惯。学生在含有生活要素的课堂上形成了能力与习惯之后，才能在生活中进行迁移与运用，进而真正地形成理性思维与精神，发展语文核心素养。

（撰写：苏州市平江实验学校　梅佳祺）

# 第五章 “整本书阅读”学习任务群

本学习任务群旨在引导学生在语文实践活动中，根据阅读目的和兴趣选择合适的图书，制订阅读计划，综合运用多种方法阅读整本书；借助多种方式分享阅读心得，交流研讨阅读中的问题，积累整本书阅读经验，养成良好阅读习惯，提高整体认知能力，丰富精神世界。

——摘自《义务教育语文课程标准(2022 年版)》

## 第一节 教学案例

**“整本书阅读”学习任务群（一年级）**

## 案例一 发现小蜗牛的秘密

### 第一部分 单元设计

**一、设计依据**

《义务教育语文课程标准(2022 年版)》“整本书阅读”学习任务群关于第一学段的学习内容提出：阅读富有童趣的图画书等浅易的读物，体会读书的快乐。阅读自己喜欢的童话书，想象故事中的画面，学习讲述书中的故事。一年级学生整本书阅读经验尚不足，根据课标要求，“发现小蜗牛的秘密”学习任务群旨在带领学生感受阅读乐趣，并尝试讲述书中故事。本任务群结合的教材内容是统编版小学语文教材一年级上册第八单元，该单元主题为“观察”，其中有一篇课文是《小蜗牛》，因此本任务群选择了同为“观察”主题，主角是“蜗牛”的绘本《蜗牛的日记》作为整本书阅读的材料，从课内延伸到课外，契合一年级孩子喜欢探索大自然，对未知世界有强烈好奇的身心特点，激发学生观察自然的兴趣。

## 二、主题内容与目标

（一）单元主题

发现小蜗牛的秘密。

（二）学习内容

图画书:《蜗牛的日记》。

（三）学习目标

1. 能利用图画书图文对应的特点,仔细观察图画,阅读日记,了解文本内容。

2. 能通过阅读,了解一些自然常识,激发观察自然、观察生活的兴趣,体会阅读的快乐。

3. 能对照图画,边想象边讲故事。

## 三、学习情境与任务框架

（一）学习情境

蜗牛家生宝宝,每次生多少个？蜗牛有多少种类？蜗牛喜欢什么时候出来活动？蜗牛有哪些天敌？……这些都是孩子们感兴趣的话题。走进自然场景,观察真实的蜗牛,结合已有生活经验和知识积累,说说对蜗牛的认识,激发学生了解蜗牛的兴趣。阅读图画书《蜗牛的日记》,了解故事内容;仿照图画书的内容,给蜗牛画张像,说说对蜗牛的最深印象,分享从故事中了解到的蜗牛的特点;扩充蜗牛日记,根据图画展开想象说故事,表达对蜗牛的喜爱。

（二）任务框架

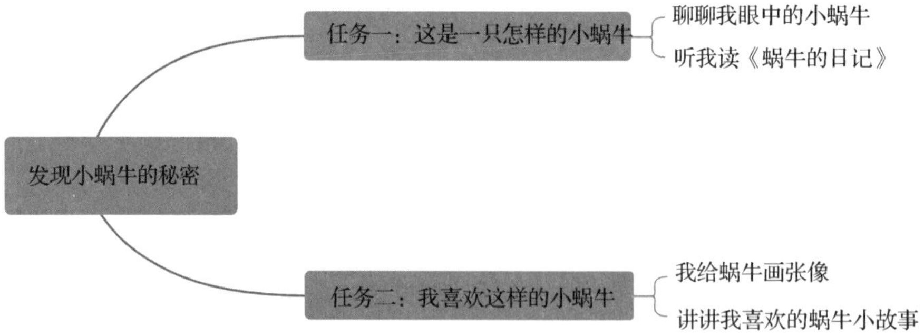

## 四、活动设计与教学提示

### （一）学习活动与课时安排（表5-1）

表5-1 “发现小蜗牛的秘密”学习活动与课时安排表

| 单元任务 | 学习活动 | 学习内容 | 课时安排 |
| --- | --- | --- | --- |
| 发现小蜗牛的秘密 | 任务一：这是一只怎样的小蜗牛 | 1. 聊聊我眼中的小蜗牛。结合学生已有生活经验和文本阅读中了解到的对蜗牛的认识，聊一聊、找一找、拍一拍蜗牛都可以。<br>2. 听我读《蜗牛的日记》。学生运用图文结合、猜读等方法先自己尝试阅读，随后在老师的指导下读图画书，了解故事内容，对小蜗牛形成“初印象”。 | 1 |
| | 任务二：我喜欢这样的小蜗牛 | 1. 我给蜗牛画张像。对小蜗牛有了“初印象”后，仿照图画书第一页的形式，选取故事中最感兴趣的一个内容，给小蜗牛画像，并以第一人称配上简短的一句话。<br>2. 讲讲我喜欢的蜗牛小故事。选取最喜欢的一篇蜗牛日记，对照图画，通过想象充实日记内容，尝试讲讲蜗牛的小故事，将三言两语的蜗牛日记变得更加具体生动。 | 1 |
| 单元测评 | 举办“我的蜗牛日记”沙龙分享 | 1. 以多种方式分享“我的蜗牛日记”，可以是对故事的演绎，也可以是新的创编，也可以是生活中的观察实录，给学生表达的自由。<br>2. 交流学习到的阅读方法。 | 1 |

### （二）设计说明与实施要点

“发现小蜗牛的秘密”这一学习任务群，旨在让学生在真实有趣的情境中感受到阅读的乐趣，学习借助读物中的图画阅读，产生关心自然和生命的美好向往。让学生在轻松有趣的氛围下爱上阅读、爱上自然、爱上科学。

孩子们喜欢小动物，对未知世界有强烈的好奇心，因此，要引导孩子用他们的视角观察自然、观察生活。本任务群设计围绕一年级上册第八单元展开，单元主题为“观察”，结合其中一篇课文《小蜗牛》，因此，本单元整本书阅读活动选择了以“观察”为主题，主角为“蜗牛”的图画书《蜗牛的日记》。《蜗牛的日记》是一本科学童话绘本，从科学的角度生动、详细介绍了蜗牛的特点、生活习性，同时以充满童趣的日记形式，用可爱的卡通形象展现了蜗牛乐观、积极的精神，激发孩子的好奇心和探索欲，同时带给孩子温暖和感动。

本任务群以“发现小蜗牛的秘密”为主题，考虑到整本书的特点，基于学生的生活经验设计两个学习任务：任务一“这是一只怎样的小蜗牛”，结合学生已有生活经验以及在过往阅读中了解到的知识，交流自己印象中的蜗牛，再初读图画书了解故事内容，形成小蜗牛的“初印象”，激发阅读兴趣；任务二“我喜欢这样的小蜗牛”，通过画一画小蜗牛、介绍小蜗牛的特点、讲讲小蜗牛的故事，帮助学生更加深入地了解小蜗牛的习性特点，体会故事的有趣，锻炼讲述故事的能力，实现阅读能力的提升。

## 五、资源支持与技术支持

(一) 学习资源

1. 文本资源:《蜗牛的日记》。

2. 网络资源:蜗牛的相关图片、视频。

(二) 工具技术

设计过程评价以及单元测评的分级质量标准。

## 六、过程评价与单元测评(表5-2)

表5-2 "发现小蜗牛的秘密"过程评价与单元测评表

| 评价 | 内容 | 基本标准 |
|---|---|---|
| 过程评价 | 任务一:这是一只怎样的小蜗牛 | 1. 能结合已有的生活和学习经验,表述对蜗牛的认识。<br>2. 能够运用图文结合、猜读等方法独立阅读。<br>3. 能够在老师的指导下,大致把握整本书的主要内容。 |
| | 任务二:我喜欢这样的小蜗牛 | 1. 能够仿照图画书,给小蜗牛画像,并用简短的话介绍蜗牛的某个特点。<br>2. 能够根据书本中的某一篇日记内容,讲讲蜗牛故事。讲清故事的起因、经过、结果,乐于与同伴分享。 |
| 单元测评 | 举办"我的蜗牛日记"沙龙分享 | 1. 能用个性化的方式讲一讲、演一演、拍一拍"我的蜗牛日记",乐于观察、乐于表达、乐于交流。<br>2. 能分享在活动中积累的阅读方法。 |

# 第二部分 课堂实践

## 任务一 这是一只怎样的小蜗牛(一课时)

### 第一课时 这是一只怎样的小蜗牛

#### 一、学习目标

1. 通过交流,激发学生对蜗牛的兴趣。

2. 阅读《蜗牛的日记》,学习阅读故事书的基本方法,大致了解故事内容,初步感知蜗牛的习性特点。

#### 二、教学过程

(一) 聊聊我眼中的小蜗牛

1. 联系课文《小蜗牛》,说说课文中的蜗牛给你留下了怎样的印象。

2. 出示图片、视频等多媒体素材,联系自己的生活经验,聊聊你心目中的小蜗牛有怎样的特点。

（二）听我读《蜗牛的日记》

1. 观察图片，自己尝试读一读故事，遇到不认识的字猜一猜。

2. 听老师读故事，看看自己猜对了多少故事内容。

3. 在老师的指导下，了解蜗牛的一家、蜗牛的敌人、蜗牛的食物、蜗牛的作息等。

**【教学实施要点】**

1. 对于一年级学生来说，整本书阅读活动应设置得轻松愉快，以激发学生的阅读兴趣为主。教师应在第一课时充分调动起学生的阅读积极性和对小蜗牛的探究热情。

2.《蜗牛的日记》没有拼音，因此，本课时主要是指导学生结合图片理解故事内容，对文本进行“猜读”，对故事有一个大致把握即可，不要求学生能完整朗读，不必过于纠结字词读音，以免学生产生畏难情绪。

**任务二：我喜欢这样的小蜗牛（一课时）**

### 第一课时　我喜欢这样的小蜗牛

**一、学习目标**

1. 通过画一画、说一说，进一步了解蜗牛的习性特点。

2. 通过观察图片、结合文本，想象画面中的内容，讲述故事，锻炼口头表达能力。

**二、教学过程**

（一）我给蜗牛画张像

1. 一起看图画书第一页，“小像＋简介”形式有趣、简明地介绍了蜗牛的特点。

2. 仿照图画书第一页内容，抓住蜗牛身上最让你感兴趣的一个特点，画一幅小像。

3. 仿照图画书第一页内容，用第一人称，给小像配一句话，介绍这个特点。

（二）讲讲我喜欢的蜗牛小故事

1. 老师示范：根据一则日记进行故事扩讲，指导讲清故事的方法。

2. 学生尝试：选取最喜欢的一则日记，观察所配插图，想象画面中的故事，自主练讲。

3. 小组分享：把故事讲给同伴听，能讲清起因、经过、结果。

4. 推荐展示：小组推荐“最佳故事”，与全班分享。

**【教学实施要点】**

1. 在让学生给蜗牛画小像时，要引导学生在画面中体现出蜗牛的特点，夸张一点也无妨，不必刻意追求美观与逼真。相比文字，一年级的孩子更喜欢用绘画表达，要保护他们的积极性。

2. 在指导学生讲故事时，教师应侧重指导将故事“讲清楚”，无须强调“讲生动”，一切语文实践活动应该符合学生的身心发展规律。

### 单元测评(一课时)　举办“我的蜗牛日记”沙龙分享

**一、学习目标**

1. 用个性化的方式讲一讲、演一演、拍一拍“我的蜗牛日记”。
2. 鼓励学生乐于观察、表达和交流,分享在活动中积累的阅读方法。

**二、教学过程**

(一)个性化展示“我的蜗牛日记”

1. 讲一讲:通过前两个课时的积累,尝试小组合作,配合各自所画蜗牛小像,接龙讲一讲“蜗牛日记”。

2. 演一演:上台将你最感兴趣的蜗牛特点,通过夸张有趣的表演,展示给大家看。可以采取小组合作的形式。

3. 拍一拍:通过拍视频的形式,将生活中观察到的小蜗牛向伙伴进行展示,让大家直观感受到蜗牛的可爱之处。

(二)评选“蜗牛日记”之最

1. 评一评:你最喜欢哪位(组)同学的展示,说说理由,并说说从他们身上学到了什么阅读好办法。

2. 选一选:通过大家投票表决,选出“最细致”“最生活”“最创意”等奖项,让学生关注帮助阅读的好方法。

**【教学实施要点】**

1. 在学生进行个性展示时,要适时引导学生关注他人在阅读时的好方法,比如:细致观察插图,留意文本细节;联系生活实际理解文本,带着问题去生活中求证;基于文本创作演绎,进行个性表达等。

2. 在引导学生展示时,首先要立足于提升一年级学生的阅读兴趣,其次要鼓励学生在阅读时加入自己的思考。

(设计:苏州市劳动路实验小学校　王静壁)

**“整本书阅读”学习任务群(四年级)**

# 案例二　做中国神话传说传讲人

## 第一部分　单元设计

**一、设计依据**

《义务教育语文课程标准(2022 年版)》“整本书阅读”学习任务群关于第二学段的学

习内容提出：阅读表现英雄模范事迹的图书，如《小英雄雨来》《雷锋的故事》等，讲述英雄模范的动人故事；阅读儿童文学名著，如《稻草人》《爱的教育》等，感受作品传达的真善美，用自己喜欢的方式讲述故事大意；阅读中国古今寓言、神话传说等，学习其中蕴含的中华智慧，口头或书面分享自己获得的启示。本单元从《中国神话传说》这本书入手，创设有效的学习实践活动，推动学生不止步于读故事，还能主动留心神话的特征，感受神话的神奇色彩，结合真实的任务情境，在阅读和交流、互动和思考中提升阅读能力，进而提升阅读品质。

### 二、主题内容与目标

（一）单元主题

做中国神话传说传讲人。

（二）学习内容

《中国神话传说》（曹文轩、陈先云主编）。

（三）学习目标

1. 能根据需要自主制订阅读计划并完成阅读，把握书本内容；能运用多种读书方法，提升阅读成效。

2. 能初步把握神话故事中的人物形象，知道人物的巨大成就和伟大精神，感受神话魅力，得到优秀传统文化熏陶。

3. 能用多种方式表达自己对神话故事的理解，分享自己的体会，领悟古人的想象与智慧；能通过重组重编书本内容，初步理解古代神话的深刻意义。

### 三、学习情境与任务框架

（一）学习情境

女娲补天、后羿射日、神农尝百草……很久很久以前的世界，很久很久以前的中国故事，一代代口耳相传。阅读《中国神话传说》，走进那个令人称奇的神话传说世界，去感受我们的祖先改造世界的智慧和力量，去讲好我们中国的神和英雄的故事，争当一名中国神话传说传讲人。

（二）任务框架

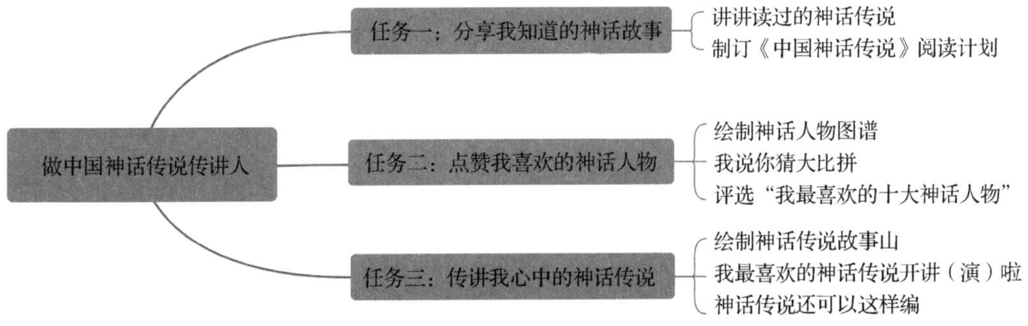

## 四、活动设计与教学提示

### （一）学习活动与课时安排（表 5-3）

表 5-3 “做中国神话传说传讲人”学习活动与课时安排表

| 单元任务 | 学习活动 | 学习内容 | 课时安排 |
|---|---|---|---|
| 做中国神话传说传讲人 | 任务一：分享我知道的神话故事 | 1. 讲讲读过的神话传说。交流之前听过或读过的神话传说，初步感受阅读神话的快乐和讲述神话的趣味。<br>2. 制订《中国神话传说》阅读计划。结合书本特点，自主设计并完善阅读计划及阅读记录卡，按计划读完整本书。 | 1 |
| | 任务二：点赞我喜欢的神话人物 | 1. 绘制神话人物图谱。选择自己喜欢的一个或几个神话人物制作形象卡片，加上对人物的简介或特点概括。<br>2. 我说你猜大比拼。展示分享人物图谱和简介，猜名字或神话题目。<br>3. 评选“我最喜欢的十大神话人物”。为自己喜欢的神话人物撰写参选标语，突出人物的巨大成就和伟大精神。 | 1 |
| | 任务三：传讲我心中的神话传说 | 1. 绘制神话传说故事山。用绘制结构图等方式厘清故事主要情节，整体把握每个篇章的故事内容。<br>2. 我最喜欢的神话传说开讲（演）啦。通过讲述或演绎的方式，分享自己最喜欢的神话故事，感受神话魅力，领略古人的想象与智慧。<br>3. 神话传说还可以这样编。尝试根据不同主题重新编排神话故事，提升对古代神话的理解。 | 1 |
| 单元测评 | 举办神话传说讲演会 | 1. 用个性化的方式讲演中国神话传说故事。<br>2. 用多种方式交流自己的读书方法和感悟。 | 1 |

### （二）设计说明与实施要点

朱永新教授提出：“一个人的精神发育史就是他的阅读史，一个民族的精神境界取决于这个民族的阅读水平。”统编版教材建构“精读—略读—整本书阅读”三位一体阅读体系，旨在帮助学生扩大阅读面，增加阅读量，使学生在提升语文核心素养的同时，不断获得精神滋养。本任务群旨在引导学生在语文实践活动中掌握多种整本书阅读方法，主动分享自己的阅读体会，积累阅读经验，养成阅读习惯，这对于提高学生的整体认知能力，丰富精神世界非常重要。

四年级上册第四单元“快乐读书吧”与神话故事单元一脉相承，在学生学习《盘古开天地》《精卫填海》《女娲补天》等神话故事之后，推荐、引导他们阅读中国古代神话故事，使他们感受神话永恒的魅力。曹文轩、陈先云主编的《中国神话传说》，是以汉族神话传说为中心，同时吸收部分其他民族的神话传说编撰而成。编者根据一般神话传说的叙事顺序，把情节相关的各个作品安排在适合的位置，以“五方天帝”和“人间五帝”为纲，努力构建神话故事的总体框架，对零散的神话故事进行了整合，使读者能从整体上把握中国神话的体系，同时也能帮助读者更真切地感悟中国神话传说的艺术魅力，了解中国神话传说的意义。本任务群以“做中国神话传说传讲人”为主题，结合整本书的特点，根据学生实际能力和情感需求，设计了三个学习任务：任务一“分享我知道的神话故事”，旨在引导学生从自身阅读积累和生活经验出发，交流已知的神话传说，初步感受阅读神话的快乐和讲述神话的趣味，再根据书本特点，自主设计并完善阅读计划，为后续的深入阅读打下基础；任务二“点赞我喜欢的神话人物”，旨在引导学生选择自己喜欢的一个或几个神话人物做形象卡片，配上对应的人物简介或特点概括，然后组织“我最喜欢的十大神话人物”评选，让学生为自己喜欢的神话人物撰写参选标语，突出人物的巨大成就和伟大精神，推动学生在活动中提升综合能力；任务三“传讲我心中的神话传说”，旨在引导学生用结构图理清故事主要情节，整体把握每个篇章的故事内容，然后通过讲述或演绎的方式，分享自己最喜欢的神话故事，在实践中感受神话的魅力，领略古人的想象与智慧，最后鼓励学生尝试根据不同主题重新编排，促进理解古代神话的深刻意义，推动语文能力的综合提升。

本任务群的三个任务关联紧密，实现了文本学习、言语实践、阅读积累和生活经验的有机结合，通过充分的实践活动，引导学生基于真实的学习情境，具体的驱动任务，自主开展言语实践。学生在传讲神话故事的过程中，逐步领略神话的文化内涵和无穷魅力，激发对优秀传统文化的热爱，主动担起传承职责，实现语言运用和文化自信的完美融合，落实知识本位走向素养本位的转变和落地。

## 五、资源支持与技术支持

### （一）学习资源

1．文本资源：《中国神话传说》。

2．网络资源：神话人物图片、动画故事视频等。

### （二）工具技术

网络搜索、评价标准等。

## 六、过程评价与单元测评（表 5-4）

**表 5-4 “做中国神话传说传讲人”过程评价与单元测评表**

| 评价 | 内容 | 基本标准 |
|---|---|---|
| 过程评价 | 任务一：分享我知道的神话故事 | 1．能根据图片说出典型神话人物；能基于自己的阅读积累简单讲述神话传说；能结合前期的课文学习和当场的故事讲述，初步感受神话故事的神奇和趣味。<br>2．能结合书本特点、课标要求和能力基础，自主设计并完善阅读计划；能根据自己的喜好，设计个性化的阅读记录卡，帮助自己按计划读完整本书。 |

续表

| 评价 | 内容 | 基本标准 |
|---|---|---|
| 过程评价 | 任务二：点赞我喜欢的神话人物 | 1. 能简要说出自己喜欢的神话人物的特点、生平经历、相关重要事件等；能为自己喜欢的一个或几个神话人物制作人物形象卡片，把握人物特点或概要。<br>2. 能通过人物图谱或简介，说出相关的神话人物名称或神话故事题目；能把握神话人物的典型特征或神话故事的主要场景。<br>3. 能为自己喜欢的神话人物撰写宣传标语；能对神话人物的成就和精神做出简单评价。 |
| | 任务三：传讲我心中的神话传说 | 1. 能运用各类示意图来梳理神话故事主要情节，整体把握故事内容。<br>2. 能大方、自信地讲述或演绎自己喜欢的神话故事；能通过故事讲演来表达自己的阅读感悟。<br>3. 能建立不同编排主题，对神话故事进行重新编排；能在创造性表达的过程中展示对古代神话的更深刻理解。 |
| 单元测评 | 举办神话传说讲演会 | 1. 能运用自己擅长的方式生动讲演中国神话传说故事。<br>2. 能主动分享有价值的读书方法和有深度的阅读感悟。 |

# 第二部分　课堂实践

## 任务一　分享我知道的神话故事（一课时）

### 第一课时　分享我知道的神话故事

**一、学习目标**

1. 能讲述读过的神话故事，并在讲述过程中感受神话故事的趣味和阅读神话的快乐，产生对整本书阅读的兴趣。

2. 能借助目录把握整本书内容框架，并依据框架科学制订阅读计划，设计个性化的阅读卡，督促整本书阅读的实施。

**二、教学过程**

（一）讲讲读过的神话传说

1. 看图猜人，说说猜的依据，聊聊与人物相关的故事。

2. 交流讲述自己知道的神话故事，简单分享自己的感受。

3. 阅读《中国神话传说》编者导语，初步了解神话的意义。

（二）借助目录，制订阅读计划

1. 浏览目录，谈谈发现。

2. 简介“天方五帝”和“人间五帝”，了解中国古代神话传说的大背景，初步实现对书本内容的整体把握。

3. 结合目录特点,制订阅读计划(图 5-1),相互交流、完善。

《中国神话传说》阅读计划

1. 我计划用(　　)天读完这本书。

2. 我每天读(　　)个故事。

3. 我每天计划花(　　)分钟进行阅读。

**图 5-1**

4. 设计个性化的阅读打卡表(参考样例表 5-5)和阅读打卡单(参考样例表 5-6),通过打卡表和打卡单分享自己的读书方法,鼓励相互学习、借鉴。

**表 5-5 《中国神话传说》阅读打卡表**

| 日期 | 书名(篇名) | 起始页 | 结束页 | 阅读时长 |
|---|---|---|---|---|
| | | | | |
| | | | | |
| | | | | |

**表 5-6 《中国神话传说》阅读打卡单**

| | |
|---|---|
| 篇名: | 阅读时间: |
| 喜爱程度: | 阅读时长: |
| 有新鲜感的词语: | |
| 我喜欢的句子: | |
| 我的阅读感悟: | |
| 家长评价: | |

**【教学实施要点】**

1. 利用单元学习的基础,拉近学生和神话的距离。从学生的已知知识入手,唤醒部分记忆,激发阅读神话的兴趣,提高积极性。

2. 借助目录,引导学生从整体上把握整本书的框架结构,进而了解编者的编排意图,并将之作为阅读计划制订的重要参考依据。

3. 重点指导阅读计划的制订,结合课标对中年级学生的要求,提高阅读计划的科学性和可行性。推动设计阅读打卡单,鼓励分享、展示样例,保障学生自主阅读的空间。

## 任务二　点赞我喜欢的神话人物（一课时）

### 第一课时　点赞我喜欢的神话人物

#### 一、学习目标

1. 能通过阅读，把握神话人物的生平经历、个性特点和相关重大事件。

2. 能结合神话人物的相关经历和成就，通过讨论、辨析，说出神话人物的优点和不足。

3. 能运用个性化的手段对神话人物做出评价，能通过相关实践活动，对神话人物形成更加全面的认识。

#### 二、教学过程

（一）绘制神话人物图谱

1. 交流自己喜欢的神话人物，讲清人物的特点和相关的重要事件。

2. 围绕自己喜欢的神话人物，选读一段书中内容，具体说说对人物的理解和喜欢的原因。

3. 为自己喜欢的一个或几个神话人物制作人物形象卡片，注意突出人物形象上的特征，写好人物的简要介绍，人物特点要清晰。

（二）我说你猜大比拼

1. 开展线索题游戏，提供图片、情节、称呼、事件等线索，根据线索的逐一呈现，猜测神话人物。

2. 展示分享自己制作的神话人物形象卡片，根据三个标准进行集体交流评议：① 讨论人物形象的呈现是否典型；② 人物经历的重要事件是否遗漏；③ 人物特点的提炼是否准确。

3. 根据集体评议的意见，借鉴其他同学作品的优点，修改完成自己制作的人物形象卡片。

（三）评选“我最喜欢的十大神话人物”

1. 聊聊自己喜欢的神话人物，说说他的哪个方面吸引了自己，有哪些优点和不足。

2. 宣布开展“我最喜欢的十大神话人物”评选活动，围绕人物的巨大成就和伟大精神，为自己喜欢的神话人物撰写参选标语。

3. 组织投票，选择部分学生现场采访，说说投票理由。

4. 汇总高票数的神话人物，探究这些神话人物的共性特点，感悟到神话人物是古代劳动人民的愿望体现和精神寄托。

**【教学实施要点】**

1. 正确把握神话人物是本次阅读的一个难点。书中的神话人物，有一些学生已经有所了解，只是认知比较浅显，如后羿、嫦娥等，还有一些学生则较为陌生。教学中，必须紧扣故事内容，尤其是对关键情节的理解，以此来更好地理解人物，全面把握人物形象。

2. 神话传说中的人物,其性格和行动未必一成不变,亦有喜怒哀乐,也会爆发矛盾和斗争,形象具有多面性。教学中,必须带领学生反复阅读、充分比较,对神话人物形成科学的评价。

3. 神话人物评选重在指导学生将自己的意思表达清楚,同时能对他人的意见做出中肯的评价,提高学生的表达和辨析能力。

任务三　传讲我心中的神话传说(一课时)

## 第一课时　传讲我心中的神话传说

### 一、学习目标

1. 能借助结构图等工具理清故事脉络,把握重要情节,丰富整本书阅读的基本方法,提升阅读能力。

2. 能运用讲述或演绎的方式,分享自己喜欢的神话故事,并在具体的语文活动实践中进一步体验神话的魅力,领略古人的想象与智慧。

3. 能对众多神话传说搭建个性化的理解和分类,并尝试根据不同主题重新编排神话故事,增强对神话传说的深刻认识。

### 二、教学过程

(一)绘制神话传说故事山

1. 以“炎帝”为例,指导学生完善神话人物关系图(图5-2)。

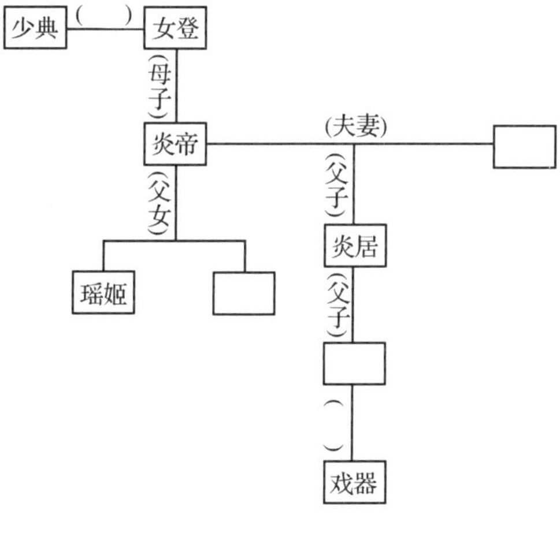


图5-2

2. 自主绘制其他的人物关系图。

3. 说说哪些人物之间发生了怎样的故事,从中选择一个自己喜欢的神话故事,按照故事的发生、发展、高潮、结局的顺序厘清主要情节,绘制情节发展图(图5-3)。

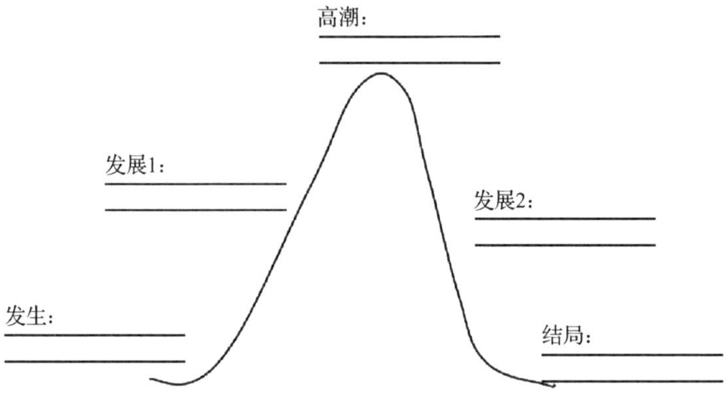


**图 5-3**

（二）我最喜欢的神话传说开讲（演）啦

1. 根据前面绘制的神话故事山形图，练习讲述，并在小组内分享，听听同学们的建议，完善自己的讲述。

2. 开展“神话故事传讲会”活动，自荐或小组推荐，上台讲述神话传说，师生集体点评。

（三）神话传说还可以这样编

1. 借助目录再次纵览回顾，明确全书是按照“起源”“五方天帝”“人间五帝”的时序来编排所有神话故事的。

2. 将所有神话故事打散，鼓励学生建立不同类别标准，将神话故事进行归类，如突出英雄形象的、描绘战争场景的、创世创造的，等等。

3. 大胆尝试按照另一种标准来编排书中的神话传说，深入理解神话故事间的联系，深入领悟古代人民创造出每一个传说的深刻内涵。

**【教学实施要点】**

1. 借助思维导图的构建，帮助学生更好地厘清神话人物之间的关系，为清楚地讲述故事做好铺垫。

2. 运用山形图等方式提炼故事框架，为学生完整讲述神话故事提供有力支撑，同时也能引导学生聚焦重点情节讲具体。

3. 神话传说重编，重点在于帮助学生开拓思维，在深入思考中发现诸多神话传说的各类共性特征，建构单个传说之间的意义关联，促使学生更深刻地感受到古代神话有其内在联系，从而深化对神话的理解。

## 单元测评（一课时） 举办神话传说讲演会

### 一、学习目标

1. 能运用个性化的方式生动讲演自己喜欢的神话传说故事。

2. 能通过实践活动表达自己独特的阅读经历和感悟。

## 二、教学过程

（一）评选“最佳神话故事传讲人”

1. 在充分练习和小组选拔的基础上，各小组选派一人现场讲演自己喜欢的神话传说。

2. 结合标准进行客观评价（表5-7），现场评选“最佳神话故事传讲人”。

表5-7 “神话故事传讲人”活动评价表

| 项目 | 要点 | 达成度（1星~5星） |
| --- | --- | --- |
| 内容 | 内容完整、条理清晰、重点情节具体、人物特点突出 | |
| 表达 | 语句流畅、吐字清晰、语速快慢合理、语调起伏恰当 | |
| 形象 | 态度大方、表情丰富、能恰当运用多种体态语 | |

（二）对话“最佳神话故事传讲人”

1. 组织一个小型沙龙，现场采访获奖同学，引导交流讲好神话传说的体会心得，分享各自的练习历程。

2. 邀请现场同学和获奖同学对话，彼此分享传讲神话的收获，鼓励大家讲好传说故事，增强文化认同感和民族自豪感。

**【教学实施要点】**

1. 借助前期摸排和定向指导，推动各种不同内容、不同形式的同学上台参与评选，力争参评学生能够多样化地呈现神话传说内容。

2. 借助沙龙引导学生回顾练习过程，分享有价值的阅读方式和感悟，通过组织对话开展相互学习。

3. 借助活动引导学生感受阅读神话的快乐和讲述神话的乐趣，同时领略远古先民的智慧与力量，增强文化认同感和民族自豪感。

（设计：苏州市梓义实验小学校 王 琪）

**“整本书阅读”学习任务群（六年级）**

# 案例三 我是小英雄代言人

## 第一部分 单元设计

### 一、设计依据

《义务教育语文课程标准（2022年版）》“整本书阅读”学习任务群关于第三学段的学习内容提出：阅读反映革命传统的作品，如《可爱的中国》《小兵张嘎》《闪闪的红星》等，讲述自己感受到的家国情怀和爱国精神。《小兵张嘎》自诞生之日起就成为家喻户晓的红色经典作品，学生也非常喜欢这个故事。本单元通过开展《小兵张嘎》整本书阅读活动，引导学生在梳理故事情节、聚焦人物形象、讲述英雄故事、演绎红色经典的过程中感受革命精神与爱国情怀，同时结合制订阅读计划、完成阅读打卡、交流阅读经验、展示阅读成果等活动，体验阅读乐趣，建构阅读思维，养成阅读习惯。

## 二、主题内容与目标

### （一）单元主题

我是小英雄代言人。

### （二）学习内容

1. 文本阅读：徐光耀《小兵张嘎》（人民文学出版社）。

2. 学生的已有经验：六年级学生已初步具备阅读表现英雄模范事迹这类图书的经验，能自主制订阅读计划，能讲述英雄模范故事。

### （三）学习目标

1. 能自主制订阅读计划，有速度、按计划完成阅读打卡。

2. 能通过给章节命名来梳理情节发展，厘清人物关系，学会阅读中篇小说的方法，初步感受抗日小英雄的成长经历。

3. 能结合自身体会撰写人物颁奖词，表达对英雄人物的理解，感悟革命斗争精神和英雄气概。

4. 能结合具体情节进行表演，体会抗日小英雄张嘎与敌人斗智斗勇的生动故事；在活动中受到英雄人物的精神感染，得到革命传统文化熏陶。

## 三、学习情境与任务框架

### （一）学习情境

中华民族从古至今就是一个英雄辈出的民族，无数的英雄志士为了国家安全和民族尊严，同国内外敌人进行了长期的、气壮山河的浴血奋战和殊死搏斗，才换来了国家独立、民族解放、人民幸福。在读《小兵张嘎》前，自主制订阅读计划，根据个性差异，实施阅读打卡，调动学生的阅读兴趣；读一读不同的章节，通过绘制故事山形图，梳理嘎子成长大事件；聚焦人物形象，为喜欢的人物撰写颁奖词，举行“我心中的小英雄”颁奖会，表达对英雄人物的理解；为最紧张的情节打分，与小伙伴一起合作表演，举办“嘎子小剧场”，感受革命精神与爱国情怀。

（二）任务框架

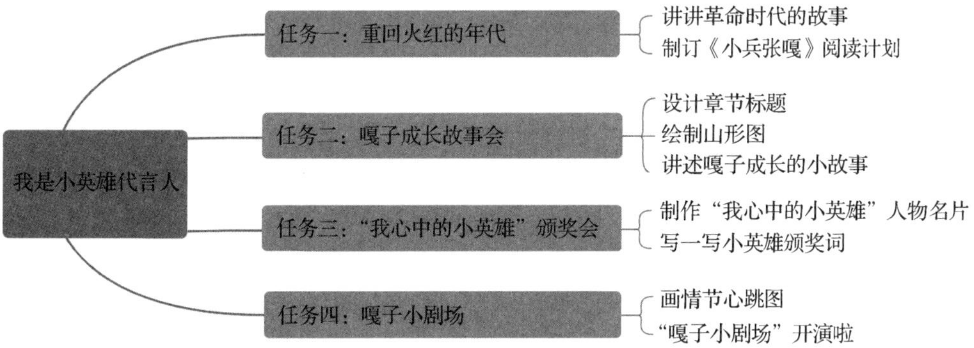


## 四、活动设计与教学提示

### （一）学习活动与课时安排(表5-8)

**表5-8 “我是小英雄代言人”学习活动与课时安排表**

| 单元任务 | 学习活动 | 学习内容 | 课时安排 |
|---|---|---|---|
| 我是小英雄代言人 | 任务一：重回火红的年代 | 1. 讲讲革命时代的故事。走进革命时代，讲述读过的、听过的革命故事。<br>2. 制订《小兵张嘎》阅读计划。合理分配阅读时间和阅读速度，制订阅读计划；设计“阅读卡片”，能按照计划持续进行阅读打卡，完成阅读任务。 | 2 |
| | 任务二：嘎子成长故事会 | 1. 设计章节标题。运用不同方法设计章节标题，借助图表或思维导图等形式呈现嘎子成长事件。<br>2. 绘制山形图。聚焦印象最深刻的成长事件，借助山形图梳理该事件的主要内容。<br>3. 讲述嘎子成长的小故事。开展多种形式的讲故事活动，感受嘎子的成长经历。 | 1 |
| | 任务三：“我心中的小英雄”颁奖会 | 1. 制作“我心中的小英雄”人物名片。选择最喜欢的英雄人物，用人物图谱或人物海报等图文结合的方式为其制作个性化的名片。<br>2. 写一写小英雄颁奖词。结合小说内容及认识理解创作颁奖词，进行人物评价，举办“我心中的小英雄”颁奖会。 | 1 |
| | 任务四：嘎子小剧场 | 1. 画情节心跳图。根据情节的紧张程度绘制心跳图，为情节紧张感打星。<br>2. “嘎子小剧场”开演啦。选择最紧张的一个情节，组建表演小组，合作改编剧本，参加“嘎子剧场”表演。 | 2 |
| 单元测评 | 好书推荐会 | 1. 回顾阅读《小兵张嘎》的过程，梳理总结阅读方法，完成阅读反思单。<br>2. 通过线上“读书互动平台”和同学分享、展示读书笔记，交流阅读经历。<br>3. 总结《小兵张嘎》吸引自己的几个特点，撰写好书推荐。 | 1 |

（二）设计说明与实施要点

语文学科一直以来是继承革命文化、落实革命传统教育的重要课程，《义务教育语文课程标准（2022 年版）》“整本书阅读”学习任务群第三学段推荐的红色经典书籍《小兵张嘎》，可以成为落实这一精神和要求的可选路径之一。

《义务教育语文课程标准（2022 年版）》“整本书阅读”学习任务群指出：本学习任务群旨在引导学生在语文实践活动中，根据阅读目的和兴趣选择合适的图书，制订阅读计划，综合运用多种方法阅读整本书；借助多种方式分享阅读心得，交流研讨阅读中的问题，积累整本书阅读经验，养成良好阅读习惯，提高整体认知能力，丰富精神世界。因此，在《小兵张嘎》整本书阅读中，要突出整本书阅读在提升统筹把握、整体认知能力，建构学生精神世界等方面的重要功能；倡导学生学会自主阅读，探索个性化阅读方法，养成良好的阅读习惯，提高整本书阅读效率；引导学生积累阅读整本书的经验，学会将阅读经验迁移运用到其他书的阅读过程中。

《小兵张嘎》这本书是围绕小兵张嘎从起初对革命工作只有一腔热情，还不时要冒“嘎”劲的一个顽皮孩子，逐渐成长为一名胸怀家国、敢于牺牲的小英雄展开叙述的。结合“整本书阅读”学习任务群第三学段的学习内容，提炼了单元任务群主题“我是小英雄代言人”，并设计四个任务。任务一“重回火红的年代”，旨在引导学生走进火红的革命年代，讲述读过的、听过的革命故事，交流感兴趣的话题，通过阅读“导读”“再版前言”“知识链接”等材料，从中获得信息，并能制订阅读计划，按照计划持续进行阅读打卡，完成阅读任务，激发学生对文本产生持续的阅读兴趣，推动阅读任务的有序开展。任务二“嘎子成长故事会”，旨在引导学生画一画故事山形图，梳理出整本书的主要情节，学会设计图表或思维导图，激发学生发现嘎子成长过程中的大事件，并能积极参加讲故事活动，把最激动人心的成长小故事讲给大家听。任务三“‘我心中的小英雄’颁奖会”，旨在引导学生关注整本书最核心的人物，通过制作人物名片、写颁奖词、举办颁奖会等活动将革命精神的认识、爱国情怀的感悟和人物形象、读者感想融合在一起，形成有血有肉的评价。任务四“嘎子小剧场”，旨在通过绘制情节心跳图，选择最紧张的一个情节，小组合作改编课本剧并进行演出，引导学生强化阅读体验，固化阅读成果，交流阅读经验。

本任务群四个任务之间呈现螺旋递进的关系，遵循学生学习逻辑和生活逻辑的统一。四个任务将学习内容与学生的真实生活紧密相连，贯穿中华优秀传统文化、革命文化方面的学习内容，侧重引导学生建构阅读整本书的经验，探索个性化的阅读方法，融合问题导向、自主合作、个性化、创造性等因素，关注语言文字运用的新现象和跨媒介运用的新特点。

**五、资源支持与技术支持**

（一）学习资源

1. 文本资源：徐光耀《小兵张嘎》（人民文学出版社）。

2. 网络资源：拓展《小兵张嘎》作者和写作背景等相关资料、影片视频等。

（二）工具技术

网络搜索、评价标准等。

## 六、过程评价与单元测评(表 5-9)

表 5-9 “我是小英雄代言人”过程评价与单元测评表

| 评价 | 内容 | 基本标准 |
|---|---|---|
| 过程评价 | 任务一:重回火红的年代 | 1. 能讲一讲读过的、听过的革命故事。<br>2. 能说一说从“导读”“再版前言”“知识链接”中获得的信息和感兴趣的话题。<br>3. 能自主制订阅读计划,合理分配阅读时间和阅读速度。<br>4. 能设计个性化的“阅读卡片”,并按照计划持续进行阅读打卡,完成阅读任务。 |
| | 任务二:嘎子成长故事会 | 1. 能小组合作设计章节标题,并运用图表或思维导图的形式,梳理故事内容。<br>2. 能绘制故事山形图,聚焦印象最深刻的成长事件。<br>3. 能讲述嘎子成长过程中的小故事,评选出“最佳讲述者”“最强合作小组”。 |
| | 任务三:“我心中的小英雄”颁奖会 | 1. 能选择最喜欢的英雄人物,用人物图谱或人物海报等图文结合的方式为其制作个性化的名片。<br>2. 能结合小说内容及认识理解创作颁奖词,进行人物评价,举办“我心中的小英雄”颁奖会。 |
| | 任务四:嘎子小剧场 | 1. 能用曲线图为情节紧张感打分,选出最紧张的一个情节。<br>2. 能组建表演小组,合作改编课本剧。<br>3. 能参与“嘎子小剧场”进行课本剧表演,评选出“最佳代言人”。 |
| 单元测评 | 好书推荐会 | 1. 能回顾阅读《小兵张嘎》的过程,梳理总结阅读方法,自我反思需要改进的建议,完成阅读反思单。<br>2. 能通过线上“读书互动平台”和同学分享、展示读书笔记,交流阅读经历。<br>3. 能总结《小兵张嘎》吸引自己的几个特点,撰写好书推荐,吸引更多人阅读这本书,喜爱这本书。 |

# 第二部分　课堂实践

## 任务一　重回火红的年代(两课时)

### 第一课时　讲讲革命时代的故事

**一、学习目标**

1. 通过看图片、猜谜语等方式激发学生阅读红色经典《小兵张嘎》的兴趣。

2. 观看《小兵张嘎》影视片段，自主阅读“导读”“再版前言”“知识链接”，交流自己获取的信息和感兴趣的话题。

**二、教学过程**

（一）唤醒红色记忆

1. 看图片猜人物导入。

(1) 出示相关图片，你们知道他是谁吗？猜一猜。

(2) 介绍相关的英雄人物。

2. 爷爷奶奶或者爸爸妈妈有没有和你们讲过红色故事？你最喜欢哪一个故事呢？

引导学生讲述自己读过、听过的红色故事，提醒学生突出故事中的主要人物和具体事件。

3. 走进英雄人物所处时代。

出示影视资料、史实资料，学生简单了解当时的时代背景。

（二）借助资料，初识《小兵张嘎》

1. 出示《摔跤》图片，谁还记得这篇课文？这篇课文讲的是谁？

请学生调动记忆，回顾之前学过的课文内容。

2. 播放《小兵张嘎》的影视片段，学生观看影视片段，交流片段中自己最感兴趣的地方。

3. 聊书名。

(1) 最近大家都在读这部影响了好几代人的经典作品，我们先来看看《小兵张嘎》这本书的书名，从中你了解到了哪些信息？

预设学生交流：A. 知道了他的名字和身份。

B. 知道了他的年龄并不大，还不是大人。

C. 猜测到他与我们应该不在同一个时代。

(2) 他与我们生活的环境和时代背景不同，这就需要我们去了解故事的时代背景，去搜索、查找关于抗日战争和白洋淀的资料。

4. 借助资料，了解作者和创作背景。

(1) 展示课前的阅读资料。

学生交流自己了解到的资料信息。

(2) 出示作者和创作背景资料,请学生朗读。

(3) 当我们阅读这类革命题材的时候,需要去了解下当时的背景,这样你才能更好地走近人物,也为你读懂这个人物的言行做好准备。

5. 请同学们自主阅读“导读”“再版前言”“知识链接”,提出自主阅读要求:阅读时注意圈画、批注,奠定对本书的基本认识。

学生边读边批注,小组内交流,再请代表在全班进行交流。

6. 理解“嘎”字含义。

(1) 大家都知道这本书的主人公是“张嘎”,但你知道“嘎”是什么意思吗? 阅读的时候有没有思考过?

(2) “嘎”在北方方言里有调皮的意思,大人们一般称呼孩子嘎子的时候,就代表着对这个孩子的一种喜爱、怜爱。

(3) 指名读“张嘎”。

7. 请同学们小组交流分享阅读时获取的信息和感兴趣的话题,谈谈对嘎子的第一印象。

**【教学实施要点】**

1. 革命年代距离孩子的日常生活较远,在课堂教学中,将学生带入革命年代的情境当中尤为重要。第一课时中,教师要通过多种教学方法,带领孩子尽可能地走近革命年代,通过一个个革命人物和革命故事让孩子对时代背景有更深入的理解。

2. “导读”“再版前言”“知识链接”等这些非小说文本的部分也是本书的重要组成部分。在引导学生自主阅读时,教师要强调该部分的意义与价值,让学生学会借助这些部分的信息与资料进行阅读。

### 第二课时　制订《小兵张嘎》阅读计划

**一、学习目标**

1. 通过语文实践活动,了解并掌握阅读的基本方法。

2. 制订阅读计划,按计划进行阅读打卡,完成阅读任务。

**二、教学过程**

(一) 广纳阅读方法

1. 观看影视片段,引发阅读兴趣。

播放《小兵张嘎》影视片段,请同学们寻找书中的相关章节,在熟悉故事的前提下,激发学生阅读的兴趣。

2. 回顾阅读方法。

(1) 针对整本书阅读,我们有哪些阅读方法呢?

(2) 预测学生交流。

A. 我觉得可以跳读，像一些读不懂的情节，可以先跳过。

B. 可以边读边猜想，在阅读整本书时，可以根据一些情节猜想下一个情节内容，提高阅读兴趣。

C. 可以进行预测，由情节的发展预测后面故事的发展，这也是一种阅读的好方法。

…………

3. 运用阅读方法，进行片段试读，理解并总结片段内容。

出示白洋淀环境描写一段，集体学习。

4. 你们在进行整本书阅读时有什么心得或感悟吗？

（1）小组交流讨论，分享自己的心得或感悟。

（2）预设学生分享：

A. 嘎子聪明机智、自信乐观、永不放弃，向他学习这种精神品质。

B. 对比童年，感悟现在的幸福生活。

…………

（二）合理制订阅读计划

1. 以小组为单位，制订阅读计划单（图 5-4），安排阅读时间和速度。

**阅读计划单**

1. 我计划用（　　）周读完。
2. 每周我要读（　　）页。
3. 每天我要花（　　）分钟来进行阅读。
4. 我要从《小兵张嘎》里选（　　）个故事讲给爸爸妈妈听。

**图 5-4**

2. 交流自己的阅读计划单，小组内互评计划单的合理性，对自己的计划单进行修改补充。

（三）合理制订“阅读卡片”

1. 小组讨论交流，设计阅读卡片（表 5-10）。

2. 展评部分学生的阅读卡片，请学生评价卡片的优缺点。

3. 对自己的阅读卡片进行修改。按照计划阅读《小兵张嘎》，并填写阅读卡片。

**表 5-10　《小兵张嘎》阅读卡片**

| 阅读书目 | 《小兵张嘎》 | | |
|---|---|---|---|
| 日期 | 阅读页码 | 阅读时间 | 自我评价 |
| | | | |
| | | | |
| | | | |
| | | | |

【教学实施要点】

1.《小兵张嘎》是一部中篇小说,篇幅虽长,但语言浅易、生动活泼。小说并不难读,关键是教师要指导学生学会有计划地进行整本书的阅读。为了保证学生阅读过程顺利进行,阅读前,教师应当着力引导孩子注意阅读计划的可行性;阅读过程中,可以让学生自行组队,互相交流阅读卡片的内容。建议孩子每天阅读半小时左右,在三周内读完整个故事,养成长期阅读的习惯。

2. 在进行阅读计划单和阅读卡片的制作时,教师可以适当展示范例,最主要的是多给学生自主安排计划的空间,让学生学会进行整本书阅读的自我规划。

### 任务二 嘎子成长故事会(一课时)

## 第一课时 举办成长故事会

### 一、学习目标

1. 学会设计章节标题,有序梳理情节发展。

2. 聚焦印象最深刻的成长事件,通过绘制故事山形图,学习把故事讲完整、讲生动的方法。

3. 通过开展个人讲、合作讲、变换角色讲故事等多种形式的实践活动,引导学生学会讲故事,感受嘎子的成长经历。

### 二、教学过程

(一) 回顾旧知:阅读计划我做主

1. 同学们,上一个阶段我们一起重回火红的年代,分享了读过的革命年代的少年故事,还制订了《小兵张嘎》这本书的阅读计划,并进行了阅读打卡。谁愿意带着你的阅读计划单来向同学们展示一下呢?

2. 同学们,你们看了这些阅读计划,有什么想法呀? 学生自由交流。

同学们能做到在阅读整本书前自主制订阅读计划,然后有速度、按计划完成阅读打卡,老师要表扬你们,你们都是阅读小达人,真棒!

3. 相信大家读了《小兵张嘎》这本书,一定有很多收获。下面就让我们来进行“阅读检测”,比一比,哪个同学回答得又快又好!

4. 过渡:同学们真了不起,初读故事后了解了这么多内容,祝贺你们顺利通过阅读检测! 今天这节课,就让我们带着自己的阅读期待,进入“我是小英雄代言人”的第二站——嘎子成长故事会,让我们一起去攀登“故事山”吧!

(二) 设计章节标题,梳理嘎子成长大事件

1. 既然要讲故事,就需要有题目、有内容,《小兵张嘎》这部小说有许多章节,细心的同学一定会发现这些章节都没有题目。首先,我们来到攀登“故事山”的第一站:设计章节标题,梳理嘎子成长大事件。

出示《城南旧事》《西游记》的目录。

同学们看，这是我们非常熟悉的两部小说《城南旧事》和《西游记》的目录，仔细读一读、比一比，说说你的发现吧！

2. 一个语言简洁、通俗易懂，一个语意丰富、结构工整，这两种目录各有特色，但都能体现出这一章节的关键性内容。同学们，你们更喜欢哪种形式的目录？学生自由说，言之有理即可。

3. 今天，《小兵张嘎》的章节目录就由你们来命名，让我们小组合作，开动脑筋，给你感兴趣的章节设计标题吧！在设计时可以像这样通过图表或思维导图的形式来展现。（出示图例）

出示活动要求：(1) 自主选择若干章节，给《小兵张嘎》设计章节标题，通过图表或思维导图等形式来呈现。(2) 小组派代表汇报章节标题的设计思路。

4. 小组汇报人进行展示并贴在黑板上。

相机采访：你们小组在命名目录时是怎么做的？有没有遇到什么困难？怎么解决的？

（三）绘制“山形图”

1. 命名好故事的题目只是第一步，接下来，我们又该如何把故事讲完整呢？下面，让我们来到攀登“故事山”的第二站。

2. 你们看，这是第三章的内容，篇幅比较长，情节也比较曲折，怎么讲才可以把这一章的内容讲完整呢？老师给大家带来了一张图，这张图叫“故事山形图”（图5-5)，一起来看一看。你从这张图上读到了哪些信息？学生交流。

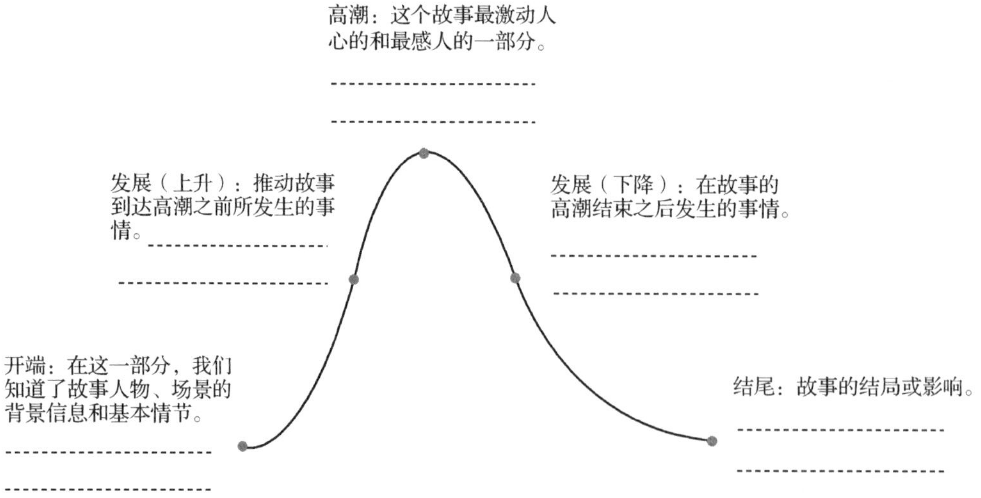


图 5-5

所谓山形图，是指故事的情节就像一座山一样跌宕起伏，在整个故事中，最吸引人、最出彩的就是故事的高潮部分，所以高潮就是山形图的“山顶”。要完成山形图，关键是要找到高潮。要找故事的高潮就要找到冲突最激烈、篇幅相对最长的部分。

3. 学生制作“故事山形图”，厘清第三章的主要情节。

出示活动要求：阅读第三章，自主制作这一章的山形图。

开端：黄昏时分，敌人包围了村庄。

发展：两声枪响之后，“白脖”当先，鬼子断后，穿门进户，一阵强搜。老钟叔和嘎子躲在屋里见机行事。

高潮：在躲藏过程中，小嘎子遇到两个“白脖”，为了不暴露老钟叔的行踪，嘎子把鬼子引到祠堂里头，和鬼子斗智斗勇。

发展：鬼子怀疑嘎子是小八路，把他押送到韩家大院，嘎子遇到了“红眼儿”。

结尾：嘎子发现“红眼儿”抓住了老钟叔，失声痛哭起来。

4. 集体分享、师生互评、完善。

同学们以山形图为辅助，抓住故事高潮，有目的地寻找故事的“开端—发展—高潮—发展—结尾”，厘清故事每一个情节，更好把故事讲完整。

（四）讲述嘎子成长的小故事

1. 让我们一起继续攀登“故事山”的最后一站：讲述嘎子成长的小故事。完成这项任务后，同学们就可以成功登顶啦！

2. 出示活动要求：借助故事山形图自由练习讲故事，争当“最佳讲述者”。

学生对照评价表自评。

评价：紧扣内容讲，过程完整、情节跌宕，让故事更具吸引力。

3. 接下来难度升级啦，你们有信心吗？有些故事出场人物多，情节较为复杂，可以采用小组合作的方式来讲好故事。

出示活动要求：选择一个人物较多，情节较复杂的章节，练习小组合作讲故事，分角色讲一讲，争当“最强合作小组”。

学生根据标准投票互评。

评价：代入角色讲，抓住特点、突出个性，让故事更有情境感。

4. 同学们，这节课我们通过设计章节标题，借助自己绘制的“故事山形图”和“情节心跳图”来讲述嘎子的成长小故事，通过不同形式的讲述学会把故事讲完整、讲生动、讲得更富创造性。祝贺大家成功登上“故事山”！下节课，我们将聚焦人物形象，去深度认识嘎子这个少年。

**【教学实施要点】**

1. 让学生一下梳理出小说中嘎子的成长大事件是有些困难的，因此，通过先设计章节标题、再解决问题“嘎子是如何成长起来的？”这两步为支架，让学生由浅入深地整体把握小说内容，进而能自主归纳出嘎子的成长大事件。

2. 讲述嘎子的故事，不仅考验学生对文本的熟悉程度，也考查他们的表达能力。除了借助山形图让学生更清晰、有条理地表达，教师还可以在学生点评的环节中适时点拨一些讲故事的小技巧，比如开头要制造悬念、突出情节中的冲突、有适当的细节描述等。

## 任务三 “我心中的小英雄”颁奖会(一课时)

### 第一课时 小英雄颁奖会

**一、学习目标**

1. 能够运用恰当的阅读策略阅读文本,选择最喜欢的英雄人物,用人物图谱或人物海报等图文结合的方式为其制作个性化的名片,感受小英雄的人物形象。

2. 创作人物颁奖词,感悟家国情怀和爱国精神。

**二、教学过程**

(一) 制作“我心中的小英雄”人物名片

1. 阅读文本,关注故事情节。

2. 讨论:你喜欢书中的哪个人物? 为什么? 说出相关人物的故事情节,聊聊人物的形象。

预设:(1) 出示情节:小胖墩儿挺挺胳膊,乘着一股盛气,又骑马式当中一站。……他两眼一转,照对方肩膀上就咬了一口,只听哎哟一声,就在小胖墩儿一闪身的工夫,小嘎子顺水推舟,一个绊子把他扔倒了。

交流嘎子摔跤的一段描写,看出他的争强好胜。

(2) 出示情节:小嘎子近前一看,乐得跳起高儿来了。原来老钟叔削成了一把木头手枪。……小嘎子两个眼珠子骨碌一转,叫一声:“猜着啦! ——就是我!”说着,他做个拉栓的姿势,闭上左眼,朝着坯缝儿一瞄,喊道,“狗汉奸! 哪厢逃走! ——啪!”

从这一段描写看出他喜欢枪支,机灵勇敢。

3. 群文阅读,感悟嘎子形象,小组合作,完成学习任务单(表5-11)。

表5-11 小英雄嘎子人物形象学习任务单

| 情节标题 | 嘎子的形象 | 依据 |
|---|---|---|
| 小嘎子和胖墩儿 | | |
| 小兵张嘎抢夺记 | | |
| …… | | |
| …… | | |

4. 制作嘎子人物名片

内容包括嘎子的图片、故事的情节、嘎子的形象概括,彰显嘎子的爱国情怀。

预设:嘎子的人物形象:单纯、顽皮、机智、勇敢、重情义、懂感恩。

(二) 举办“我心中的小英雄”颁奖会

1. 讨论:如果给《小兵张嘎》中的人物颁奖,你会选择哪位小英雄人物? 请为他撰写颁奖词。

2. 以《感动中国》颁奖词为范例,学习颁奖词的典型写法。

3. 学生按图索骥，结合小说内容、人物形象及认识理解创作颁奖词，评价人物，感悟爱国情怀。

【教学实施要点】

1. 学生阅读《小兵张嘎》，关注故事情节，对人物有一定认识。但认识浅表化、单一化，对革命文化题材小说的人物特点缺乏深入认识及路径，需要教师引导。

2. 出示《感动中国》颁奖词范例，引导学生发现颁奖词的典型写法，加深人物形象把握的同时学会写颁奖词，并进一步引导学生讲述自己感受到的家国情怀和爱国精神。

3. 将革命精神的认识、爱国情怀的感悟和人物事迹、读者感想融合在一起，形成有血有肉的评价。

### 任务四　嘎子小剧场（两课时）

## 第一课时　画情节心跳图

#### 一、学习目标

选择一个记忆深刻的情节，梳理故事情节，根据情节紧张度画出心跳图，体会抗日小英雄张嘎与敌人斗智斗勇的生动故事。

#### 二、教学过程

1. 请同学们选择一个小英雄张嘎的故事情节进行梳理，将这个情节划分为几个阶段，并为每个阶段取个小标题。

2. 以第十四章为例，说明星级评价活动。

（1）出示第十四章：小嘎子打了个寒噤，撒丫子就跑，后面“站住，站住！”两声喊，叭地就是一枪，子弹在脚下哧的穿了一道沟，小嘎子一个箭步，蹿进了街筒子。……小嘎子心上更觉热辣辣的，这必是那个跟他摔过跤的小家伙了。便也伸过手去，紧紧抱住他说：“我——叫张嘎子，还跟你打过赌呢……”

（2）请同学们对这章内容进行情节梳理，划分阶段并为每个阶段取个小标题。

学生以小组为单位进行情节梳理，预设通过谈论划分为这几个阶段：离开荷花湾、碰到追捕、撞进老满家、看到地洞、遇到胖墩、汉奸搜查、出地洞。

（3）在学生完成情节梳理的基础上（图 5-6），教师请学生为紧张感标星，最强的标五星，最弱的标一星。

学生根据自己的紧张体验标注星星。

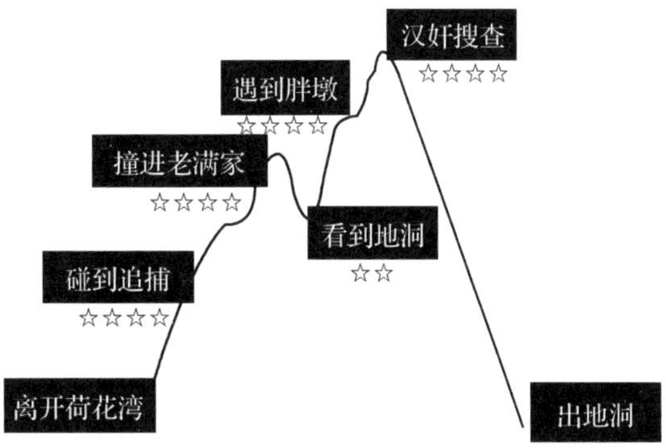


图 5-6

3. 请同学们根据情节心跳图，交流小英雄张嘎与敌人斗智斗勇的过程，体会情节的跌宕起伏。在交流过程中可以加上表情和动作。

学生小组内交流，并派代表在全班进行交流。

4. 学生评价心跳图中各项情节，选出紧张星级最高的情节。

**【教学实施要点】**

1. 梳理、划分好情节是画好情节心跳图的重要前提，因此，要引导学生充分阅读文本，为每一处情节概括好小标题，便于心跳图的绘制。

2. 在情节星级评价时，学生评价是多样的，理由也是多样的。有的学生担心嘎子被汉奸追，有的同学担心老满会不会救嘎子，还有的同学认为胖墩可能会出卖嘎子……在此过程中要多倾听孩子的想法，引导学生发现紧张感是在不同的矛盾冲突中营造出来的，进而体会鲜明的人物形象。

## 第二课时　“嘎子小剧场”开演啦

### 一、学习目标

选择一个紧张星级最高的情节，学生分组改编课本剧，组建表演小组，走进故事情节，感受革命精神与爱国情怀。

### 二、教学过程

（一）创作课本剧

1. 同学们，你们最想改编的故事情节是哪一部分？

各小组投票确定最想改编的最紧张的故事情节。

2. 指导学习剧本格式：划分场景，每一个场景的环境描写，括号里面描写人物表情动作。

3. 各小组分析该情节的扣人心弦之处，为改编剧本集思广益。

4. 小组合作，划分场景。

要求：故事鲜明，内容完整，情节扣人心弦。

5. 小组讨论交流，设计人物的动作对话。

要求：表现出人物的性格特点和人物心情。

6. 学生分工改编剧本。

（二）课本剧展演

1. 确定课本剧展演的人员安排。

2. 学生合作排练。

3. 小组根据剧本进行展演。

4. 评议展演，评选出各奖项获得者及“最佳代言人”（表5-12）。

采用包括教师评价、学生评价、自我评价的多样性评价，采用发表颁奖词和获奖感言的方式。

5. 展演后，小组内分享交流感悟，小组代表现场谈一谈从展演中所感悟的革命精神与爱国情怀。

**表 5-12 “课本剧展演”活动评价表**

<table>
<tr><td>课本剧名称</td><td></td><td>组别</td><td></td><td>观察评分</td></tr>
<tr><td>人数</td><td></td><td>组长</td><td></td><td>完全不符合——完全符合</td></tr>
<tr><td>评价维度</td><td>观察视角</td><td colspan="2">观察点说明</td><td>(1 星 ~5 星)</td></tr>
<tr><td rowspan="6">剧本创作能力</td><td rowspan="2">文本主题</td><td colspan="2">主题鲜明</td><td></td></tr>
<tr><td colspan="2">遵循文本主旨不偏离</td><td></td></tr>
<tr><td rowspan="2">故事情节</td><td colspan="2">情节完整连贯</td><td></td></tr>
<tr><td colspan="2">情节扣人心弦、紧张感高</td><td></td></tr>
<tr><td rowspan="2">台词设计</td><td colspan="2">台词自然、合理顺畅</td><td></td></tr>
<tr><td colspan="2">符合人物性格特征</td><td></td></tr>
<tr><td rowspan="10">戏剧表演能力</td><td rowspan="4">语言表达</td><td colspan="2">字音准确</td><td></td></tr>
<tr><td colspan="2">语言流畅</td><td></td></tr>
<tr><td colspan="2">语气语调自然</td><td></td></tr>
<tr><td colspan="2">符合人物性格特征</td><td></td></tr>
<tr><td rowspan="3">肢体动作</td><td colspan="2">肢体动作数量适中</td><td></td></tr>
<tr><td colspan="2">动作大方自然</td><td></td></tr>
<tr><td colspan="2">配合人物情感有张力</td><td></td></tr>
<tr><td rowspan="3">表情神态</td><td colspan="2">表情神态数量适中</td><td></td></tr>
<tr><td colspan="2">神情自然大方</td><td></td></tr>
<tr><td colspan="2">具有感染力、符合人物特征</td><td></td></tr>
<tr><td rowspan="6">小组合作能力</td><td>人员分工</td><td colspan="2">小组内分工明确,各司其职</td><td></td></tr>
<tr><td rowspan="2">服装道具</td><td colspan="2">遵循简单、经济、实用的原则</td><td></td></tr>
<tr><td colspan="2">符合人物特征与剧情情境</td><td></td></tr>
<tr><td rowspan="3">演职配合</td><td colspan="2">角色之间不抢词拖词、对话衔接自然</td><td></td></tr>
<tr><td colspan="2">角色之间动作表演配合连贯</td><td></td></tr>
<tr><td colspan="2">演员表演和道具音响等配合默契</td><td></td></tr>
</table>

**【教学实施要点】**

1. 优秀的课本剧必须建立在精彩的剧本上。在编写剧本时,教师应对写剧本格式及要素进行指导,必要时应该进行多媒体展示。在排演过程中,角色要如何分配,人物性格该如何表现这一系列问题,都由学生自己去思考,但教师需要全程关注、及时指导。

2. 当各小组演出全部结束后,由全班同学作为观众进行群体评价,票选出各项奖项的获得者。可以安排颁奖同学为获奖人宣读颁奖词,获奖者即兴说说获奖感言,通过这种趣味方式来锻炼学生的言语表达能力和对优秀作品的感悟鉴赏能力。

3. 展演后,组织学生交流分享感受,感悟《小兵张嘎》中的爱国情怀和革命精神。

### 单元测评（一课时）　好书推荐会

**一、学习目标**

1. 回顾阅读整本书的过程，梳理总结阅读方法。

2. 分享、展示读书笔记，交流阅读经历。

3. 总结《小兵张嘎》吸引自己的几个特点，撰写好书推荐。

**二、教学过程**

1. 完成阅读反思单：回顾阅读《小兵张嘎》的过程，梳理总结阅读方法，自我反思需要改进的建议。

2. 阅读笔记分享：能通过线上“读书互动平台”和同学分享、展示读书笔记，交流阅读经历、心得体会、对人物的评价等。

3. 撰写好书推荐：能总结《小兵张嘎》吸引自己的几个特点，撰写好书推荐，吸引更多人阅读这本书，喜爱这本书。

**【教学实施要点】**

1. 本课时设计的“好书推荐会”是整本书的读后交流会，可以引导学生分享、展示读书笔记，交流阅读《小兵张嘎》的方法、经历，获得不同的阅读体验。

2. 在撰写“好书推荐”环节中，鼓励学生尝试从不同角度总结《小兵张嘎》这本书的特点，形成系列“推荐理由”，能吸引更多人阅读这本书，喜爱这本书。

（设计：苏州平江实验学校　朱　嫣）

## 第二节　实践分享

# 任务群，打开整本书阅读的最佳方式

读书，对于学语文来说，是最重要不过的事情了。朱自清先生曾说，“语文学科具有双重目的，一是养成读书、思想和表现的习惯和能力；二是发展思维、涵育情感”。之前，无论是老师还是家长，无不积极鼓励学生多读书。但是读什么书，怎么读书，如何让学生会读书、喜欢读书，着实饱含一种有力使不出来的无奈。

自统编版小学语文教材发布后，其精心构建的三位一体阅读体系，引导学生从精读延伸到略读，然后走向整本书阅读，较好地破解了之前整本书阅读粗放而无序的问题。再到《义务教育语文课程标准（2022 年版）》发布，提出三个层面六大学习任务群，整本书阅读作为一个完整的拓展型学习任务群独立呈现，更实现了整本书阅读从零散走向系统、从经验走向规律、从单一走向多元的大幅提升。本次实践，通过科学设计各种类型的阅读任务，让学生在充分的实践活动中初步学会阅读整本书，逐步积累起一定的阅读经验，阅读能力获得了有效提升，整本书阅读的价值也得到了充分体现。

**一、阅读成为单元学习的有力延展**

本任务群选择的阅读书目是曹文轩、陈先云主编的《中国神话传说》，与单元学习内容完全是一脉相承。学习了《盘古开天地》《精卫填海》《普罗米修斯》《女娲补天》四篇课文之后，引导、推荐学生阅读中国古代神话故事，不仅可以放大前期不断累积的阅读兴趣，更加顺利地实施整本书阅读，而且可以带领学生在更广阔的神话世界里徜徉，进一步感受神奇、感悟智慧，让神话在学生的心中扎得更深、理解更透。

基于上述考虑，本任务群设计了“做中国神话传说传讲人”主题情境任务，有效激发学生讲好神话故事、传承优秀文化的使命动机，由神话单元学习拓展到其他神话故事阅读、整本书阅读，有效延伸学习的长度，提高阅读的广度。同时制定三个学习目标：1. 能根据需要自主制订阅读计划并完成阅读，把握书本内容；能运用多种读书方法，提升阅读成效。2. 能初步把握神话故事中的人物形象，知道人物的巨大成就和伟大精神，感受神话魅力，得到优秀传统文化熏陶。3. 能用多种方式表达自己对神话故事的理解，分享自己的体会，领悟古人的想象与智慧；能通过重组重编书本内容，初步理解古代神话的深刻意义。通过以上目标，阅读经验和言语实践实现有效融合，思维能力和创造能力得到有效训练，既达成了优秀文化的传承，又实现了语文素养的提升。

**二、任务成为能力生长的进阶平台**

任务驱动是本次阅读推进的主要手段，也是《义务教育语文课程标准(2022 年版)》倡导的主要学习形式。对于整本书阅读，《义务教育语文课程标准(2022 年版)》的功能定位是“引导学生在语文实践活动中，根据阅读目的和兴趣选择合适的图书，制订阅读计划，综合运用多种方法阅读整本书；借助多种方式分享阅读心得，交流研讨阅读中的问题，积累整本书阅读经验，养成良好阅读习惯，提高整体认知能力，丰富精神世界”。要达成这样的目标，需要教师在科学制定学习目标的基础上，精心设计一个个适切的、连续的，体现充分整合和循序发展的学习任务。至于学生阅读兴趣的提升、阅读策略的巩固、阅读经验的积累、个性阅读的生成等，就是在一个个学习任务的执行过程中不断获得进阶，最终成为积极的阅读者和良好的学习者。

在本任务群中，我们设计了诸多指向鲜明、层次分明的驱动任务，如先进行“分享我知道的神话故事”，让学生交流之前听过或读过的神话传说，以此提升对神话故事的原始积累，并且在初次讲述的过程中初步感受阅读神话的快乐和讲述神话的趣味。在此基础上展示《中国神话传说》一书，学生就能带着满满的阅读期待更加积极地设计自己的阅读规划，保障整本书阅读的完成度。然后实施“点赞我喜欢的神话人物”，全面激发学生的探究意识和思维碰撞，在绘制神话人物图谱的过程中实践多种阅读方法，在评选“我最喜欢的十大神话人物”时积极分享阅读心得，学习氛围和阅读热情都被充分调动了起来。最后开展“传讲我心中的神话传说”，既是阅读方法巩固的过程，又是整体认知提升的进程。学生通过讲述或演绎的方式，分享自己最喜欢的神话故事，学与做形成了呼应，读与讲实现了统一，讲与传达成了融合，不仅提高了语文素养，精神世界也得到了丰富和提升。

**三、实践成为个性绽放的缤纷舞台**

语文是一门实践性的课程，学生语文能力的提升不是靠老师讲出来的，只有在不断的语文实践中才能得以提升。在本任务群的推进过程中，每一个任务的达成，都是靠学生的实践活动来呈现，各种阅读探讨、交流、分享，也是在各类实践活动中充分展开。在阅读打卡单的设计展示中，有的学生表现出了浓厚的探究精神；在十大神话人物评选中，有的学生对神话人物的评价有着自己独特的见解，同一个神话人物在不同学生的眼中，更是呈现出了丰富性和多样性；在人物关系和故事情节的梳理中，学生通过各类结构图展现出了不同的思维方式和个性化的理解；最后的神话传说讲演会，学生或是聚焦一个人物声情并茂、娓娓道来，或是围绕几个故事前后呼应、串珠成链，与众不同的角度，正是源自学生独具一格的认识和理解。充分的实践，也使神话故事在学生的心灵中留下了深深的印记。

实践的成效也需要科学的评价来支撑。《义务教育语文课程标准(2022 年版)》特别强调“教学评一体化”，因此，每一项阅读实践活动，都要针对任务目标，在逆向思维中充分预设，对评价方式进行科学设计，对评价工具进行合理使用。如在神话人物评选中，学生是否将自己的意思表达清楚就是重要的评选标准，以此促进学生的表达和思辨能力。再如评选“最佳神话故事传讲人”活动，通过评价量表的设计，不仅要引导学生把故事内容讲清楚、讲完整，还要注意运用各种讲故事的技巧，有效促进学生语文综合能力的提升。有评价的正确指引，实践才能具备更大的意义和价值。

（撰写：苏州市梓义实验小学校　王　琪）

# 第六章　“跨学科学习”学习任务群

本学习任务群旨在引导学生在语文实践活动中，联结课堂内外、学校内外，拓宽语文学习和运用领域；围绕学科学习、社会生活中有意义的话题，开展阅读、梳理、探究、交流等活动，在综合运用多学科知识发现问题、分析问题、解决问题的过程中，提高语言文字运用能力。

——摘自《义务教育语文课程标准(2022年版)》

## 第一节　教学案例

**“跨学科学习”学习任务群（二年级）**

## 案例一　我的种子日记

### 第一部分　单元设计

**一、设计依据**

《义务教育语文课程标准(2022 年版)》中“跨学科学习”学习任务群，关于第一学段的学习内容中提到：在班级、学校或家里养护一种绿植或者小动物。综合运用语文、科学、数学等多学科知识，学习日常观察和记录。二年级学生正处于天真好奇的阶段，喜欢动手实践，亲身研究，对植物成长、生命的奥秘更是具有浓厚兴趣。他们可能听说过、看到过关于种植的事情，但大多数还没有亲自尝试过。通过亲历观察植物生长的过程，激发学生的好奇心和探索世界的愿望。基于以上情况，本单元从绘本阅读和科普视频入手，引导学生在阅读、梳理、探究、交流的过程中去发现生命的神奇和不可思议，同时结合自己在生活中遇到的真实问题，亲身体验“种子日记”记录的方法，逐步提高语言文字运用的能力。

## 二、主题内容与目标

（一）单元主题

我的种子日记。

（二）学习内容

1. 重点阅读：子琦叔叔《一颗种子》、陈丽雅《小种子，快长大》。

2. 拓展视频：（@科普菌）《给孩子看的植物生长》。

（三）学习目标

1. 通过文本、视频的学习，了解种子传播方式和生长过程。

2. 综合运用语文、科学、美术、劳动等多学科知识，学习日常观察和记录，感受生命的神奇，成长的不易。

3. 学会用图文的方式记录种子的生长过程，试着绘制“种子日记”。

4. 通过分享展示自己的观察和收获，激发热爱生命的情感。

## 三、学习情境与任务框架

（一）学习情境

神奇的大自然，有无穷的奥秘。瞧，种子们通过不同的方式进行了传播，开启了属于它们的人生之旅。那么，一颗小小的种子，是如何成长起来的呢？正所谓“纸上得来终觉浅，绝知此事要躬行”。与同学们读读绘本，看看科普视频，共同感悟一颗小小的种子也有无穷的力量。亲手“播下一颗种子”，打开“播种小锦囊”，制订“种子守护计划”，仔细观察种子萌芽的过程，跟着种子“变变变”，用绘画与文字的方式记录，并与伙伴们分享这本有趣的“种子日记”吧！

（二）任务框架

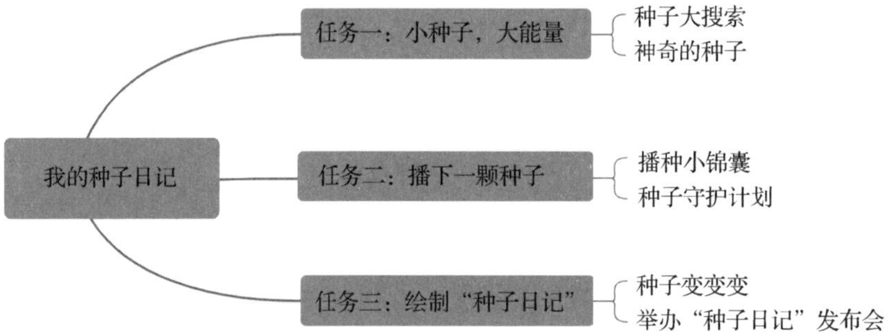

## 四、活动设计与教学提示

### (一)学习活动与课时安排(表6-1)

**表6-1 "我的种子日记"学习活动与课时安排表**

| 单元任务 | 学习活动 | 学习内容 | 课时安排 |
| --- | --- | --- | --- |
| 我的种子日记 | 任务一:小种子,大能量 | 1. 种子大搜索。走到大自然中寻找、搜集种子,分类整理好。采用多种方式,了解自己搜集到的植物种子的特点及传播方式,用"图(照片)+文字"或者"种子标本+文字"的方式,绘制种子明信片。通过伙伴之间的相互介绍,认识不同形态的种子,并进行归类梳理,了解种子传播的不同方式。<br>2. 神奇的种子。通过观看科普视频,了解不同种子萌芽的神奇过程,引导学生发现"小种子孕育大果实"的道理。 | 2 |
|  | 任务二:播下一颗种子 | 1. 播种小锦囊。小组合作探究,商议选择种子,并讨论得出"播种小锦囊"。<br>2. 种子守护计划。小组交流探讨本组守护计划的内容与方法,并完成"守护计划表"。 | 2 |
|  | 任务三:绘制"种子日记" | 种子变变变。阅读绘本《一颗种子》,引导学生学习模仿绘本形式,将小组伙伴们观察到的变化,用图文形式展现。 | 1 |
| 单元测评 | 举办"种子日记"发布会 | 通过小组合作展示完成"种子日记",交流分享,评选出"金牌观察组""最佳创意组""最优分享组"。 | 1 |

### (二)设计说明与实施要点

启蒙阶段的语文教学,尤其是低年段的语文学习,重在激发学生学习语文的兴趣,培养学生对祖国语言文字的感情,要善于运用学生喜欢的方法组织教学。语言文字的运用应时常存在于每日的生活之中,要在生活中学习,结合生活的表达学习,为满足生活的需要学习。《义务教育语文课程标准(2022年版)》"跨学科学习"任务群中,关于第一学段的学习内容中提到:在班级、学校或家里养护一种绿植或者小动物。综合运用语文、科学、数学等多学科知识,学习日常观察和记录。基于以上要求,聚焦学生语用能力的发展,开发了"我的种子日记"的任务群,设计了三个任务。

任务一"小种子,大能量",从课内向课外延伸,鼓励学生走进自然,去观察、认识、搜集植物的种子,并用多种方式了解自己搜集到的植物种子的特点及传播方式,用图文方式,绘制种子明信片。通过观看科普视频,了解不同种子萌芽的神奇过程,引导学生发现"小种子孕育大果实"的道理,将文本的阅读与自己生活关联起来,实现思维与语言的同步提升。任务二"播下一颗种子",与组内伙伴商议选择合适的种子,通过讨论研究,完成"种子小锦囊"和"种子守护计划"的制订。在选择、比较、讨论的学习体验中,充分体验团队合作的快乐。任务三"绘制'种子日记'",在通过亲历观察记录种子成长的学习体验中,逐步引领学生领悟:守护种子的成长,除了用眼睛观察,用心呵护外,遇到问题时,还要学会运用多种方式去解决问题。这样的学习经历,就是让学生在文本、生活里走几个来回,达到知行合一的效果，让学生感性理性合一走进奇妙的植物世界。

“我的种子日记”任务群的三个任务本身是充满趣味的，但是有些活动对于学生来说可能稍显陌生，在实施的过程中，要充分尊重学生、相信学生，充分调动学生参与活动的积极性和热情，鼓励学生多思考多讨论，勇于挑战自己、展现自己，才会发现更优秀的自己。

## 五、资源支持与技术支持

### （一）学习资源

1. 文本资源：统编版小学语文教材二年级上册第一单元《植物妈妈有办法》；拓展阅读子琦叔叔《一颗种子》、陈丽雅《小种子，快长大》。

2. 网络资源：适合孩子看的植物纪录片。

### （二）工具技术

1. 三个活动的学习任务单。

2. “种子守护”计划表。

3. 问卷星投票和 QQ 投票，进行“种子日记”发布会活动中“金牌观察组”“最佳创意组”“最优分享组”的评选。

## 六、过程评价与单元测评（表 6-2）

**表 6-2 “我的种子日记”过程评价与单元测评表**

| 评价 | 内容 | 基本标准 |
|---|---|---|
| 过程评价 | 任务一：小种子，大能量 | 1. 能用“图（照片）+文字”或者“种子标本+文字”的方式，绘制种子明信片，表现形式丰富，能体现出种子的特点。<br>2. 能用响亮的声音、清楚的口齿向同伴介绍自己所了解种子传播的不同方式，并能识记新认识的种子名称及特点。<br>3. 能用自己的话，表达对种子萌发过程的看法。 |
| | 任务二：播下一颗种子 | 1. 能积极参与小组讨论，商议选定适合的种子，并知晓种子发芽的必要条件。<br>2. 能够针对不同种子的生长习惯，提出自己合理的建议，并能有条理地罗列出来。 |
| | 任务三：绘制“种子日记” | 1. 能根据每日观察到的种子变化，用简短的语言表达变化，用多彩的图案直观地表现出来。<br>2. “种子日记”的呈现，能富有童真与童趣。 |
| 单元测评 | 举办“种子日记”发布会 | 1. 能自信、大方、有礼貌地向全班同学介绍本组伙伴创作的“种子日记”。<br>2. 能认真倾听他人的介绍，并能从语言、礼仪、趣味等方面评价同伴的作品。 |

# 第二部分 课堂实践

## 任务一 小种子,大能量(两课时)

### 第一课时 种子大搜索

#### 一、学习目标

1. 能借助图片,条理清楚、流畅地说出《植物妈妈有办法》中种子传播的方法。

2. 能采用多种方式,搜集植物种子,并了解其特点及传播方式,用“图(照片)+文字”或者“种子标本+文字”的方式,绘制种子明信片。

3. 通过认真倾听同伴介绍,认识不同形态的种子,并进行归类梳理,了解它们的传播方式。

#### 二、教学过程

(一)猜猜种子在哪里

1. 复习文本《植物妈妈有办法》,借助图片和表示动作的词语有条理地讲述种子宝宝们传播的方式。

2. 出示常见的植物图片,读读卡片上的汉字,猜猜它的种子在哪里,激发探究的兴趣。

3. 教师描绘本单元学习愿景:在本单元的学习过程中,我们会认识许多可爱的小种子,并且通过同伴们的共同努力,一同陪伴小种子快乐成长,还要为小种子绘制一本属于它的“成长日记”哦,比比哪一组小伙伴的种子日记最好看!

(二)班级种子店

1. 与爸爸妈妈一起去野外走走,寻找、搜集植物的种子,分类整理好,放入小袋子。

2. 采用上网搜索,向他人请教,去图书馆查询等多种方式,了解自己搜集的植物种子的特点及传播方式,用“图(照片)+文字”或者“种子标本+文字”的方式,绘制种子明信片,为班级种子店的开业做准备。

3. 与同伴交流分享自己搜集到的种子,并展示绘制的种子明信片,认读种子名称,了解种子特点及传播方式。

4. 借助卡片(表6-3),用流利的语言、大方的谈吐介绍种子,其他组员对照评价标准评价,组长做好记录(表6-4)。

表 6-3 “我的种子相册”活动卡

| | | | | | |
|---|---|---|---|---|---|
| 我的种子相册 | 种子名称： | | | | |
| | | | | | |
| | 种子特点： | | | | |
| | | | | | |
| | 传播方式： | | | | |
| | | | | | |
| | 我还知道种子其他的秘密： | | | | |

表 6-4 “我的种子相册”活动评价表

| 评价标准 | | | 评价 | |
|---|---|---|---|---|
| 1 星 | 2 星 | 3 星 | 自评 | 互评 |
| 能大胆地向组员展示自己搜集的种子，并能较为清楚地从名称、特点和传播方式这几点介绍。 | 能自信地、用流利的语言展示自己搜集到的种子，不仅能讲清楚种子的名称、特点和传播方式，还能拓展介绍种子其他相关信息。 | 能大方、得体、有条理地介绍自己搜集种子的过程，并能清楚地介绍解答组员的现场提问。 | | |

**【教学实施要点】**

1. “猜猜种子在哪里”环节中，重点是唤醒学生借助图片，用表示动作的词语，复述课文内容，大致了解如何有条理地讲述种子传播的方法。

2. 在“班级种子店”环节，要引导学生走出教室，走到大自然中去亲身搜寻种子的踪迹，并采用多种方式，去探究种子的特点与传播方式。借助班级种子店的开业，引导学生相互交流，认识不同种类的种子名称及特点。

3. 特别要注意的是，本课时的任务，是在搜寻种子的过程中，自主探究了解种子的特点，并且初步学会用图文的方式，记录种子传播方式，并引导学生借助图片、表示动作的词语，讲述自己所了解搜集到的相关信息。注意向同伴介绍时的语言和仪态等。在评价时，也要注意这一点。

## 第二课时　神奇的种子

### 一、学习目标

1. 通过观看科普视频，了解不同种子萌芽的神奇过程，引导学生自主发现“小种子孕育大果实”的道理。

2. 通过小组交流，用流利的语言表达自己对小种子成长过程的敬佩，引导学生敬畏生命的宝贵，珍惜生命的美好。

## 二、教学过程

（一）原来种子有力量

1. 出示植物生长相关科普视频，让学生了解种子的生长全过程。

2. 小组交流，自主探究植物的成长需要哪些条件（图 6-1）。

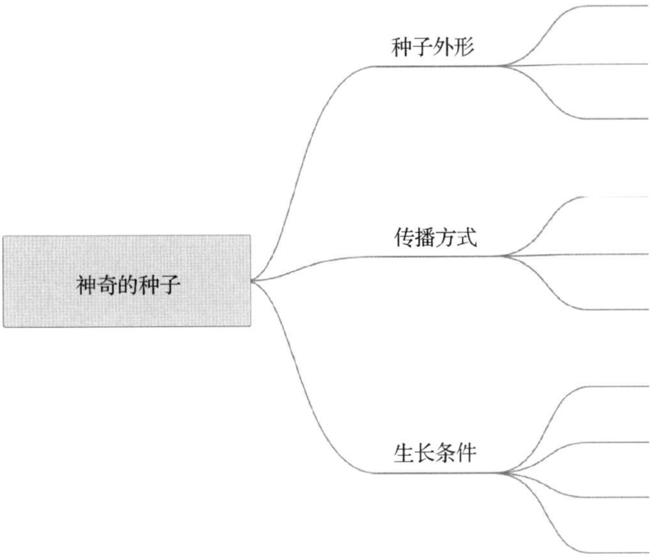


图 6-1

（二）我为小种子点赞

1. 小组合作，交流感想，你会用哪些词语来夸夸小种子呢？

2. 写夸夸卡（图 6-2），给班级小种子浇灌营养（贴在黑板上），让其快快成长。

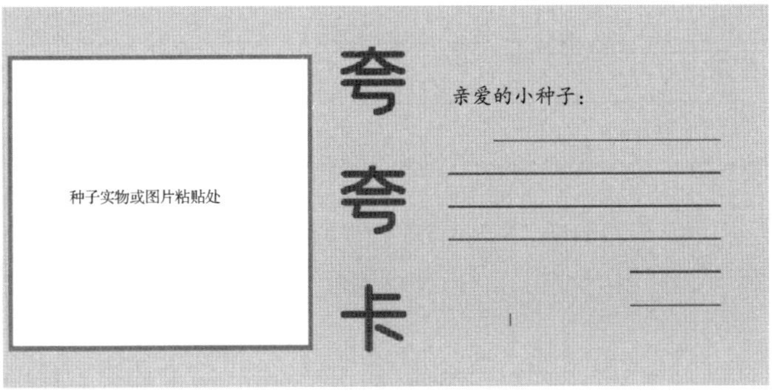


图 6-2

3. 教师总结：引导学生自主发现“小种子孕育大果实”的道理。

【教学实施要点】

1. 本课时的任务是在观看视频的过程中，明确每一颗种子的成长都是不易的，能通过观察，总结出种子成长需要的条件。

2. 通过小组交流讨论，学生能用恰当的语句表达对生命的敬畏之情。

## 任务二　播下一颗种子（两课时）

### 第一课时　播种小锦囊

#### 一、学习目标

1. 通过分组讨论，选择适合的种子，了解种子生长的条件和步骤。

2. 在交流过程中，深入研究并整理出本组的“播种小锦囊”，深入体验小组合作生成智慧的过程。

#### 二、学习过程

（一）播种大讨论

1. 探讨：

（1）什么样的种子适合居家生长？

（2）不同的种子喜欢在什么样的环境下长大？

（3）种子的生长可能需要哪些辅助条件？

（4）种植前，我们需要做好哪些准备工作呢？

（5）种子播下后，可能会遇到哪些困难？

…………

2. 组内交流，结合前期查找的相关资料，说清自己的想法（表6-5）。

表6-5　农耕园播种调查表

| 能播种的种子 | 适宜生长的环境 | 种植的时间 | 播种的方法 |
| --- | --- | --- | --- |
| | | | |
| | | | |
| | | | |
| | | | |
| | | | |
| 我最想播种的种子是：<br>原因： | | | |

（二）种子成长有妙招

1. 分组梳理小组的“播种小锦囊”（图 6-3），比比哪一组的妙招多。

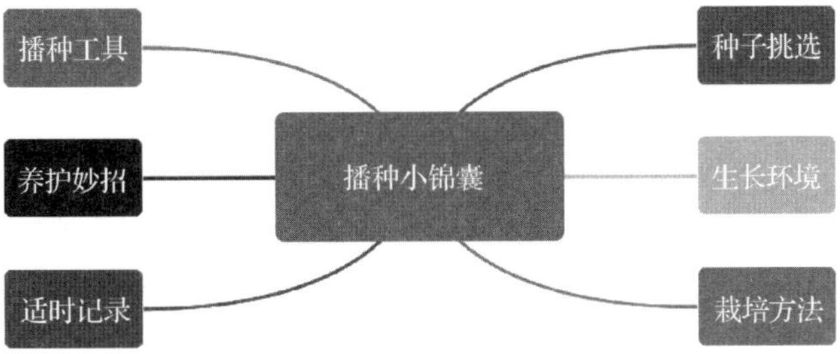


**图 6-3**

2. 组际评价：能认真倾听其他组组员的介绍，发现闪光点，并提出合理化建议。

**【教学实施要点】**

1. 在教师的引导下，尽可能充分地进行交流讨论，梳理出种子生长的多种情况。

2. 在本课时的学习中，可以设计多个讨论活动，教师要鼓励学生积极参与、充分探讨、尽情发表自己的想法，并引导学生有条理地罗列出本组的锦囊妙计。

## 第二课时　种子守护计划

### 一、学习目标

1. 通过阅读《小种子，快长大》，初步感知观察日记的记录方法，并体会种子的成长需要细致的观察、全情的投入与呵护。

2. 能在老师的指导下，通过组内交流探讨，条理清晰地记录下本组的种子守护计划。

### 二、学习过程

（一）如何守护

1. 自由阅读绘本，学习绘本记录的表现形式。

2. 我的种子，我做主。

（1）我会这样观察：用尺子量、用相机拍、用画笔画、用文字记、用放大镜找……

（2）我会这样照顾：给种子浇水、让它晒晒太阳、给它除虫……

（3）如果遇到困难了，我会这样解决：问问园丁叔叔、上网查查资料、翻翻科普书……

（二）我来守护

1. 理一理：通过组内讨论，你们的“种子守护计划”是不是更丰富了呢？来整理一下吧！

2. 写一写：写下“种子守护计划”。

**【教学实施要点】**

1. 讨论守护计划时，要引导学生多角度地思考观察种子的方法，并适时引导学生，当遇到困难时可以借助多种方法来解决问题。

2. 整理计划时，可引导学生多倾听他人的建议，并能采纳同伴好的建议，有条理地记录下来。

## 任务三　绘制“种子日记”（一课时）

### 第一课时　种子变变变

**一、学习目标**

1. 观察种植的植物在生长过程中形态和色彩发生的有趣变化。

2. 能初步掌握植物写生的基本步骤和方法，并用自身喜欢的方式来表示自身与植物之间的有趣故事，将种子生长的过程展现出来，并知道种子生长需要很多人的帮忙。

**二、教学过程**

1. 欣赏绘本《一颗种子》。

（1）运用猜读的方法，猜猜绘本中的小种子成长中可能经历了什么。

（2）从绘本中，你明白了什么？

（3）这样的绘本，你们爱读吗？你喜欢这样的绘本吗？你发现绘本书里的图案和文字都有哪些特点呢？

2. 我们一起来创作。

（1）想一想：我们的“种子日记”里，需要哪些内容？你和种子间又会发生什么有趣的故事呢？

（2）说一说：你们组打算怎样来创作呢？（分组讨论：书名、内容、图文方式……）

（3）做一做：分组开始创作设计。

**【教学实施要点】**

1. 在“绘本阅读”环节，教师要依据对班级学生的了解，组织学生进行绘本欣赏，并能说出绘本创作所需的元素，并进行模仿创作。

2. 在创作时，教师要鼓励学生发挥想象力，大胆地进行图文创作，不拘泥于传统形式，要培养学生的创新精神。

## 单元测评（一课时）　举办“种子日记”发布会

**一、学习目标**

1. 能用生动有趣、连贯的语言，讲述本组合作完成“种子日记”的过程，愿意与同伴分享。

2. 能认真倾听他人分享，学会欣赏他人的优点，并根据评价标准，给同伴投票。

**二、教学过程**

1. 分组讲述，组内投票选择最佳“发布会发言人”。

2. 在班级演讲台上，代表小组成员向全班同学介绍“种子日记”创作全过程。

提示：

（1）发言人：通过有条理且流畅的讲述，让听众对本组的创作灵感及观察记录有直观的了解。

（2）倾听者：在发言人发言完毕后，可以提出根据评价标准进行点评。

3. 小组成员对照评价标准，选出组内最佳“发布会发言人”进行班级展示。

4. 组际评价（表6-6），投票选出“金牌观察组”“最佳创意组”“最优分享组”等。

**表6-6 发布会小组评价表**

| 评价标准 | | | 评价 | |
|---|---|---|---|---|
| 1星 | 2星 | 3星 | 自评 | 互评 |
| 语言表达较为通顺，能够大体介绍本组“种子日记”的创作过程。 | 语言表达较为生动，能在发言中有条理、有重点地表达，展示出本组“种子日记”的创作亮点。 | 能大方、得体、有条理地介绍本组“种子日记”的团队写作过程，语言表达精彩，富有感染力。 | | |

**【教学实施要点】**

1. 由于课堂时间有限，在开展本活动前，需要让学生在组内先进行发布会演说，让组内每一位学生都有机会进行表达。

2. 在本课时活动中，可以通过语言渲染、环境布置等方式让学生沉浸在情境之中，对本组的“种子日记”发布有荣誉感，在情境中引导学生深度参与，进行交流互动。

3. 学生在准备发言稿之前要将评价标准前置，让学生能够明确，准备的重点应当是向听者再现“种子日记”创作的过程，语言表达时要注意语音、语调和仪态。

（设计：苏州市平江实验学校分校　徐　珺）

**“跨学科学习”学习任务群（三年级）**

# 案例二　我为红色地标代言

## 第一部分　单元设计

### 一、设计依据

《义务教育语文课程标准（2022年版）》中“跨学科学习”学习任务群在第二学段学习内容中提到：积极参加学校、社区举办的文化主题活动，在活动中学习语文，获得多样的文化体验。苏州市姑苏区五卅路周边的肖特纪念碑、苏州独立支部旧址、五卅路纪念碑、马宅、章太炎故居、叶楚伧故居等大批具有爱国主义教育价值的建筑遗址以及它们承载的历史文化隐性教育资源，是开展语文综合实践的极佳教材。基于以上资源优势，本单元开发了“我为红色地标代言”的任务群，设计“走出校门去打卡”“探寻地标共研学”“争做地标代言人”三个联系紧密的子任务，走进真实的生活场景，引导学生查找资料、运用资料，以书面或口头的方式，呈现自己的观察与探究所得；感悟苏州的革命历史和社会发展，激发学生爱祖国、爱家乡的朴素情感。

## 二、主题内容与目标

### （一）单元主题

我为红色地标代言。

### （二）学习内容

文本阅读：《富饶的西沙群岛》《海滨小城》《美丽的小兴安岭》，红色地标介绍资料等。

### （三）学习目标

1. 通过研学主题活动、查阅资料等方式，了解五卅路纪念碑、肖特纪念碑等学校周边红色地标的概况，能简单分享自己的研学感受。

2. 选择一处最感兴趣的红色地标进行深入探究，通过实地考察、查找资料、采访等形式，学会对获取的信息提取、整合，并以文字、照片、视频等多种形式进行展示。

3. 仔细观察红色地标的特点及其周边的环境，初步了解苏州子城历史，激发学生热爱家乡的情感，建立文化自信。

4. 明确个人在小组中的责任，努力完成个人任务；能根据同伴或者小组讨论意见，形成书面的红色地标宣传手册。

## 三、学习情境与任务框架

### （一）学习情境

苏州市草桥实验小学校地处苏州古城正中心，学校一公里范围内是苏州城内古建筑、历史遗址分布最为密集的区域之一：肖特纪念碑、苏州独立支部旧址、五卅路纪念碑；马宅、章太炎故居、叶楚伧故居等等大批具有爱国主义教育价值的建筑遗址以及它们承载的历史文化隐性教育资源，是开展语文综合实践的极好教材。

学校通过组织红色微研学活动，走进真实的生活场景，扩展语文学科与生活、人的联系，实现课程内外学习资源的转化与融合，创建跨学科学习驱动任务：认识红色地标的名称，观察红色地标的外显特点，结合自己的语言积累，说说自己的研学体会；通过查阅资料，读一读与红色地标有关的信息，探究它们背后的历史故事，为红色地标制作宣传手册；梳理本单元的文章，结合习作《这儿真美》，运用自己的语言积累，介绍红色地标，表达自己对苏州革命历史和姑苏古城的热爱之情。

（二）任务框架

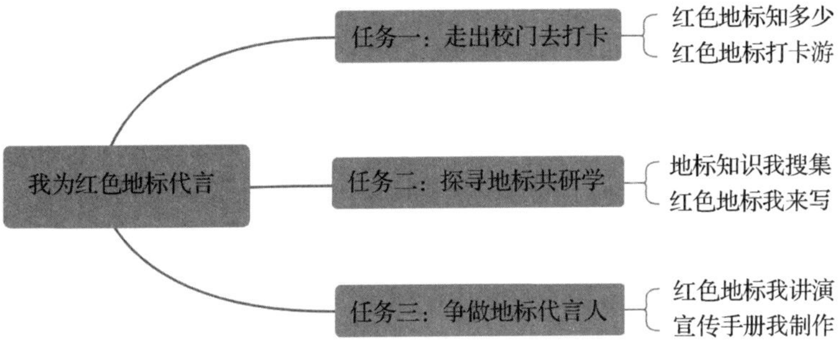


## 四、活动设计与教学提示

（一）学习活动与课时安排(表6-7)

**表6-7 “我为红色地标代言”学习活动与课时安排表**

| 单元任务 | 学习活动 | 学习内容 | 课时安排 |
| --- | --- | --- | --- |
| 我为红色地标代言 | 任务一：走出校门去打卡 | 1. 红色地标知多少。通过“你知道学校周边有些什么景点吗?”“你去游览过吗?”“你对它们了解多少?”等问题，引导学生关注学校周边红色地标，激发学生的探究兴趣。通过交流和讨论，学生提出想要探知的问题、设计研学问题单，师生共同制订研学路线和方案。<br>2. 红色地标打卡游。开展“百年草桥 行走子城”红色研学游，通过实地参观、聆听解说等活动，解决心中的疑问，完成研学任务单。 | 2 |
| | 任务二：探寻地标共研学 | 1. 地标知识我搜集。挑选一处你最感兴趣的地标进行深入学习，通过查找资料、采访等方式，收集红色地标的照片、文字资料等，丰富自己对红色地标的认识，进行交流介绍。<br>2. 红色地标我来写。通过学习课文《富饶的西沙群岛》《美丽的小兴安岭》，学习“围绕一个意思写”的方法，结合习作《这儿真美》的要求，根据自己研学中的观察感受，选用合适的课外资料，完成一篇介绍红色地标的习作。 | 2 |
| | 任务三：争做地标代言人 | 1. 红色地标我讲演。根据学生撰写的习作，开展金牌红色讲解员演讲活动，指导学生朗诵演讲的技巧。评选出的“金牌讲解员”进行实地讲解，拍摄视频。<br>2. 宣传手册我制作。通过小组合作，将任务中积累的成果，如照片、绘画、习作、视频等过程性资料进行整理，选择优秀作品作为宣传手册的素材。用剪贴画、手抄报等学生喜欢的方式制作宣传手册。 | 2 |
| 单元测评 | “我为红色地标代言”宣传展示会 | 1. 宣传手册我推介。开展红色地标宣传手册的设计说明推介会，各小组介绍宣传手册的内容构成、设计特色等。<br>2. 成果展会共分享。将宣传手册进行展览，邀请同学、家长、社区志愿者等人员对宣传手册进行欣赏和投票，选出“最佳创意奖”“最佳视觉奖”等奖项，并进行颁奖活动。 | 1 |

（二）设计说明与实施要点

《义务教育语文课程方案（2022 年版）》在培养目标中指出："义务教育要在坚定理想信念，厚植爱国主义情怀，加强品德修养，增长知识见识，培养奋斗精神，增强综合素质上下功夫，使学生有理想，有本领，有担当，培养德智体美劳全面发展的社会主义建设者和接班人。"学校周边的红色地标是学生每天上下学都会经过的地方，与师生有着天然亲近的关系，却很少有同学去主动了解这些红色地标及它们背后的故事。基于以上两点，本单元聚焦学生语文实践能力的发展，开发"我为红色地标代言"的任务群，设计"走出校门去打卡""探寻地标共研学""争做地标代言人"三个联系紧密的子任务。紧紧围绕"我知道、我行走、我感知"，引导学生去关注红色地标，引领学生经历"出示主题—提出疑问—实地考察—分享交流—拓展设计"的全过程。该项设计基于真实的生活情境，学生在与单元整体教学目的相对应的实践活动中学习、体验，使学习活动更具有针对性。学生深入体验红色文化，对社会有一个全方位、立体式的直观了解，从而激发他们探究的好奇心。学生学会从多个角度观察事物、辨析现象、思考问题，语文实践能力也在潜移默化中得到提高，真正实现"做中学"。通过任务的驱动，学生经历从认识到实践，再从实践到认识的循环式学习探究过程，最终实现知识的内化和能力的提升。

## 五、资源支持与技术支持

（一）学习资源

1. 文本资源：统编版小学语文教材三年级上册第六单元《富饶的西沙群岛》《海滨小城》《美丽的小兴安岭》。

2. 网络资源：拓展阅读关于红色地标的文字、图片、视频介绍等。

（二）工具技术

1. 研学活动任务单、演讲评价表和宣传手册测评表等。

2. 网络搜索等技术手段。

## 六、过程评价与单元测评（表 6-8）

**表 6-8 "我为红色地标代言"过程评价与单元测评表**

| 评价 | 内容 | 基本标准 |
|---|---|---|
| 过程评价 | 任务一：走出校门去打卡 | 通过实地考察、听取讲解等研学实践活动，知晓学校周围红色地标的概况：名称、详细地址、周围环境；对红色地标的历史背景有初步的认识，并有深入探究的学习兴趣。 |
| | 任务二：探寻地标共研学 | 1. 能自主阅读搜集到的文字资料，了解红色地标背后的历史故事，知晓五卅路纪念碑等红色地标的由来。<br>2. 能仔细观察红色地标的外形特点，恰当地选用课外资料，运用自己的语言积累，清楚明白地介绍红色地标。 |
| | 任务三：争做地标代言人 | 1. 能够用普通话，自然大方、有创造性地介绍红色地标，愿意与大家分享自己的感受和想法。<br>2. 通过小组合作，整理照片、文稿、视频等资料，用自己喜欢的方式展示学习成果。 |

续表

| 评价 | 内容 | 基本标准 |
| --- | --- | --- |
| 单元测评 | “我为红色地标代言”宣传展示会 | 1. 能够选择自己喜欢的方式,呈现自己观察与探究所得。<br>2. 通过展示活动,进一步加深自己对苏州革命历史和姑苏古城的理解,培养爱家乡、爱祖国的朴素情感。 |

# 第二部分　课堂实践

## 任务一　走出校门去打卡(两课时)

### 第一课时　红色地标知多少

#### 一、学习目标

1. 通过问题预设,激发学生探究红色景点的积极性。

2. 了解校园周边环境,结合生活经验及研学活动的知识储备,明确本次研学活动的主要内容,进而为研学活动做好准备。

3. 开展研学实践的安全教育,让学生掌握基本的外出安全知识,提高自我保护意识。

#### 二、教学过程

(一) 视频导入,走进身边的红色地标

1. 播放影视剧《都挺好》片段,说说这是哪里,激发学生对学校周围热门景点的兴趣。

2. 教师描绘本单元学习愿景:学校周围不仅有苏州经典的青砖古巷、民国风建筑,还有不少有关苏州革命历史的红色地标。这些红色地标,还蕴含着许多历史文化。在本单元的学习过程中,我们会去深入探究红色地标,用自己喜欢的方式向大家介绍红色地标。

(二) 展开讨论,说说你知道的红色地标

1. 你知道学校周围的哪些红色地标,说说你对它的认识。

2. 出示红色地标手绘地图,初识红色地标的位置、名称等。

3. 展开讨论,共同制订红色地标的研学路线。

(三) 组建小组,制订研学任务单

1. 根据研学地标设立小组。大致分为:五卅路纪念碑组、肖特纪念碑组、独立支部纪念馆组、上海战役指挥部旧址组、学雷锋纪念碑组(请同学根据自己感兴趣的地标自由组队,小组成员坐在一起)。

2. 推选组长,为小组确定名称,进行小组分工合作。

3. 共同制订研学任务单。

(1) 你想知道哪些关于红色地标的内容?

(2) 我们可以用哪些方法获得关于红色地标的信息?

（3）研学任务单应该需要哪些板块？

附研学任务单样例(图 6-4)：

**红色地标打卡游·研学任务单**

学校 ____________ 班级 ________ 姓名 ______ 学号 ______

一、研前有准备

在前往红色地标之前，先上网上解一下五卅路周边有哪些著名的遗址和纪念碑，写下它的名称事贴上它的照片。

二、研中有体会

在实地参观中，请留心观察，将你最感兴趣或者印象最深刻的内容记录下来。

______________________________________________

______________________________________________

______________________________________________

三、研后有探究

选择一处的最感趣的红色地标，通过查找资料、实地调查等方式，了解红色地标背后的历史故事，并记录下来。

你选择的红色地标的名称：________________

你了解到的历史故事：______________________________

______________________________________________

______________________________________________

**图 6-4**

**【教学实施要点】**

1. 视频导入环节，重点是唤醒学生对学校周边红色地标的认知，激发深入探究的兴趣。

2. 展开对红色地标的讨论是在运用学生的已有经验，建立起对红色地标的初步认识，提出想要深入了解红色地标的学习方向，明确学生的研学目标。

3. 特别要注意的是，本课时的任务是在为实地研学做准备，让学生带着疑问、带着任务去研学，避免学生在研学过程中走马观花、走个过场。

## 第二课时　红色地标打卡游

### 一、学习目标

1. 通过研学实践，了解纪念碑建立时间、外观特点等，初步知晓五卅路纪念碑、中共中央独立支部成立等背景知识。

2. 初步培养学生发现问题和解决问题的能力。在研究学习过程中，引导和鼓励学生自主地发现问题和提出问题。

3. 通过研学活动，学生更全面地认识和了解苏州的革命历史和社会发展，感悟革命先辈们为了革命的胜利而不屈不挠、顽强奋斗的革命精神。

### 二、教学过程

（一）行前准备

师生共同明确研学主题：

1. 学校、基地、社区共同参与，确定研学实践主题为“传承红色基因，争做时代少年”，明确研学的路线。

2. 在学生研学实践出发之前，邀请中共苏州独立支部旧址纪念馆工作人员、社区讲解志愿者及教师，反复考察研学线路、研学知识、道路交通等具体事宜。

3. 明确学生出行所带的相关物品。

（二）行中研学

1. 在红色讲解员的带领下，按照既定的路线开展研学活动，活动中注意听讲，进行细致观察。

2. 根据分组，各小组选择 1 ~ 2 处小组成员最感兴趣的红色地标进行详细的探究活动，比如进行拍照留念、拍摄视频、纪念碑的简单测量、周围环境的观察记录等，完成研学任务单，时长 15 分钟。

3. 各小组集合后，共同前往中共苏州独立支部旧址纪念馆，进行参观，观看《最后一课》历史短剧。

（三）延伸学习

研学活动结束后，继续完成以下任务：

1. 学生完善研学任务单的填写，开展小组内交流，讨论自己的研学感受。

2. 小组成员共同整理研学的过程性资料。准备进行研学成果的展示。

**【教学实施要点】**

1. 研学是校外活动，出发之前，师生都要做好一系列的准备，确保学生了解路线、明确研学目标，使研学活动安全、有序、有效。

2. 在研学行走中，能够体验与同伴合作、共享活动的乐趣。

## 任务二　探寻地标共研学（两课时）

### 第一课时　地标知识我搜集

**一、学习目标**

1. 能在研学实践中善于发现问题，敢于提出问题，并尝试自己解决问题。

2. 在研学活动中，通过学习调查、参观访问、查找资料、运用网络资源等学习方法主动学习。

3. 了解苏州革命历史事件、人物等知识。

**二、教学过程**

（一）展示研学成果，分享研学感受

1. 以小组为单元，展示研学任务单。（重点分享对红色地标外显特点、周围环境的观察所得。）

2. 同学们畅谈自己的研学收获。

（二）引导深入学习，关注学生问题

1. 在研学后，同学们已经知道了哪些关于红色地标的知识？

2. 引导同学思考：你觉得对于红色地标还有哪些方面的内容值得我们进一步探究？（如红色地标建造的历史背景、与之相关的历史人物、红色地标的作用与价值等。）

（三）集思广益，共同解决问题

1. 学生开展积极的讨论，各小组整理想要探究的问题，进行展示交流。

2. 方法小贴士：在教师的引导下，同学们通过使用网络搜索、实地调查等方式，学习获取关键信息的方法。

3. 各小组进行资料的收集和整理，为下一课时的习作积累素材。

**【教学实施要点】**

1. 这一活动的重点是让学生习得根据语文实践需要收集、提取信息的能力，引导学生学习运用不同的工具、语言形式来处理信息、丰富材料。

2. 引导学生明确历史是靠一个个生动故事来记录、传承的，为学生根据需要运用不同方法讲述历史故事、介绍红色地标做好准备。

### 第二课时　红色地标我来写

**一、学习目标**

1. 阅读描写祖国壮美河山的课文，通过反复品读，借助诗文中形象生动的描绘，体会祖国山河的多姿多彩。

2. 阅读课文，能够找到一段话中的“关键语句”，体会“关键语句”在段落中的作用。

3. 初步学习“围绕一个意思写一段话”的方法介绍一处红色地标，抓住景色特点，有顺序、有重点地进行描写。

**三、教学过程**

（一）创设学习境遇，走近壮美山河

1. 出示苏州子城红色手绘地图，回顾研学活动中寻访的红色地标。出示三年级上册第五单元目录，看看这个单元我们又将跟随课文去到哪些地方旅行，了解这些地方在祖国的什么位置。

2. 阅读单元导语页，先读读左上角的三行字，可以知道本单元的主题——祖国河山。再读读右下角的两句话，明确学习目标：借助关键语句理解一段话的意思；习作的时候，试着围绕一个意思写。这两句话一个告诉我们该如何阅读，一个告诉我们该如何写作。

3. 出示单元课文的题目，发现这些题目之间的共同点，都有一个地方的名称。再对比“富饶的西沙群岛”和“美丽的小兴安岭”这两个题目，发现题目中都用一个形容词写出了这个地方的特点。思考如果让你介绍一处红色地标，你的题目会是什么样的。

（二）品味现代美文，理解关键语句

1. 学习《富饶的西沙群岛》，首先聚焦内容结构，整体领会“富饶”。读读开头和结尾，发现文章总分总结构。找一找课文写了哪些风景和物产，边读边圈画，填写在表格中，整体感知课文结构和内容。细读第 2—5 自然段，学习语言，认识关键语句。选择一幅图仔细观察，运用学到的句式、段式，围绕一个意思把特点写清楚。

2. 学习《海滨小城》，交流课文写了哪几个场景，整体把握课文内容和结构。通过描写景物的词句，体会海上、海滩两个场景的美丽。借助关键语句理解段落的意思，体会庭院、公园、街道的美。

（三）借助研学所得，围绕中心练笔

1. 结合研学经验，开展“这儿真美”讨论活动，说说红色地标美在哪里。结合收集到的资料，对红色地标的外形、历史进行简单描述，互相交流观察所得。

2. 回顾本单元课文中典型段落的写法，抓住特点，尝试围绕一个意思把观察的景物写具体。回顾课文篇章结构，尝试采用总分总结构进行谋篇布局。

3. 完成习作。写好后自己读一读，运用学过的修改符号，把发现的错别字改正确，把不通顺的句子改通顺。

**【教学实施要点】**

1. 在教学文本时，应努力使课文同时负担起“教”材和“学”材的职责，教学目标可视化，学习任务显性化。在“为红色地标代言”单元任务提示下，让学生在进行具体的单元学习前就明白要学什么，达到什么样的目标，那课文的学习就有了目标驱动，围绕要素的训练合理取舍，课内、课外的阅读就能实现有效的整合。

2. 在任务群主任务的指引下，教师努力加强阅读与表达的联系，促进读写结合，将阅读的收获迁移运用于自我表达，让学生的语文学习与生活实际紧密结合起来。

## 任务三　争做地标代言人（两课时）

### 第一课时　红色地标我讲演

**一、学习目标**

1. 通过资料搜集、走访探访、分享交流等，清楚地知道红色地标的基本概况、景点特色和背景故事，增进对家乡的情感，乐于传承家乡的文化。

2. 化身“小导游”“讲解员”“景观发布员”等角色，进行公开演讲，锻炼口语表达能力。

**二、教学过程**

（一）活动阶段性展示

1. 阶段性回顾，播放学生研学实践视频。

2. 情景设置：看了同学们的研学活动，有很多人想去五卅路看一看，有一位外地的同学对我们发出了线上游览的请求。（播放视频）今天我们就来当一回小导游，为这位同学介绍红色地标。

（二）红色地标发布会

1. 讨论小导游的评价标准，共同制订我是“金牌讲解员”星级评价表。

2. 小组对照评价要求，进行演讲练习，推荐学生进行展示。

展示完后，授予“三星导游勋章”。

教师总结，提出四星导游的要求。

3. 观看小导游学习视频，总结小导游讲解时的仪表、朗诵技巧、情感态度等。进行朗诵练习。

小组展示，授予表现好的小导游“四星导游勋章”。

教师总结：看看我们的小伙伴觉得怎么样。

4. 创意演讲。

情景设置：外地的同学听了大家的讲解，觉得还不够有趣，那该怎么办呢？

教师出示多种道具（导游旗、一身军装、手绘地图、红色地标展板等），让各小组派代表上台抽取道具，借助道具进行创意表达。

组内练习并进行展示，教师点评总结。

5. 任务提升。

教师总结：每一位同学都是名副其实的金牌小导游，大家可以到实地拍摄讲解视频，为不能去实地游览的人们提供线上云游览的机会！

**【教学实施要点】**

1. 从搜集资料到撰写习作，再到朗诵演讲，活动环环相扣、层层递进。开展学生间的互评，将文本语言内化于学生心中，也使学生表达方式变得更加活泼生动，富有创意。

2. 开展“金牌讲解员”评选时，评价标准要提前告诉每一个同学，对照评价标准在小组中先开展互评和修改，目的是让表达更加清晰，让朗诵更加流畅。

3. 评价时，要多鼓励学生，以提建议的方式，指出讲解的不足之处。

## 第二课时　宣传手册我制作

### 一、学习目标

1. 在研学活动和课堂教学之后，通过各种形式来分享、展示学习的感悟与收获。

2. 从革命历史、现实成就、家乡发展中汲取真理和道义的力量，了解国情社情，感受红色文化，树立文化自信；了解家乡发展，培养文化认同。

### 二、教学过程

（一）宣传手册的内容选择

1. 开展讨论：一份红色地标宣传手册需要有哪些内容？

2. 各小组整理照片、文稿等材料，确定宣传手册的内容。

（二）宣传手册的制作技巧

1. 引导思考：如何制作一份美观、有趣的宣传手册？

2. 观看宣传手册设计及制作介绍的视频，学习手册制作的形式和方法。

（三）宣传手册的制作实践

1. 各小组讨论并分享宣传手册的制作创意。

2. 小组成员分工，制作出一份红色地标宣传手册。

**【教学实施要点】**

1. 制作宣传手册的过程就是强化回忆、回到现场、深化认识、激发情感的过程，教师要注意培养学生进行成果收集、组织、比较、分析等低阶认知策略与创建、决策、解决问题等高阶认知策略的整合运用。

2. 在制作时，限于三年级学生的动手能力，无须对宣传手册的呈现方式、内容选择等方面要求太高，让学生乐于思考和分享即可。

## 单元测评（一课时）　“我为红色地标代言”宣传展示会

### 一、学习目标

1. 能够选择自己喜欢的方式，呈现自己的观察与探究所得。

2. 通过展示活动，进一步加深自己对苏州革命历史和姑苏古城的理解，培养爱家乡、爱祖国的情感。

### 二、教学过程

1. 分小组进行红色地标宣传手册的设计说明推荐会。

提示：在推荐时，能说清楚宣传手册的内容、设计特色等。

2. 举办“我为红色地标代言”宣传展示会。邀请学生、家长、社区志愿者等人员对宣传手册进行欣赏和投票，选出“最佳创意奖”“最佳视觉奖”等奖项。

3. 争当红色文化宣传员。鼓励学生对苏州其他红色遗址进行寻访和学习，追寻红色印迹，厚植家国情怀。

【教学实施要点】

1. 在本课时活动中，可以通过语言渲染、环境布置等方式让学生沉浸在情境之中，对自己“代言人”的身份产生使命感。

2. 小组在进行推荐，向听众呈现宣传手册的设计亮点时要注意结合各方面的因素进行全面、深入、有创意的表达。

（设计：苏州市沧浪实验小学校　王赛洁）

“跨学科学习”学习任务群（六年级）

# 案例三　建一座童年时光博物馆

## 第一部分　单元设计

### 一、设计依据

《义务教育语文课程标准（2022 年版）》中“跨学科学习”学习任务群在第三学段的学习内容中提到：综合运用语文、道德与法治、科学、劳动等多方面的知识和技能，通过小组研讨，集体策划、设计参观考察活动方案，运用跨媒介形式分享研学成果。六年级学生临近毕业，自我意识渐渐萌芽，正处于社会化过程的初步阶段，需要引导学生从关注自我逐渐过渡到关注他人，关注社会。六年丰富多彩的童年生活，是一段宝贵的人生经历，也是一个极佳的形成正确价值观的育人材料。基于以上思考，本单元以“建一座童年时光博物馆”为主任务，从三个子任务入手，引导学生学会整理、呈现、分享精彩的童年生活，旨在帮助学生的自我认知与周围环境形成联结。

### 二、主题内容与目标

（一）单元主题

建一座童年时光博物馆。

（二）学习内容

1. 重点阅读：《开国大典》《十里长街送总理》《安塞腰鼓》。

2. 拓展阅读：苏州博物馆宣传册、故宫博物院宣传册、苏州博物馆特展宣传文案、世界博物馆介绍资料。

3. 相关书籍：《伟大的博物馆》系列书籍。

（三）学习目标

1. 了解博物馆的特点、类型与社会功用，能根据展示主题，以小组合作形式，绘制图纸，设计一座博物馆。

2. 结合影像、视频等资料，分享自己童年生活中最难忘的人、地方、事情，形成童年大事记。尝试用点面结合的方法描写自己最珍贵的集体生活时刻。

3. 综合运用文字、图表、视频等多种形式，灵活适当地呈现策展内容。

4. 能带领参观者对博物馆里的展览理念、展品做清晰、生动的讲解。

## 三、学习情境与任务框架

### （一）学习情境

毕业临近，即将离开小学校园，回望这六年的童年时光，一定有许多美好的点点滴滴永远存在记忆长河里，一起来为自己珍贵的六年时光建一座童年时光博物馆：结合照片、视频等资料，聊聊自己童年生活中最难忘的人、地方、事情，形成童年大事记；根据展示的主题，小组合作，设计一座博物馆；综合运用文字、图表、视频、手工制作等多种形式，灵活适当地呈现策展内容；能面向参观者，对博物馆里的展览理念、展品做清晰、生动的讲解。

### （二）任务框架

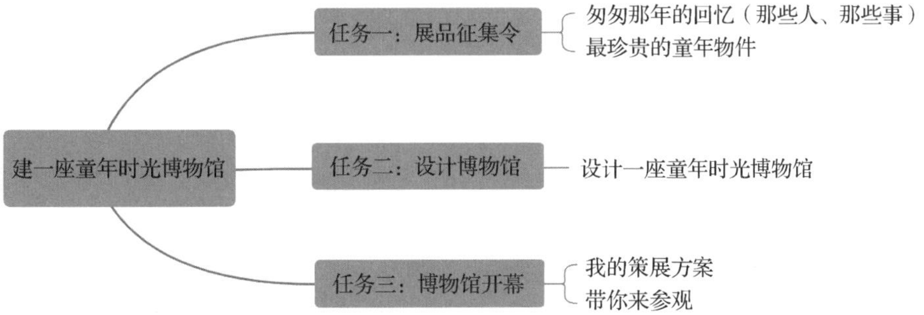


## 四、活动设计与教学提示

### （一）学习活动与课时安排（表6-9）

**表 6-9 “建一座童年时光博物馆”学习活动与课时安排表**

| 单元任务 | 学习活动 | 学习内容 | 课时安排 |
|---|---|---|---|
| 建一座童年时光博物馆 | 任务一：展品征集令 | 1. 匆匆那年的回忆（那些人、那些事）。听长辈聊聊自己童年生活中最难忘的事情。结合影像视频等资料，聊聊自己童年生活中最难忘的人、地方、事情，形成童年大事记。尝试用点面结合的方法描写自己最珍贵的集体生活时刻。<br>2. 最珍贵的童年物件。评选最珍贵的童年物件，讲述背后的故事，录制成音频或视频。 | 2 |
| | 任务二：设计博物馆 | 设计一座童年时光博物馆。了解博物馆的特点、类型与社会功能。能根据展示主题，以小组合作形式，绘制图纸，设计一座博物馆。 | 1 |
| | 任务三：博物馆开幕 | 我的策展方案。综合运用文字、图表、视频等多种形式，灵活适当地呈现策展方案。 | 1 |

续表

| 单元任务 | 学习活动 | 学习内容 | 课时安排 |
|---|---|---|---|
| 单元测评 | 请来参观我的童年时光博物馆 | 带你来参观。展示童年时光博物馆，能面向参观者，对博物馆里的展览理念、展品，做清晰、生动的讲解。 | 1 |

（二）设计说明与实施要点

《义务教育语文课程标准（2022 年版）》“跨学科学习”学习任务群旨在引导学生在语文实践活动中，联结课堂内外、学校内外，拓宽语文学习和运用领域；围绕学科学习、社会生活中有意义的话题，开展阅读、梳理、探究、交流等活动，在综合运用多学科知识发现问题、分析问题、解决问题的过程中，提高语言文字运用能力。

毕业季，是家长和同学都很重视的阶段，但大家更多关注的是浮于表面的记录方式，往往缺少沉浸下来的机会。本单元旨在让学生细细回顾六年的童年生活，做一个梳理与思考，以期待收拾好“行囊”，更好地进入下一个阶段的学习。任务一“展品征集令”，引导学生从他人与自我两个角度来回忆自己童年生活中难忘的人、地方、事情，在交流中进行梳理、思考，寻找到最有纪念价值的对象。特别是集体生活部分，尤其要引导学生明白，每一个人都是在集体中成长起来的。可以借助六年级上册第二单元的内容进一步帮助学生整理、明确描写场面的方法，带着同样的方式去寻找记忆中最珍贵的群体时刻。任务二“设计博物馆”，非常有挑战性，学生需要通过自主学习，了解博物馆的特点、类型和社会价值之后，完成对博物馆的基础设计，从整体上思考如何更好地呈现自己童年时光。任务三“博物馆开幕”，引导学生根据自己征集的内容确定展览的形式，更为立体生动地展现自己的童年生活，对展览的理念和重要展品做现场讲解。

以“博物馆”作为承载童年记忆的依托，对于学生来说是新鲜而有趣的，也是基于真实的生活情境的。该任务群综合调动学生各方面能力进行阅读、梳理、探究、交流等活动，有助于提升其语言文字的运用能力和综合运用多种学科知识解决实际问题的能力。在教学中要教给学生方法，大胆放手，及时鼓励，提高学生之间的交流沟通、团队协作和实践创新能力。

## 五、资源支持与技术支持

（一）学习资源

1. 文本资源：《开国大典》《十里长街送总理》《安塞腰鼓》；拓展阅读《伟大的博物馆》系列书籍。

2. 网络资源：各种博物馆介绍的相关链接。

（二）工具技术

1. 活动的前置作业单。

2. “讲述最珍贵的童年物件”和“请你来参观博物馆讲解”的评价表。

3. 问卷星投票，进行“最佳博物馆”“最有特色博物馆”“最佳先锋博物馆”“最佳讲解员”的评选。

### 六、过程评价与单元测评(表 6-10)

表 6-10 “建一座童年时光博物馆”过程评价与单元测评表

| 评价 | 内容 | 基本标准 |
| --- | --- | --- |
| 过程评价 | 任务一:展品征集令 | 1. 能记录长辈分享的有关自己童年生活难忘的事情,并理解背后的意义。<br>2. 能借助资源,回忆对自己最珍贵的人、事、物,按照重要性形成大事记。<br>3. 能理解点面结合的写法,能用这种写法描写自己最珍贵的集体生活时刻。<br>4. 能清晰讲述珍贵的童年物件背后的故事。 |
| | 任务二:设计博物馆 | 1. 能收集有关博物馆的资料,合理筛选,分类整理。在观看纪录片,参观博物馆,阅读相关书籍,听演讲者介绍后,完整记录笔记。<br>2. 能设计一份完整清晰的草图,标注重要信息,呈现方式灵活。<br>3. 小组成员能认真倾听组员意见,尊重不同意见,有效沟通。 |
| | 任务三:博物馆开幕 | 能综合运用文字、图表、视频等多种形式,灵活适当地呈现策展方案。 |
| 单元测评 | 请来参观我的童年时光博物馆 | 1. 能大方、流利、清晰地向参观人介绍童年时光博物馆,给人留下深刻印象。<br>2. 能对自己成果和学习活动进行反思,表述清晰。 |

# 第二部分 课堂实践

## 任务一 展品征集令(两课时)

### 第一课时 匆匆那年的回忆(那些人、那些事)

#### 一、学习目标

1. 能认真聆听长辈分享有关自己童年生活难忘的事情,做好记录,并理解背后的意义。

2. 能借助资源,回忆对自己最珍贵的人、事、物,形成大事记。

3. 能理解点面结合的写法,用这种写法描写自己最珍贵的群体生活时刻。

#### 二、教学过程

课前作业:

1. 跟长辈聊聊,聆听他们讲述有关自己童年生活难忘的事情,并及时记录下来(表 6-11)。

表 6-11　长辈童年信息表

| 讲述人 | 内容 | 难忘的原因 | 相关的物件 |
| --- | --- | --- | --- |
| | | | |
| | | | |
| | | | |

2. 听完了长辈们的分享，你能借助身边的资源，回忆起自己最珍贵的童年吗（表 6-12）？

表 6-12　童年回忆信息表

| 内容 | 难忘的原因 | 相关的物件 | 重要性排行 |
| --- | --- | --- | --- |
| | | | |
| | | | |
| | | | |

（一）聆听长辈讲“我们”的童年

1. 教师描绘单元学习的愿景：同学们，人一生中最可贵的东西之一就是记忆，即将离开小学校园的你，回望小学六年的学校生活、家庭生活，又留下了哪些回忆呢？土耳其作家奥尔罕·帕慕克（Orhan Pamuk）为自己的一部小说建了一座博物馆，我们也来建一座童年时光博物馆，一起来收集、记录生活中那些珍贵时刻，制作成展品留存下来吧！

2. 交流表 6-11，师生对交流的内容进行评价，哪些内容最能引起你的共鸣，做好记录。

（二）编写我的童年大事记

1. 交流表 6-12，师生共同在黑板上张贴，按照人、事、物和背后的意义分类。

2. 交流分享后修改自己记录的表 6-12，选出自己童年的五件大事。

3. 小组交流，选出小组十六件大事，形成简要记录。

4. 分享各组的十六件大事，评选最能引起共鸣的八件大事，形成小组童年大事记。

**【教学实施要点】**

1. 活动的前期作业非常重要，尽量减少束缚，能够激发学生的兴趣，尽量多地搜集材料。先从别人的角度看自己的童年，再自己看自己的童年，体现从感性感受到理性感知的过程。

2. 学生交流的过程中，教师应该特别关注真实、有个性化的素材，帮助学生引起注意，从而对童年形成一个更为全面、深刻的认知。

3. 学生的交流基于小组进行管理，要充分给予时间，给予尊重，让学生自主讨论，形成自己组的童年大事记，为后期活动做好准备。

4. 学生在组内讨论评选大事的时候，要能够理解“引起共鸣”这个要求，突出主观的体验，讲述的情况可以一同作为评选要求，为后面的活动做好铺垫。

## 第二课时　最珍贵的童年物件

### 一、学习目标

1. 能理解点面结合的写法,能用这种写法描写自己最珍贵的群体生活时刻。

2. 能清晰讲述珍贵的童年物件背后的故事。

### 二、教学过程

课前作业:

1. 基于大事记,寻找相关物件,带到学校。

2. 寻找小学课文中的典型场面描写片段。

(一) 回归文本,丰富素材

1. 阅读《开国大典》《十里长街送总理》《安塞腰鼓》中典型的场面描写片段,回忆点面结合的描写方法。

2. 分享自己找到的典型场面描写片段。

3. 学生展示自己的童年物件,简要讲述背后有关场面的故事。

(二) 深入思考,尝试表达

1. 讨论场面与童年记忆的关系。

2. 教师引导学生关注三个例文中场面的特点是如何与表达的文字匹配的(表 6-13)。

**表 6-13　场面描写信息表**

| 例文 | 场面特点 | 面的选择与表达侧重点 | 点的描写与表达侧重点 | 文字如何与场面特点进行呼应 |
|---|---|---|---|---|
| 《开国大典》 | | | | |
| 《十里长街送总理》 | | | | |
| 《安塞腰鼓》 | | | | |
| 自选片段 | | | | |

3. 学生写物件背后的故事,尽量用已学的方法描写场面。

(三) 讲述故事,精彩展现

1. 学生讲述故事,学生点评是否借助写作提升了表达效果。

2. 评选最珍贵的童年物件(表 6-14)。

**表 6-14　“童年物件”活动评价表**

| 评价要求 | 1 星 | 2 星 | 3 星 |
|---|---|---|---|
| 能够围绕物品讲述内容 | | | |
| 讲述条理清晰,能够揭示物品珍贵的原因 | | | |
| 讲述语言亲切、流畅,能打动听众 | | | |

【教学实施要点】

1. 文本阅读是给学生集中学习写作的一个参考示范，要充分体现“用课文教语文”的理念，结合具体情境需要，深入理解表达的内在特点，提升学生的语言表达能力。

2. 物件是用具体可感的事物，帮助抽象思维还没完全形成的学生更好地回忆，物件的回忆是个人化和主观化的，教师要在教学中注意呵护学生表达的积极性；如果物件的回忆是体现集体生活的，学生容易忽视，应该充分帮助学生一起细化回忆，梳理表达，迁移写法，充分挖掘背后的感人力量，从而弥补回忆内容过于自我的问题，达到育人的目的。

3. 学生习作的交流，重在看表达是否能把回忆的内容说清楚、说得有条理，并捕捉到事件背后的意义，尤其是有关场面的讲述，要给予一定的额外肯定。

4. 评选最珍贵的童年物件，要放权给学生，尊重学生的选择，有争议的也可以制定一定的规则，让学生自主协商。

## 任务二　设计博物馆（一课时）

### 第一课时　设计一座童年时光博物馆

#### 一、学习目标

1. 能收集有关博物馆的资料，合理筛选，分类整理。在观看纪录片、参观博物馆、阅读相关书籍、听演讲者介绍后，完整记录笔记。

2. 能设计一份完整清晰的草图，重要信息有标注，呈现方式灵活。

3. 小组成员能认真倾听组员意见，尊重不同意见，有效沟通。

#### 二、学习过程

（一）学习资料，了解博物馆特点

1. 观看世界著名博物馆介绍视频，说说最吸引你的博物馆。

2. 阅读博物馆资料，分类梳理信息，形成笔记（表6-15）。

**表6-15　博物馆资料记录本**

| 博物馆名称 | 博物馆的主题、设计理念 | 博物馆的场馆分布 | 最吸引你的特点 |
|---|---|---|---|
| | | | |
| | | | |
| | | | |

（二）小组合作，设计草图

1. 小组讨论，希望建一座怎样的童年时光博物馆。

2. 小组根据主题，设计博物馆的外观，确立内部场馆分布，形成设计草图。

3. 展示各组设计草图，组长简要分享本组设计理念。

4. 出示教师提供的微型室内模型，小组讨论：利用什么材料，用什么方式，把草图变成实物模型（表6-16）。

表 6-16 “设计博物馆”活动评价表

| 评价要求 | 1 星 | 2 星 | 3 星 |
|---|---|---|---|
| 能认真倾听他人观点,不打断别人 | | | |
| 友善表达自己的观点,让他人愿意接受 | | | |
| 积极参与组内讨论,主动承担组内任务 | | | |

**【教学实施要点】**

1. 在学生观看博物馆视频、阅读相关资料的过程中要重视养成记笔记的习惯,分类记录,提炼要点,从中发现规律性的内容,以较为清晰的形式呈现。

2. 让学生从大事记中寻找到共性内容,提炼出主题,该环节对于学生有较大难度,可以采取学生提问,教师解答或者教师主动参与小组讨论的方式进行。

3. 草图设计需要结合美术学科相关知识内容,重在把自己的理念思考可视化,不在于精准美观。在草图绘制的过程中,引导学生考虑如何把草图变成实物模型,可以帮助学生用具体的实物形成成果,更有成就感。

### 任务三 博物馆开幕(一课时)

## 第一课时 我的策展方案

### 一、学习目标

1. 能综合运用文字、图表、视频等多种形式,灵活适当地呈现策展方案。

### 二、教学过程

(一) 精选物件,确认展览主题

1. 分享博物馆成功的策展例子,讨论一个好的博物馆策展是什么样的?

2. 小组根据自己组选择的十六大童年大事记,讨论本组童年时光博物馆的分享主题。

(二) 完成策展方案

1. 小组根据主题需要确认最终展览的物件,确定展览方式。

2. 小组分工合作,完成策展方案(表 6-17)。

表 6-17 策展方案活动表

| 我们的策展方案 | |
|---|---|
| 展览主题 | |
| 展览目的 | |
| 展览对象 | |
| 展览地点 | |
| 展览形式(可画图) | |
| 参观路线 | |
| 展览海报(草稿) | |
| 可能遇到的困难与解决办法 | |

3. 展示各组策展方案，小组根据其他组的优点，修改完善本组策展方案。

4. 评选最佳策展方案。

【教学实施要点】

1. 讨论一个好的博物馆策展是什么样的。学生的答案会比较丰富，根据年龄特点大多学生会选择：有趣、主题明确、引人深思等。

2. 帮助学生准确理解“策展”的含义，策展就是针对实物的特点来策划一场展览，给展览赋予一个主题，主题来自展品，展品突出主题，要用一条线索赋予展览灵魂。

3. 在学生完成策展方式的时候，要引导学生合理分工，例如：一位学生撰写“序言”，一位同学负责分解展览内容，一位同学负责设计展示方式，一位同学负责文案宣传。

### 单元测评（一课时） 请来参观我的童年博物馆

#### 一、学习目标

1. 能大方、流利、清晰地向参观人介绍童年时光博物馆，给人留下深刻印象。

2. 能对自己的学习活动和成果进行反思，表述清晰。

#### 二、教学过程

课前作业：

1. 小组完成博物馆微观模型。

2. 在多个媒介进行本组童年时光博物馆的展览宣传，做好资料整理。

（一）布置展览，讲解展品

1. 小组确立展览地点，进行展位布置。

2. 小组轮值接待来参观的同学，每人负责接待一批参观者。向参观者介绍童年时光博物馆。

3. 教师和评议员一同参与活动，并对介绍的学生进行评价。

4. 借助表6-18，评选“最佳博物馆”“最有特色博物馆”“最佳先锋博物馆”“最佳讲解员”。

**表6-18 “博物馆讲解”活动评价表**

| 评价要求 | 1星 | 2星 | 3星 |
|---|---|---|---|
| 讲解内容围绕主题，充分考虑听众的需求 | | | |
| 讲解内容条理清晰，内容详实 | | | |
| 讲解语言亲切、生动、流畅，能感染、打动听众 | | | |
| 讲解时肢体语言大方，与观众有眼神交流 | | | |

（二）活动反思，促进提升

1. 各组回顾整个活动，对本组表现进行评估与反思。

【教学实施要点】

1. 评价标准要提前告诉每一个小组，以便客观评价。

2. 评价时,要多鼓励学生,以提建议的方式,提出设计的不足之处。

3. 小组学生回想整个任务实施过程中收获了什么,与其他组的表现比较,自己组的优势与不足有哪些,哪些方面可以做出改进。

(设计:苏州市平直实验小学校　王　飞)

## 第二节　实践分享

### 跨进红五卅:红色地标的研习与推介

**一、整合:跨学科学习的核心**

“跨学科学习”作为《义务教育语文课程标准(2022 年版)》中提出的新概念,可是看作是统编版小学语文教材中“综合性学习”的升级版。“跨学科学习”的核心是整合。整合其他学科的知识内容、思维方式,是提升语文核心素养的不二选择和必备路径。但是要进行“跨学科学习”学习任务群的设计,笔者也和许多老师一样,充满了困惑和忐忑。经过学习和实践,笔者找到了理解“跨学科学习”学习任务群设计的四个关键词。

第 1 关键词——领域:学习的领域需要拓宽,至少涉及并链接着课堂内外、学校内外。说明这一学习任务群的学习不局限于课堂,应涉及校内外。

第 2 关键词——活动:除了语文学习的听、说、读、写之外,还应开展梳理、探究、实践、实验、专题研究等多种形式的学习活动。

第 3 关键词——运用:不以接受知识为主,学习中注重实践,在具体的情境、真实的任务中去检验知识的掌握情况,去提升语言文字运用的整体水平。

第 4 关键词——本位:无论怎么学、学什么,都不能离开根源,都是在学语文,都应以语文学科为本,实现跨越。语文学科的本质特色要凸显,本位要捍卫。

“跨学科学习”学习任务群强调基于现实生活、真实情境和学生的真切需求,以主题学习活动的方式实现课程整合,引导学生在语文实践活动中,联结课堂内外、学校内外,拓宽语文学习和运用领域,在综合运用多学科知识发现问题、分析问题、解决问题的过程中,提高语言文字运用能力。因此,日常生活和现实需求是开展跨学科学习的重要来源。

**二、情景:跨学科学习的关键**

提升学生的语文核心素养,中心不在于“语文能力”本身,而是在于对“语文”之外的“世界”的了解与认知,“跨学科学习”正是解决这个关键问题的钥匙和有效途径。

结合《义务教育语文课程标准(2022 年版)》中“跨学科学习”学习任务群在第二学段的内容:积极参加学校、社区举办的文化主题活动,在活动中学习语文,获得多样的文化体验。笔者设计了主题为“我为红色地标代言”三年级语文“跨学科学习”任务群。选择这一主题，是因为它和笔者所在学校的校园环境、学生生活是非常相关的。

苏州市草桥实验小学校地处苏州古城正中心，学校一公里范围内的五卅路、同德里、同益里、锦帆路是苏州城内古建筑、历史遗址分布最为密集的区域之一。然而每天上下学都会经过的地方，却很少有同学去主动了解这些红色地标及它们背后的故事。学校通过组织红色微研学活动，鼓励学生走进真实的生活场景，扩展语文学科与生活、人的联系，实现课程内外学习资源的转化与融合，创建跨学科学习。同时，这样的学习情境与三年级上册第六单元“祖国，我爱你”的人文主题十分契合，结合“试着围绕一个意思”的单元要素，设计了“我为红色地标代言”，运用多种方式来介绍红色地标的主要任务。

**三、任务："跨学科学习"的路径**

“跨学科学习”设计，需要创设一个既方便不同学科展现自身魅力，又能实现学科“交锋”的场景，构建一个既相互促进又相互支持的行为逻辑链。围绕“我为红色地标代言”主任务，笔者设计了三个子任务。

任务一：走出校园去打卡。任务分成两个步骤。第一步，开展“红色地标知多少”探讨会。通过“你知道学校周边有些什么景点吗？”“你去游览过吗？”“你对它们了解多少？”等问题，引导学生关注学校周边红色地标，引发学生探究的欲望。通过交流和讨论，学生提出想要探知的问题、设计研学问题单，师生共同制订研学路线和方案。第二步，开展“红色地标打卡游”。学生通过实地参观、聆听解说等活动，解决心中的疑问，完成研学任务单。

任务二：探寻地标共研学。在任务一中，学生对红色地标的数量、位置、造型特点已经有了直观的了解，为介绍红色地标奠定了基础，因此，任务二设计了两个活动。活动一“地标知识我搜集”。学生挑选一处自己最感兴趣的地标进行深入学习，通过查找资料、小采访等方式，收集红色地标的照片、文字资料等，丰富自己对红色地标的认识，在班级内进行交流介绍。活动二“红色地标我来写”。学生的研学感受很丰富，收集到的资料也很广泛，如何将内容整合起来，让学生清楚明白地介绍红色地标，就需要通过学习课文《富饶的西沙群岛》《美丽的小兴安岭》，学习“围绕一个意思写”的方法，结合习作《这儿真美》的要求，来完成一篇介绍红色地标的习作。

任务三：争做地标代言人。经过任务一、任务二的活动积累，学生已经拥有了照片、文字等活动成果。因此任务三中设计了两个展示性活动。活动一“红色地标我讲演”。根据学生撰写好的习作，开展金牌红色讲解员演讲活动，指导学生朗诵的技巧。评选出的金牌讲解员进行实地讲解，拍摄视频。活动二“宣传手册我制作”。通过小组合作，将任务中积累的成果，如照片、绘画、习作、视频等过程性资料，经过整理、选择优秀作品作为宣传手册的素材。小组学生进行自主设计，用剪贴画、手抄报等学生喜欢的方式制作宣传手册。

生活和工作常识告诉我们，解决一个真实的问题，是需要综合运用多方面的知识和能力，仅仅运用某个学科的知识和技能，是远远不够的。简单地说，现实生活不是按学科划分的，融会贯通才能生存、生活和创造。因此，我们要重视跨学科学习，通过寻找、发现语文课程与其他课程在内容、主题、能力等维度的深度关系，建构跨学科学习立体化网络，才可以更好地提升语文核心素养。

当然,“跨学科学习”学习任务群的设计与教学是一项复杂而又艰巨的工程。需要教育工作者不断更新教育理念,不断接受新的挑战。但是,“难”或许只是一个阶段性的感受。笔者相信只要是老师们愿意持续去做难的、正确的、有意义的事,就可以让能力和水平不断迈上新的台阶。

(撰写:苏州市沧浪实验小学校　王赛洁)

# 后 记

《任务群思想下小学语文单元整体设计与课堂实施(上册)》一书终于即将由苏州大学出版社正式出版。与当下诸多围绕“语文学习任务群”展开研究的书籍相比,本书在“求同”的基础上,明显带有一些“求异”的价值追求。

本书充分体现了苏州市姑苏区小学语文团队围绕“语文学习任务群”而展开的教学改革实践。书中所呈现出来的单元整体设计与课堂实施,始终紧紧追随着《义务教育语文课程标准(2022 年版)》中的重要思想:以核心素养发展为目的,以学习任务群为载体,以内容整合为手段,以学科实践为主线,以过程性和发展性评价为方式,凸显了新一轮课程改革中的语文课程要素。另外,本书的另一大亮点就是书中所使用的教材文本,均取材于当下的统编版小学语文教材。团队成员将教材内容与六大语文学习任务群的特征相结合,实现了在统编版语文教材语境下的突破性实践,使本书既符合新一轮课程改革,尤其是语文学习任务群的价值追求,又兼具在当下语文教材使用背景下的实践意义。

摩挲着案头的书稿,我们要衷心感谢教育部中小学语文课程标准研制组修订组核心成员、江苏省教育学会名誉会长陆志平先生,江苏省语文整合教学研究所所长戴晓娥女士,苏州市教育科学研究院院长丁杰女士,苏州市小学语文教研员许红琴女士,他们为这一项目的开展提供了学术层面的保障;要感谢徐州市教育科学研究院刘春女士、徐州市鼓楼区教师发展中心查晓红女士、常州市武进区星河实验小学教育集团姜静波女士、常州市新北区小学语文教研员薛辉先生、常州市武进区星河实验小学教育集团孟亦萍女士、常州市解放路小学蒋琳女士,他们承担了各任务群的导师工作,给予了这一项目实践层面的指导;当然,还要感谢姑苏区小学语文“教学评一体化”研究项目组的各位骨干教师,他们在日常的行政、教学工作之外,为项目的实施与开展付出了许多心血与智慧,他们做出的努力使这个项目真正在姑苏教育的热土上生根、发芽、开花、结果。

需要感谢的人还有很多,需要走的路也还有很长。《任务群思想下小学语文单元整体设计与课堂实施(上册)》的出版只是姑苏区小学语文团队在语文学习任务群探索道路上的一个小站。我们完全相信,在《义务教育课程方案(2022 年版)》以及《义务教育语文课程标准(2022 年版)》的实施背景下,在各位专家、学者、导师的专业引领下,姑苏区小学语文人定将在课改之路上走得更远、更扎实、更有力量!

小学语文“教学评一体化”研究项目组<br>2023 年 4 月